显密宝库

藏传净土论

喇拉曲智仁波切 著
索达吉堪布 译

西藏藏文古籍出版社

图书在版编目（CIP）数据

显密宝库 / 索达吉译 .
—拉萨：西藏藏文古籍出版社，2012.6（2019.8 重印）
（藏汉翻译丛书）
ISBN 978-7-80589-224-5

Ⅰ.①显…　Ⅱ.①索…　Ⅲ.①佛经—研究　Ⅳ.① B942.1

中国版本图书馆 CIP 数据核字（2012）第 138226 号

显密宝库·藏传净土论

作　　者　喇拉曲智仁波切 著　索达吉 译
责任编辑　杨永坤
策　　划　天利文化
装帧设计　郑玉春
出　　版　西藏藏文古籍出版社（拉萨市色拉路 22 号　邮编：850000）
第二编辑部（北京）：北京市东土城路 8 号林达大厦 A 座 13 层
邮编：100013　　电话：010-64466847
打击盗版：0891-6649998 13908990085
印　　刷　北京盛通印刷股份有限公司
经　　销　全国新华书店
开　　本　16 开（710×1 000）
印　　张　14.5
字　　数　208 千
版　　次　2012 年 6 月第 1 版
印　　次　2019 年 8 月第 2 次印刷
标准书号　ISBN 978-7-80589-224-5
定　　价　26.00 元

乔美仁波切简介

藏传佛教中涌现出的历代高僧大德，无一不是为了继承、发扬、广弘释迦牟尼佛的教法，披肝沥胆光前裕后，树立起一座座昭彰显著的里程碑。在层出不穷的无数持教大德中，噶玛乔美仁波切以其卓越的实证功德脱颖而出，为如今的修行者树立了一个鲜明的楷模。并将宁玛、噶举两大宗派的法源汇融成一支，创立内多噶举派，成了这一派系的开山祖师。从此，声誉威震四海，名扬天下。

乔美仁波切约于公元十七世纪（具体生卒时间、地点不详）出生在一个普通的牧民家庭里，父亲名为班玛旺扎，母亲秋炯杰。他生来便具有强烈的慈悲心与非凡的智慧。由于前世的宿缘善根，从小就对三宝有猛烈的诚信，对正法有迫切的希求心。从孩提时代就对观修心性有浓厚的兴趣。小时候经常在草坪上打坐，寻找心的来踪去迹。五岁时已对心的本来面目有了一定的认识。

六岁开始学习文字的读诵与书写。由于天资聪颖，没用多久便运用自如，流利阅读经论、誊写典籍。七岁的时候，在仲巴上师前剃度出家，从此以后，谨持净戒，修持六度万行。

与其他修学者不同的是，他并未进行广泛的闻思，而几乎将所有的精力全部投注在修行上，精进实修，废寝忘食，甚至通宵达旦，彻夜不眠。他追循前辈苦行的足迹，历尽风风雨雨，为修法所付出的努力和经历的艰难困苦，实非我们常人所能想象的。

二十岁那一年，在被公认为阿弥陀佛化身的红帽金刚上师前恭听了“兰结即约”修法引导，并且潜心专研了因明的入门《摄类学》，同时也认真背诵许多经典论著，也听受了噶举派、宁玛派的诸多教言及窍诀，尽管如此，但大部分时间仍然用于观修心性上，行住坐卧无时无刻不在修行的境界中，无论身居闹市，还是独处静处都是一模一样，自心不为外缘所转，修断提高，日臻究竟。此后，也时常到俗家作经忏，超度亡灵，随缘度化众生，摄受有缘弟子。

高僧大德的品行，有时从一件事情即可表现出来。一次，当地的人们染上了一种严重的传染病，部分人不幸身亡，许多人祈请乔美仁波切慈悲加持消除这场灾难，

他亲自到患者家中念经加持，丝毫未考虑自己时刻会被传染的危险。而被挽救的那些人却没有感恩戴德之心。对此乔美仁波切并未放在心上，而是真挚祈愿生生世世救度他们摆脱更大的疾患——业惑。诸如此类的事例有许多，恐繁不述。

到了晚年，他一如既往地勤奋实修，隐居幽境闭关，期间也为部分有缘眷属传授修法窍诀，指导他们修持。弟众中获得共同、殊胜成就的人屡见不鲜。与此同时他也著书立传，为后代的学人留下了《山法论》、《转经轮功德》等许多无价之宝——修法窍诀。其中最为广泛弘传的是《极乐愿文》，文句优美流畅，意义深奥，具有不共的加持力，可谓是雅俗共赏的杰作。尤其是在雪域，几乎家喻户晓，人人皆能背诵，诸大尊者以此在各地举行极乐法会，无量众生依此趋向解脱的彼岸。

乔美仁波切圆满人间的事业后，不舍肉身携母亲、家犬等一同往生西方净土——极乐世界。

他真正实践了受持证法，为佛教作了卓越的贡献，实为我们这些后学效仿的典范。

目　　录

བདེ་ ཆེན་ ཞིང་ གི་ སྨོན་ ལམ་ བཞུགས་ སོ།།

极乐愿文

乔美仁波切 著

འདི་ ཉིད་ རང་ གི་ཐུགས་ ད་ མ་ ཡིན།།
此乃我所修持法，
མང་ པོ་ འགའ་ ལ་ ཨེ་ ཕན་ བསམ།།
思维饶益多众生，
ལག་ པ་ ན་ ཡང་ འབད་ ནས་ བྲིས།།
手虽痛却勤书写，
དཔེ་ གཙོད་ འདོད་ མི་ གདའ་ ན་ གཡར།།
若有欲抄者应借。
འདི་ ལས་ ཕན་ ཡོན་ ཆེ་ བ་ མེད།།
无有胜此之功德，

འདི་ ལས་ ལྷག་ པའི་ གདམས་ ངག་ མེད།།
无有更深之教言，
ང་ ཡི་ ཆོས་ ཀྱི་རྩ་ བ་ ཡིན །།
乃是吾之根本法，
རང་ གར་ མ་ སྐྱུར་ ཉམས་ ལེན་ འབྱུངས།།
精进修持勿舍弃。
འདི་ ནི་ མདོ་ ལུགས་ ཡིན་ པའི་ ཕྱིར།།
此属显宗法要故，
ལུང་ མ་ ཐོབ་ ཀྱང་ འདོན་ ན་ རུང་ །།
未得传承亦可诵。

ཨེ་མ་ཧོ༔

唉玛吙

འདི་ནས་ཉི་མ་ནུབ་ཀྱི་ཕྱོགས་རོལ་ན།།

德内涅玛讷吉效 入那

自此日落之方向

གྲངས་མེད་འཇིག་རྟེན་མང་པོའི་ཕ་རོལ་ན།།

章 美 杰 定芒布帕入那

越过无数众世界

ཅུང་ཟད་སྟེང་དུ་འཕགས་པའི་ཡུལ་ས་ན།།

炯杂当德啪 毕耶沙那

稍许上方圣境处

རྣམ་པར་དག་པའི་ཞིང་ཁམས་བདེ་བ་ཅན།།

南巴 达毕样 刊 得哇间

即是清净极乐刹

བདག་གི་ཆུ་བུར་མིག་གིས་མ་མཐོང་ཡང་།།

达 个 切窝墨 给玛同央

我等肉眼虽未见

རང་སེམས་གསལ་བའི་ཡིད་ལ་ལམ་མེར་གསལ།།

让 森 萨 唯 夜拉兰没萨

自心却应明然观

དེ་ན་བཅོམ་ལྡན་རྒྱལ་བ་འོད་དཔག་མེད།།

得那炯丹 嘉哇奥 花 美

彼刹阿弥陀佛尊

པདྨ་རཱ་གའི་མདོག་ཅན་གཟི་བརྗིད་འབར།།

巴玛给到 间 则 吉 巴

红莲宝色光耀眼

དབུ་ལ་གཙུག་ཏོར་ཞབས་ལ་འཁོར་ལོ་སོགས།།

窝拉 则 多 压拉 阔落 索

无见顶相足轮等

མཚན་བཟང་སོ་གཉིས་དཔེ་བྱད་བརྒྱད་ཅུས་སྤྲས།།

参 奘所 尼 会夏 加 寄 这

三十二相八十好

ཞལ་གཅིག་ཕྱག་གཉིས་མཉམ་བཞག་ལྷུང་བཟེད་འཛིན།།

压及夏 尼 年 压 龙贼 怎

一面二臂定持钵

ཆོས་གོས་རྣམ་གསུམ་གསོལ་ཞིང་སྐྱིལ་ཀྲུང་གིས།།

求 姑南 森 所 央节中 给

著三法衣跏趺坐

པདྨ་སྟོང་ལྡན་ཟླ་བའི་གདན་སྟེང་དུ།།

巴玛动单达唯单 当德

千瓣莲花月垫上

བྱང་ཆུབ་ཤིང་ལ་སྐུ་རྒྱབ་བརྟེན་མཛད་དེ།།

向且 向拉 歌加 定 杂 得

身背依靠菩提树

ཐུགས་རྗེའི་སྤྱན་གྱིས་རྒྱང་ནས་བདག་ལ་གཟིགས།།

特 吉 先 鸡江内 达 拉 则

慈悲慧眼遥视我

གཡས་སུ་བྱང་ཆུབ་སེམས་དཔའ་སྤྱན་རས་གཟིགས།།

衣 色向且 森 花先 锐 则

右侧观世音菩萨

སྐུ་མདོག་དཀར་པོ་ཕྱག་གཡོན་པད་དཀར་འཛིན།།

各到 嘎布夏 云 巴 呷 怎

身白左手持白莲

གཡོན་དུ་བྱང་ཆུབ་སེམས་དཔའ་མཐུ་ཆེན་ཐོབ།།

云 德向且 森 花 特钦托

左侧大势至菩萨

སྔོན་པོ་རྡོ་རྗེས་མཚན་པའི་པདྨ་གཡོན།།

温 波多吉 参 毕 巴玛 云

身蓝左持金刚莲

གཡས་གཉིས་སྐྱབས་སྦྱིན་ཕྱག་རྒྱ་བདག་ལ་བསྟན།།

衣 尼 加新 夏加达拉 单

右手施依印向吾

གཙོ་བོ་གསུམ་པོ་རི་རྒྱལ་ལྷུན་པོ་བཞིན།།

左握 森波热嘉伦波阴

三大主尊如山王

ལྷང་ངེ་ལྷན་ནེ་ལྷམ་མེར་བཞུགས་པའི་འཁོར།།

朗诶兰内拉美 业 毕 阔

巍然朗然坦然住

བྱང་ཆུབ་སེམས་དཔའི་དགེ་སློང་བྱེ་བ་འབུམ།།

向且 森 回 给龙 细哇波

大乘比丘十千亿

ཀུན་ཀྱང་གསེར་མདོག་མཚན་དང་དཔེ་བྱད་བརྒྱན།།

根 江 色 到 参 当 会夏 坚

身皆金色相好饰

ཆོས་གོས་རྣམ་གསུམ་གསོལ་ཞིང་སེར་ལྷེམ་མེ།།

求 顾南 森 所 央色定美

著三法衣黄灿灿

མོས་གུས་ཕྱག་ལ་ཉེ་རིང་ཁྱད་མེད་ཕྱིར།།

幕 给 夏拉尼让 恰 没些

敬礼远近无别故

བདག་གི་སྒོ་གསུམ་གུས་པས་ཕྱག་འཚལ་ལོ།།

达 个过森 给 贝夏 擦 落

我以三门敬顶礼

ཆོས་སྐུ་སྣང་བ་མཐའ་ཡས་རིགས་ཀྱི་བདག།

秋歌囊哇 他 耶 日 吉 达

法身无量光部主

ཕྱག་གཡས་འོད་ཟེར་ལས་སྤྲུལ་སྤྱན་རས་གཟིགས།།

夏 衣 奥 色 雷哲 先 瑞 则

右手放光化观音

ཡང་སྤྲུལ་སྤྱན་རས་གཟིགས་དབང་བྱེ་བ་བརྒྱ།།

样 哲先 瑞 则 汪细哇驾

复化百俱胝观音

ཕྱག་གཡོན་འོད་ཟེར་ལས་སྤྲུལ་སྒྲོལ་མ་སྟེ།།

夏 云 奥 贼 雷哲卓玛得

左手放光化度母

ཡང་སྤྲུལ་སྒྲོལ་མ་བྱེ་བ་ཕྲག་བརྒྱ་འགྱེད།།

样 哲卓玛些哇叉 嘉 结

复化百俱胝度母

ཐུགས་ཀྱི་འོད་ཟེར་ལས་སྤྲུལ་པདྨ་འབྱུང་།།

特 界奥色 雷哲巴玛炯

心间放光化莲师

ཡང་སྤྲུལ་ཨོ་རྒྱན་བྱེ་བ་ཕྲག་བརྒྱ་འགྱེད།།

样哲 乌坚 些哇叉 嘉 结

复化百俱胝莲师

ཆོས་སྐུ་འོད་དཔག་མེད་ལ་ཕྱག་འཚལ་ལོ།།

秋歌奥花 美 拉夏 擦 落

顶礼法身阿弥陀

སངས་རྒྱས་སྤྱན་གྱིས་ཉིན་མཚན་དུས་དྲུག་ཏུ།།
桑 吉 先 吉 您 参 第 哲德
佛于昼夜六时中

སེམས་ཅན་ཀུན་ལ་བརྩེ་བས་རྟག་ཏུ་གཟིགས།།
森 间 根 拉贼 为 达 德 则
慈眸恒视诸有情

སེམས་ཅན་ཀུན་གྱི་ཡིད་ལ་གང་དྲན་པའི།།
森 间 根吉 耶 拉 刚 占毕
诸众心中所生起

རྣམ་རྟོག་གང་འགྱུ་རྟག་ཏུ་ཐུགས་ཀྱིས་མཁྱེན།།
南 到 刚 结达 德 特 吉 亲
任何分别皆明知

སེམས་ཅན་ཀུན་གྱིས་ངག་ཏུ་གང་སྨྲས་ཚིག།
森 间 根 吉 阿 德刚 内 策
诸众口中所言语

རྟག་ཏུ་མ་འདྲེས་སོ་སོར་སྙན་ལ་གསན།།
达 德 玛 这 所 所 年 拉 三
永无混杂一一闻

ཀུན་མཁྱེན་འོད་དཔག་མེད་ལ་ཕྱག་འཚལ་ལོ།།
根 亲 奥 花 美 拉 夏 擦落
顶礼遍知无量光

ཆོས་སྤངས་མཚམས་མེད་བྱས་པ་མ་གཏོགས་པ།།
秋 邦 参 美 些 巴玛 到 巴
除造舍法无间罪

ཁྱེད་ལ་དད་ཅིང་སྨོན་ལམ་བཏབ་ཚད་ཀུན།།
切 拉 达 江 门 兰 大 擦 根
诸诚信您发愿者

བདེ་བ་ཅན་དེར་སྐྱེ་བའི་སྨོན་ལམ་འགྲུབ།།
得 哇 间 得 吉 卧 门 蓝 哲
如愿往生极乐刹

བར་དོར་བྱོན་ནས་ཞིང་དེར་འདྲེན་པར་གསུངས།།
哇 多 巡 内 央 得 针 巴 颂
佛临中阴引彼刹

འདྲེན་པ་འོད་དཔག་མེད་ལ་ཕྱག་འཚལ་ལོ།།
针 巴 奥 花 没 拉 夏 擦 落
顶礼导师无量光

ཁྱེད་ཀྱི་སྐུ་ཚེ་བསྐལ་པ་གྲངས་མེད་དུ།།
切 吉 歌 才 嘎 巴 章 美 德
您之寿量无数劫

མྱ་ངན་མི་འདའ་ད་ལྟ་མངོན་སུམ་བཞུགས།།
涅 安 墨 大 达 大 温 色 耶
不趣涅槃今住世

ཁྱེད་ལ་རྩེ་གཅིག་གུས་པས་གསོལ་བཏབ་ན།།
切 拉 贼 寄 给 贝 所 达 那
一心恭敬祈祷您

ལས་ཀྱི་རྣམ་པར་སྨིན་པ་མ་གཏོགས་པའི།།
雷 戒 南 巴 门 巴 玛 到 毕
除非异熟业果外

ཚེ་ཟད་པ་ཡང་ལོ་བརྒྱ་ཐུབ་པ་དང་།།
才 杂 巴 样 落 驾 特 巴 当
寿尽亦可享百岁

དུས་མིན་འཆི་བ་མ་ལུས་བཟློག་པར་གསུངས།།
第 门 切 哇 玛 利 到 巴 颂
遣除一切诸横死

མགོན་པོ་ཚེ་དཔག་མེད་ལ་ཕྱག་འཚལ་ལོ། །
滚 布才花 没拉夏 擦 落
顶礼怙主无量寿

སྟོང་གསུམ་འཇིག་རྟེན་རབ་འབྱམས་གྲངས་མེད་པ། །
动森 杰定 间 章美巴
无数广大三千界

རིན་ཆེན་གྱིས་བཀང་སྦྱིན་པ་བྱིན་པ་བས། །
仁钦 鸡 刚 新巴新 巴 唯
遍满珍宝作布施

འོད་དཔག་མེད་པའི་མཚན་དང་བདེ་བ་ཅན། །
奥 花 没 毕 参 当 得 哇间
不如听闻极乐刹

ཐོས་ནས་དད་པས་ཐལ་མོ་སྦྱར་བྱས་ན། །
吐内 达贝 他毛压些 那
阿弥陀佛名号后

དེ་ནི་དེ་བས་བསོད་ནམས་ཆེ་བར་གསུངས། །
得讷得唯 所 南 切哇 颂
以信合掌福德大

དེ་ཕྱིར་འོད་དཔག་མེད་ལ་གུས་ཕྱག་འཚལ། །
得些 奥花 美拉给夏 擦
是故敬礼无量光

གང་ཞིག་འོད་དཔག་མེད་པའི་མཚན་ཐོས་ནས། །
刚 压奥 花 没毕 参 吐 内
谁闻阿弥陀佛号

ཁ་ཞེ་མེད་པར་སྙིང་ཁོང་རུས་པའི་གཏིང་། །
卡意美巴 酿控瑞 毕 挡
表里如一自深心

ལན་གཅིག་ཙམ་ཞིག་དད་པ་སྐྱེས་པ་ན། །
兰 及 咱 衣 达巴及 巴那
仅生一次诚信心

དེ་ནི་བྱང་ཆུབ་ལམ་ལས་ཕྱིར་མི་ལྡོག །
得讷向且兰 雷些墨到
彼不退转菩提道

མགོན་པོ་འོད་དཔག་མེད་ལ་ཕྱག་འཚལ་ལོ། །
滚 布奥 花 美拉夏 擦 落
顶礼怙主无量光

སངས་རྒྱས་འོད་དཔག་མེད་པའི་མཚན་ཐོས་ནས། །
桑 吉 奥 花 美毕 参 吐 内
闻佛阿弥陀名号

དེ་ནི་བྱང་ཆུབ་སྙིང་པོ་མ་ཐོབ་པར། །
得讷向 且 娘 布玛 托 巴
乃至未获菩提间

བུད་མེད་མི་སྐྱེ་རིགས་ནི་བཟང་པོར་སྐྱེ། །
窝 美 墨吉 日 讷桑 波 吉
不转女身转贵族

ཚེ་རབས་ཀུན་ཏུ་ཚུལ་ཁྲིམས་རྣམ་དག་འགྱུར། །
才 根德慈 诚 南达 节
生生世世具净戒

བདེ་གཤེགས་འོད་དཔག་མེད་ལ་ཕྱག་འཚལ་ལོ། །
得 歇 奥花 美拉 夏 擦落
顶礼善逝无量光

བདག་གི་ལུས་དང་ལོངས་སྤྱོད་དགེ་རྩར་བཅས། །
达 个 利 挡 龙 效 给 匝 及
吾身受用及善根

དངོས་སུ་འབྱོར་བའི་མཆོད་པ་ཅི་མཆིས་པ།།
乌 色 交 唯 桥巴节其巴
一切真实之供品

ཡིད་སྤྲུལ་བཀྲ་ཤིས་རྫས་རྟགས་རིན་ཆེན་བདུན།།
耶 哲 扎西 贼达 仁 亲 顿
意幻七宝瑞相物

གདོད་ནས་གྲུབ་པ་སྟོང་གསུམ་འཇིག་རྟེན་གྱི།།
多 内 哲巴 动 森 杰 定戒
本成三千世界中

གླིང་བཞི་རི་རབ་ཉི་ཟླ་བྱེ་བ་བརྒྱ།།
郎 意日 涅大些哇 加
十亿日月洲须弥

ལྷ་ཀླུ་མི་ཡི་ལོངས་སྤྱོད་ཐམས་ཅད་ཀུན།།
拉乐么耶龙 效 谈 加 根
天人龙之诸受用

བློ་ཡིས་བླངས་ཏེ་འོད་དཔག་མེད་ལ་འབུལ།།
落衣浪 得傲花 美拉 波
意幻供养无量光

བདག་ལ་ཕན་ཕྱིར་ཐུགས་རྗེའི་སྟོབས་ཀྱིས་བཞེས།།
大 拉潘些 特 即 多 及 意
为利我故悲纳受

ཕ་མས་ཐོག་དྲངས་བདག་སོགས་འགྲོ་ཀུན་གྱི།།
怕美桃 章 达 所 桌 根 戒
父母为主吾等众

ཐོག་མ་མེད་པའི་དུས་ནས་ད་ལྟའི་བར།།
桃吗美毕地内大地哇
从无始时至今生

སྲོག་གཅོད་མ་བྱིན་ལེན་དང་མི་ཚངས་སྤྱོད།།
照 加 吗新林当么仓 效
杀生偷盗非梵行

ལུས་ཀྱི་མི་དགེ་གསུམ་པོ་མཐོལ་ལོ་བཤགས།།
里戒么给森 布吐 落 夏
发露忏悔身三罪

རྫུན་དང་ཕྲ་མ་ཚིག་རྩུབ་ངག་འཁྱལ་པ།།
怎当叉玛册 则啊 恰巴
妄语离间绮恶语

ངག་གི་མི་དགེ་བཞི་པོ་མཐོལ་ལོ་བཤགས།།
啊 个么给耶波 吐 落 夏
发露忏悔语四罪

བརྣབ་སེམས་གནོད་སེམས་ལོག་པར་ལྟ་བ་སྟེ།།
那 森 诺 森 劳 巴 大哇得
贪心害心与邪见

ཡིད་ཀྱི་མི་དགེ་གསུམ་པོ་མཐོལ་ལོ་བཤགས།།
耶 戒么给 森 波吐 落 夏
发露忏悔意三罪

ཕ་མ་སློབ་དཔོན་དགྲ་བཅོམ་བསད་པ་དང་།།
帕玛录 昏 扎 军 洒 巴 当
杀师父母阿罗汉

རྒྱལ་བའི་སྐུ་ལ་ངན་སེམས་སྐྱེས་པ་དང་།།
嘉 唯个 拉安 森 吉巴档
恶心损害佛身体

མཚམས་མེད་ལྔ་ཡི་ལས་བསགས་མཐོལ་ལོ་བཤགས།།
参 没阿夜雷 萨 吐 落 夏
发露忏悔无间罪

དགེ་ སློང་ དགེ་ ཚུལ་ བསད་ དང་ བཙུན་ མ་ ཕབ།།

给龙 给策 萨 档 怎玛帕

杀害比丘与沙弥

སྐུ་གཟུགས་ མཆོད་ རྟེན་ ལྷ་ ཁང་ བཤིགས་ པ་ སོགས།།

个 惹 桥 定拉康 谢 巴 索

污尼毁像塔寺等

ཉེ་ བའི་ མཚམས་ མེད་ སྡིག་ བྱས་ མཐོལ་ ལོ་བཤགས།།

尼唯 参 没德 些 吐 落 夏

发露忏悔近无间

དཀོན་ མཆོག་ ལྷ་ ཁང་ གསུང་ རབ་ རྟེན་ གསུམ་ སོགས།།

滚 巧拉抗 颂 定森 索

三宝殿经所依等

དཔང་ ཞེས་ ཚད་ བཙུགས་ མནའ་ ཟོས་ ལ་ སོགས་ པ།།

黄 意 擦 则 纳 如 拉所巴

以彼作证违誓等

ཆོས་ སྤངས་ ལས་ ངན་ བསགས་ པ་ མཐོལ་ ལོ་ བཤགས།།

秋 邦 雷 安 沙 巴吐 落 夏

发露忏悔舍法罪

ཁམས་ གསུམ་ སེམས་ ཅན་ བསད་ ལས་ སྡིག་ ཆེ་ བ།།

刊 森 森 间 萨 雷德 切哇

诽谤诸菩萨之罪

བྱང་ ཆུབ་ སེམས་ དཔའ་ རྣམས་ ལ་ སྐུར་ བ་ བཏབ།།

向 且 森 花 南 拉个 哇 达

较杀三界有情重

དོན་ མེད་ སྡིག་ ཆེན་ བསགས་ པ་ མཐོལ་ ལོ་ བཤགས།།

吨没 德钦 萨 巴 吐 落 夏

发露忏悔无义罪

དགེ་ བའི་ ཕན་ ཡོན་ སྡིག་ པའི་ ཉེས་ དམིགས་ དང་ །།

给唯 潘云 德毕尼 墨 档

闻善功德恶过患

དམྱལ་ བའི་ སྡུག་ བསྔལ་ ཚེ་ ཚད་ ལ་ སོགས་ པ།།

涅 唯 德 阿 才 擦 拉 索 巴

地狱痛苦寿量等

ཐོས་ ཀྱང་ མི་ བདེན་ བཤད་ ཚོད་ ཡིན་ བསམས་ པ།།

吐 江 么 定 夏 措 音 三 巴

认为不实仅说法

མཚམས་ མེད་ ལྔ་ བས་ ཐུ་ བའི་ ལས་ ངན་ པ།།

参 没 阿 唯特 为 雷 安 巴

此罪重于五无间

ཐར་ མེད་ ལས་ ངན་ བསགས་ པ་ མཐོལ་ ལོ་ བཤགས།།

他没 雷 安 沙 巴 吐 落 夏

发露忏悔无解罪

ཕམ་ པ་ བཞི་ དང་ ལྷག་ མ་ བཅུ་ གསུམ་ དང་ །།

盼 巴 夜 档 拉 玛 结 森 当

十三僧残四他胜

སྤང་ ལྟུང་ སོར་ བཤགས་ ཉེས་ བྱས་ སྡེ་ ཚན་ ལྔ།།

邦 动 所 夏 尼 些 得 参阿

堕罪恶作向彼悔

སོ་ ཐར་ ཚུལ་ ཁྲིམས་ འཆལ་ བ་ མཐོལ་ ལོ་ བཤགས།།

所 他 册 诚 恰 瓦 吐 落 夏

发露忏悔五堕罪

ནག་ པོའི་ ཆོས་ བཞི་ ལྟུང་ བ་ ལྔ་ ལྔ་ བརྒྱད།།

那 布 秋 夜 动 哇阿阿 加

四恶法罪十八堕

བྱང་སེམས་བསླབ་པ་ཉམས་པ་མཐོལ་ལོ་བཤགས།།

向森 拉巴念巴吐落夏

发露忏破菩萨戒

རྩ་ལྟུང་བཅུ་བཞི་ཡན་ལག་སྦོམ་པོ་བརྒྱད།།

匝动 杰业燕拉 嗡波 嘉

十四根本八粗支

གསང་སྔགས་དམ་ཚིག་ཉམས་པ་མཐོལ་ལོ་བཤགས།།

桑阿 丹策 年巴吐 落夏

发露忏破誓言罪

སྡོམ་པ་མ་ཞུས་མི་དགེའི་ལས་བྱས་པ།།

顿巴玛意墨 给 雷细巴

未受戒律造恶业

མི་ཚངས་སྤྱོད་དང་ཆང་འཐུང་ལ་སོགས་པ།།

么仓 效档 强同拉 所巴

非梵行及饮酒等

རང་བཞིན་ཁ་ན་མ་ཐོའི་སྡིག་པ་སྟེ།།

让 音 卡那玛吐 德巴得

一切自性之罪过

སྡིག་པ་སྡིག་ཏུ་མ་ཤེས་མཐོལ་ལོ་བཤགས།།

德巴德德玛西 吐 落 夏

发露忏悔未知罪

སྐྱབས་སྡོམ་དབང་བསྐུར་ལ་སོགས་ཐོབ་ན་ཡང་།།

嘉 顿 汪 哥 拉所 吐那样

虽受皈戒灌顶等

དེ་ཡི་སྡོམ་པ་དམ་ཚིག་བསྲུང་མ་ཤེས།།

得叶顿巴单 策 仲玛西

不知守戒护誓言

བཅས་པའི་ལྟུང་བ་ཕོག་པ་མཐོལ་ལོ་བཤགས།།

吉 毕 动哇抛巴 吐落 夏

发露忏悔佛制罪

འགྱོད་པ་མེད་ན་བཤགས་པས་མི་འདག་པས།།

交 巴没那 夏 贝么 达 贝

若无悔心忏不净

སྔར་བྱས་སྡིག་པ་ཁོང་དུ་དུག་སོང་ལྟར།།

阿 些德巴空德德 颂 达

昔所造罪如服毒

ངོ་ཚ་འཇིགས་སྐྲག་འགྱོད་པ་ཆེན་པོས་བཤགས།།

窝擦节 扎 交 巴钦 布 夏

以大惭畏悔忏罪

ཕྱིན་ཆད་སྡོམ་སེམས་མེད་ན་མི་འདག་པས།།

新 恰顿 森 美那么 达贝

后无戒心罪不净

ཕྱིན་ཆད་སྲོག་ལ་བབ་ཀྱང་མི་དགེའི་ལས།།

新 恰照拉哇 江么 给 雷

发誓此后遇命难

ད་ནས་མི་བགྱིད་སེམས་ལ་དམ་བཅའ་བཟུང་།།

大内 么 节 森 拉 单 加 绒

亦不造作不善业

བདེ་གཤེགས་འོད་དཔག་མེད་པ་སྲས་བཅས་ཀྱིས།།

得 歇 奥 花 没巴这 基 吉

阿弥陀佛及佛子

བདག་རྒྱུད་ཡོངས་སུ་དག་པར་བྱིན་གྱིས་རློབས།།

达 杰 用 色 达巴 新吉 罗

加持净化我相续

གཞན་གྱིས་དགེ་བ་བྱེད་པ་ཐོས་པའི་ཚེ།།

焰 吉 给哇些巴吐毕才

闻听他人行善时

དེ་ལ་ཕྲག་དོག་མི་དགེའི་སེམས་སྤངས་ནས།།

得拉叉 到么 给 森 邦 内

若舍嫉妒不喜心

སྙིང་ནས་དགའ་བས་རྗེས་སུ་ཡི་རང་ན།།

酿内 嘎 为 吉 色耶让那

诚心欢悦作随喜

དེ་ཡི་བསོད་ནམས་མཉམ་དུ་ཐོབ་པར་གསུངས།།

得耶 索 南 年 德吐巴 颂

佛说同获彼福德

དེ་ཕྱིར་འཕགས་པ་རྣམས་དང་སོ་སྐྱེ་ཡིས།།

得些 啪 巴南 档索吉衣

故于圣者及凡夫

དགེ་བ་གང་བསྒྲུབས་ཀུན་ལ་ཡི་རང་ངོ་།།

给哇刚 哲 根 拉耶让悟

所作诸善皆随喜

བླ་མེད་བྱང་ཆུབ་མཆོག་ཏུ་སེམས་བསྐྱེད་ནས།།

拉美 向且 桥德 森 及 内

于发无上菩提心

འགྲོ་དོན་རྒྱ་ཆེན་མཛད་ལ་ཡི་རང་ངོ་།།

卓 顿 加亲 杂 拉耶 让窝

广利有情皆随喜

མི་དགེ་བཅུ་པོ་སྤངས་པ་དགེ་བ་བཅུ།།

么给 节布 邦 巴 给哇 杰

断十不善行十善

གཞན་གྱི་སྲོག་བསྐྱབ་སྦྱིན་པ་གཏོང་བ་དང་།།

焰 戒照 加 新巴 动哇当

救护他命发布施

སྡོམ་པ་སྲུང་ཞིང་བདེན་པར་སྨྲ་བ་དང་།།

动巴仲 央 定巴 玛哇档

守持戒律说实语

འཁོན་པ་སྡུམ་དང་ཞི་དུལ་དྲང་པོར་སྨྲ།།

昆 巴灯档 也德 张布玛

化怨言语直柔和

དོན་དང་ལྡན་པའི་གཏམ་བརྗོད་འདོད་པ་ཆུང་།།

吨档单 毕 丹 觉 多 巴琼

少欲言说具义语

བྱམས་དང་སྙིང་རྗེ་སྒོམ་ཞིང་ཆོས་ལ་སྤྱོད།།

向 档 酿吉过 样秋拉效

修持慈悲行正法

དགེ་བ་དེ་རྣམས་ཀུན་ལ་ཡི་རང་ངོ་།།

给 哇得南 根 拉耶让窝

于彼善法皆随喜

ཕྱོགས་བཅུའི་འཇིག་རྟེན་རབ་འབྱམས་ཐམས་ཅད་ན།།

笑 吉 杰定 见 谈 加那

十方浩瀚世界中

རྫོགས་སངས་རྒྱས་ནས་རིང་པོར་མ་ལོན་པར།།

造 桑 吉 内 让 波 玛抡 巴

圆满正觉后不久

དེ་དག་རྣམས་ལ་ཆོས་ཀྱི་འཁོར་ལོ་ནི།།

得达 南 拉 秋戒 靠 落讷

我于彼等前祈请

རྒྱ་ཆེན་མྱུར་དུ་བསྐོར་བར་བདག་གིས་བསྐུལ།།

加钦涅德固 哇 达 给 格

迅速广转妙法轮

མངོན་ཤེས་ཐུགས་ཀྱིས་དེ་དོན་མཁྱེན་པར་གསོལ།།

温 西 特 吉 得吨 钦 巴 所

佛以神通知彼义

སངས་རྒྱས་བྱང་སེམས་བསྟན་འཛིན་དགེ་བའི་བཤེས།།

桑 吉 向 森 单 怎 给 为 西

于佛菩萨持教师

མྱ་ངན་འདའ་བར་བཞེད་ཀུན་དེ་དག་ལ།།

涅安 大 哇 夜根 得达 拉

诸欲涅槃彼等前

མྱ་ངན་མི་འདའ་བཞུགས་པར་གསོལ་བ་འདེབས།།

涅安么达 叶 巴 所哇 得

祈请住世不涅槃

འདིས་མཚོན་བདག་གི་དུས་གསུམ་དགེ་བ་རྣམས།།

德 村 达 各第 森 给哇南

以此为主三世善

འགྲོ་བ་སེམས་ཅན་ཀུན་གྱི་དོན་དུ་བསྔོ།།

作哇森 间根界吨德窝

回向一切诸有情

ཀུན་ཀྱང་བླ་མེད་བྱང་ཆུབ་མྱུར་ཐོབ་ནས།།

根 江喇没向且涅 吐内

愿皆速得无上果

ཁམས་གསུམ་འཁོར་བ་དོང་ནས་སྤྲུགས་གྱུར་ཅིག།

刊 森 靠哇动内 哲 节 吉

根除三界之轮回

དེ་ཡི་དགེ་བ་བདག་ལ་མྱུར་སྨིན་ནས།།

得耶给 哇 达 拉涅 门 内

愿善我今速成熟

ཚེ་འདིར་དུས་མིན་འཆི་བ་བཅོ་བརྒྱད་ཞི།།

才德 第 门 且哇 觉 嘉叶

遣除十八种横死

ནད་མེད་ལང་ཚོ་རྒྱས་པའི་ལུས་སྟོབས་ལྡན།།

那没 朗错吉毕 粒多 单

身康力壮韶华丰

དཔལ་འབྱོར་འཛད་མེད་དབྱར་གྱི་གངྒཱ་ལྟར།།

话 交 匝 没 呀 戒刚嘎达

如夏恒河无尽财

བདུད་དགྲའི་འཚེ་བ་མེད་ཅིང་དམ་ཆོས་སྤྱོད།།

德 这 才瓦没江丹秋 效

无魔怨害享正法

བསམ་པའི་དོན་ཀུན་ཆོས་ལྡན་ཡིད་བཞིན་འགྲུབ།།

三 毕吨 根秋单意 音哲

如法成就诸所愿

བསྟན་དང་འགྲོ་ལ་ཕན་ཐོགས་རྒྱ་ཆེན་འགྲུབ།།

丹 档 桌拉盼桃 加钦 哲

弘法利生大益成

མི་ལུས་དོན་དང་ལྡན་པ་འགྲུབ་པར་ཤོག།

么里 吨档单巴 哲巴 校

使此人身具意义

བདག་དང་བདག་ལ་འབྲེལ་ཐོགས་ཀུན།།

达 档 达 拉 这 桃 根

与我结缘众

འདི་ ནས་ ཚེ་ འཕོས་ གྱུར་ མ་ ཐག།

德 内才 朴杰玛他

愿临命终时

སྤྲུལ་ པའི་ སངས་ རྒྱས་ འོད་ དཔག་ མེད།།

哲 毕 桑 吉 奥 花没

化身无量光

དགེ་ སློང་ དགེ་ འདུན་ འཁོར་ གྱིས་ བསྐོར།།

给拢 给 顿 靠 吉 果

比丘僧眷绕

མདུན་ དུ་ མངོན་ སུམ་ འབྱོན་ པར་ ཤོག།

顿 德 温森 巡 巴 效

亲临吾等前

དེ་ མཐོང་ ཡིད་ དགའ་ སྣང་ བ་ སྐྱིད།།

得同 耶 嘎 囊哇 节

见彼心欢悦

ཤི་ བའི་ སྡུག་ བསྔལ་ མེད་ པར་ ཤོག།

西为 德 阿 没 巴效

无有死亡苦

བྱང་ ཆུབ་ སེམས་ དཔའ་ མཆེད་ བརྒྱད་ ནི།།

向且 森 花 切 嘉 讷

愿八大菩萨

རྫུ་ འཕྲུལ་ སྟོབས་ ཀྱིས་ ནམ་ མཁར་ བྱོན།།

则 彻 多 吉 南 卡 巡

神力临空中

བདེ་ བ་ ཅན་ དུ་ འགྲོ་ བ་ ཡི།།

得 哇间 德 桌哇耶

指示极乐道

ལམ་ སྟོན་ ལམ་ སྣ་ འདྲེན་ པར་ ཤོག།

蓝 吨 蓝纳 真巴 效

接引得往生

ངན་ སོང་ སྡུག་ བསྔལ་ བཟོད་ གླག་ མེད།།

安 颂德 阿 族 拉 没

恶趣苦难忍

ལྷ་ མིའི་ བདེ་ སྐྱིད་ མི་ རྟག་ འགྱུར།།

拉咪 得节 么达 节

人天乐无常

དེ་ ལ་ སྐྲག་ སེམས་ སྐྱེ་ བར་ ཤོག།

得拉 扎 森 吉 哇 效

愿生畏彼心

ཐོག་ མ་ མེད་ ནས་ ད་ ལྟའི་ བར།།

桃 玛 没 内达 第 哇

无始至今生

འཁོར་ བ་ འདི་ ན་ ཡུན་ རེ་ རིང་ །།

靠 哇 德纳 音瑞 让

漫长漂轮回

དེ་ལ་ སྐྱོ་ བ་ སྐྱེ་ བར་ ཤོག།

得拉交哇吉哇 效

愿生厌离心

མི་ ནས་ མི་ རུ་ སྐྱེ་ ཚོག་ ཀྱང་ །།

么内 墨热吉桥 江

设使人转人

སྐྱེ་ ག་ ན་ འཆི་ གྲངས་ མེད་ མྱོང་ །།

吉嘎纳齐 章 没 农

受生老病死

དུས་ངན་སྙིགས་མར་བར་ཆད་མང་།།
第安 涅 玛 哇 恰忙
浊世违缘多

མི་དང་ལྷ་ཡི་བདེ་སྐྱིད་འདི།།
么档 拉耶 得节 德
人天之安乐

དུག་དང་འདྲེས་པའི་ཟས་བཞིན་དུ།།
德 档 这毕 贼 音德
犹如杂毒食

འདོད་པ་སྤུ་ཙམ་མེད་པར་ཤོག།
都 巴波 暂 没 巴 效
愿毫无贪求

ཉེ་དུ་ཟས་ནོར་མཐུན་གྲོགས་རྣམས།།
尼德贼 挪 吞 照 南
食财亲友朋

མི་རྟག་སྒྱུ་མ་རྨི་ལམ་བཞིན།།
么大 节玛么蓝 音
无常如梦幻

ཆགས་ཞེན་སྤུ་ཙམ་མེད་པར་ཤོག།
恰 音波暂 没 巴 校
愿毫无贪恋

ས་ཆ་ཡུལ་རིས་ཁང་ཁྱིམ་རྣམས།།
萨恰耶 瑞 抗 亲 南
故乡属地宅

རྨི་ལམ་ཡུལ་གྱི་ཁང་ཁྱིམ་ལྟར།།
摸蓝 耶 戒 抗 亲 达
犹如梦境宅

བདེན་པར་མ་གྲུབ་ཤེས་པར་ཤོག།
定 巴 玛哲 西 巴 效
愿知不成实

ཐར་མེད་འཁོར་བའི་རྒྱ་མཚོ་ནས།།
他 没 靠 为 嘉 措 内
无解轮回海

ཉེས་ཆེན་བཙོན་ནས་ཐར་བ་བཞིན།།
尼 钦 尊 内 他 哇 音
如罪犯脱狱

བདེ་བ་ཅན་གྱི་ཞིང་ཁམས་སུ།།
得 哇 间 戒 央 刊 色
愿义无反顾

ཕྱི་ལྟས་མེད་པར་འབྲོས་པར་ཤོག།
歇第 没 巴 住 哇 效
趋往极乐刹

ཆགས་ཞེན་འཁྲི་བ་ཀུན་བཅད་ནས།།
恰 音 车哇 根 加 内
愿断诸贪执

བྱ་རྒོད་རྙི་ནས་ཐར་བ་བཞིན།།
夏鼓 涅内 他哇 音
如鹫脱网罗

ནུབ་ཀྱི་ཕྱོགས་ཀྱི་ནམ་མཁའ་ལ།།
讷 戒 效 戒南 卡 拉
瞬间便越过

འཇིག་རྟེན་ཁམས་ནི་གྲངས་མེད་པ།།
杰 定 刊 讷 章 没 巴
向西方空中

སྐད་ཅིག་ཡུད་ལ་བགྲོད་བྱས་ནས།།

嘎 及 耶 拉 桌 些 内

无量世界刹

བདེ་བ་ཅན་དུ་ཕྱིན་པར་ཤོག།

得 哇间 德 新巴 效

诣至极乐国

དེ་རུ་སངས་རྒྱས་འོད་དཔག་མེད།།

得热桑 吉 奥 花 没

愿面见彼刹

མངོན་སུམ་བཞུགས་པའི་ཞལ་མཐོང་ནས།།

温 森 夜 毕压 同 内

住世无量光

སྒྲིབ་པ་ཐམས་ཅད་དག་པར་ཤོག།

哲 巴 谈 家 达 巴 效

净除诸罪障

སྐྱེ་གནས་བཞི་ཡི་མཆོག་གྱུར་པ།།

吉 内 意 耶 桥 结 巴

四生中最胜

མེ་ཏོག་པདྨའི་སྙིང་པོ་ལ།།

没到 巴美 酿 布拉

莲花蕊中生

བརྫུས་ཏེ་སྐྱེ་བ་ལེན་པར་ཤོག།

贼 得吉哇林 巴 效

愿得化身生

སྐད་ཅིག་ཉིད་ལ་ལུས་རྫོགས་ནས།།

嘎 及 涅 拉 利 造 内

刹那身圆满

མཚན་དཔེ་ལྡན་པའི་ལུས་ཐོབ་ཤོག།

灿 汇 丹 毕 利 托 效

愿获相随好

མི་སྐྱེ་དོགས་པའི་ཐེ་ཚོམ་གྱིས།།

么吉 到 毕推 措 基

因疑不往生

ལོ་གྲངས་ལྔ་བརྒྱའི་བར་དག་ཏུ།།

落 章 阿 吉 瓦 达德

于五百年中

ནང་དེར་བདེ་སྐྱིད་ལོངས་སྤྱོད་ལྡན།།

囊 得得 节 拢 效 丹

虽具乐受用

སངས་རྒྱས་གསུང་ནི་ཐོས་ན་ཡང་།།

桑 吉 颂 讷吐 纳样

听闻佛语声

མེ་ཏོག་ཁ་ནི་མི་བྱེ་བས།།

美 到卡讷么些 为

然花不绽放

སངས་རྒྱས་ཞལ་མཇལ་ཕྱི་བའི་སྐྱོན།།

桑 吉 压 加 些为 军

延误见佛颜

དེ་འདྲ་བདག་ལ་མི་འབྱུང་ཤོག།

得扎 达 拉 么 炯 效

愿我无此过

སྐྱེ་མ་ཐག་ཏུ་མེ་ཏོག་བྱེ།།

吉玛塔 德美到 西

往生花即开

འོད་དཔག་མེད་པའི་ཞལ་མཐོང་ཤོག།
奥 华 没毕 亚 同 效
愿见无量光

བསོད་ནམས་སྟོབས་དང་རྫུ་འཕྲུལ་གྱིས།།
索 南 多 当则彻 吉
以福力神变

ལག་པའི་མཐིལ་ནས་མཆོད་པའི་སྤྲིན།།
拉 巴 特 内 桥 毕 真
手掌中放出

བསམ་མི་ཁྱབ་པར་སྤྲོས་བྱས་ནས།།
三 么恰巴 住细 内
不可思供云

སངས་རྒྱས་འཁོར་བཅས་མཆོད་པར་ཤོག།
桑 吉 阔 鸡 桥 巴效
愿供佛眷属

དེ་ཚེ་དེ་བཞིན་གཤེགས་པ་དེས།།
得才得音 歇 巴第
尔时愿如来

ཕྱག་གཡས་བརྐྱངས་ནས་མགོ་ལ་བཞག།
夏 耶 江 内 故拉 压
展右手摸顶

བྱང་ཆུབ་ལུང་བསྟན་ཐོབ་པར་ཤོག།
向 且 拢 丹 托巴 效
得菩提授记

ཟབ་དང་རྒྱ་ཆེའི་ཆོས་ཐོས་ནས།།
藏 档嘉起 秋 吐 内
闻深广法已

རང་རྒྱུད་སྨིན་ཅིང་གྲོལ་བར་ཤོག།
让 节 门 江 卓 瓦 效
愿熟解自续

སྤྱན་རས་གཟིགས་དང་མཐུ་ཆེན་ཐོབ།།
先 热 则 档 特 钦 托
愿佛二长子

རྒྱལ་སྲས་ཐུ་བོ་རྣམ་གཉིས་ཀྱིས།།
嘉 这 特喔 南 尼 鸡
观音大势至

བྱིན་གྱིས་བརླབས་ཤིང་རྗེས་བཟུང་ཤོག།
新 鸡 拉 向 吉 绒 效
加持并摄受

ཉིན་རེ་བཞིན་དུ་ཕྱོགས་བཅུ་ཡི།།
您 瑞 印 德 效 结 意
每日中十方

སངས་རྒྱས་བྱང་སེམས་དཔག་མེད་པ།།
桑 吉 向 森 花 没 巴
无量佛菩萨

འོད་དཔག་མེད་པ་མཆོད་པ་དང་།།
奥 花 没 巴 桥 巴 档
供养无量光

ཞིང་དེར་བལྟ་ཕྱིར་འགྲོན་པའི་ཚེ།།
样 得 达 些 俊 毕 才
莅观彼刹时

དེ་དག་ཀུན་ལ་བསྙེན་བཀུར་ཞིང་།།
得 达 根 拉 您 格 样
愿承侍彼等

ཆོས་ཀྱི་བདུད་རྩི་ཐོབ་པར་ཤོག།

秋结 德则托巴效

获得法甘露

རྫུ་འཕྲུལ་ཐོགས་པ་མེད་པ་ཡིས།།

则彻 桃 巴没巴耶

以无碍神变

མངོན་དགའི་ཞིང་དང་དཔལ་ལྡན་ཞིང་།།

温 给样档花单样

愿上午前赴

ལས་རབ་རྫོགས་དང་སྟུག་པོ་བཀོད།།

雷 造 档德布果

现喜具德刹

ཨ་ཏྲོ་དེ་དག་རྣམས་སུ་འགྲོ།།

阿桌得达南 色卓

妙圆密严刹

མི་བསྐྱོད་རིན་འབྱུང་དོན་ཡོད་གྲུབ།།

么觉 仁 炯 吨有哲

不动宝生佛

རྣམ་སྣང་ལ་སོགས་སངས་རྒྱས་ལ།།

南囊拉索 桑 吉拉

不空毗卢佛

དབང་དང་བྱིན་རླབས་སྡོམ་པ་ཞུ།།

汪 档 新 拉 吨 巴耶

求灌顶加持

མཆོད་པ་དུ་མས་མཆོད་བྱས་ནས།།

桥 巴德美 桥 细内

受戒作广供

དགོང་མོ་བདེ་བ་ཅན་ཉིད་དུ།།

共 谋得哇间涅德

傍晚无艰难

དཀའ་ཚེགས་མེད་པར་སླེབ་པར་ཤོག།

嘎 擦 没巴来 巴效

返回极乐国

པོ་ཏ་ལ་དང་ལྕང་ལོ་ཅན།།

波扎拉档 江 落 间

普陀杨柳宫

རྔ་ཡབ་གླིང་དང་ཨོ་རྒྱན་ཡུལ།།

阿呀 朗 档 乌 坚 耶

邬金妙拂洲

སྤྲུལ་སྐུའི་ཞིང་ཁམས་བྱེ་བ་བརྒྱར།།

哲 给样 刊 些哇 加

十亿化身刹

སྤྱན་རས་གཟིགས་དང་སྒྲོལ་མ་དང་།།

先 瑞 则 档 卓玛档

愿见观世音

ཕྱག་རྡོར་པད་འབྱུང་བྱེ་བ་བརྒྱ།།

夏 多巴 炯 些哇加

度母金刚手

མཇལ་ཞིང་མཆོད་པ་རྒྱ་མཚོས་མཆོད།།

加 样 桥 巴加措 桥

莲师十亿尊

དབང་དང་གདམས་ངག་ཟབ་མོ་ཞུ།།

汪 档 单 啊 藏 暮衣

奉如海供品

སྦྱར་ དུ་ རང་ གནས་ བདེ་ ཆེན་ ཞིང་།།

涅德让 内 得 亲样

求灌顶深教

ཐོགས་ པ་ མེད་ པར་ ཕྱིན་ པར་ ཤོག།

桃 巴没巴 新哇效

速直返自刹

ཕྱལ་ གྱི་ ཉེ་ དུ་ གྲུ་ སློབ་ སོགས།།

些及尼德扎落 索

愿天眼明见

ལྷ་ ཡི་ མིག་ གིས་ གསལ་ བར་ མཐོང་།།

拉耶么给 萨 瓦 同

生前友侍徒

སྲུང་ སྐྱོབ་ བྱིན་ གྱིས་ རློབ་ བྱེད་ ཅིང་།།

仲觉 新吉劳 些江

加持并护佑

འཆི་ དུས་ ཞིང་ དེར་ ཁྲིད་ པར་ ཤོག།

切第 样得尺 巴效

亡时接彼刹

བསྐལ་ བཟང་ འདི་ ཡི་ བསྐལ་ པའི་ ཡུན།།

嘎 桑德耶呷 为音

贤劫一大劫

བདེ་ བ་ ཅན་ གྱི་ ཞག་ གཅིག་ སྟེ།།

得哇间戒压 及得

极乐刹一日

བསྐལ་ པ་ གྲངས་ མེད་ འཆི་ བ་ མེད།།

嘎 瓦章 没 切哇没

无数劫无死

རྟག་ ཏུ་ ཞིང་ དེ་ འཛིན་ པར་ ཤོག།

达德样得怎 巴效

愿恒住彼刹

བྱམས་ པ་ ནས་ བཟུང་ མོས་ པའི་ བར།།

先 巴内 绒 暮毕 瓦

弥勒至胜解

བསྐལ་ བཟང་ འདི་ ཡི་ སངས་ རྒྱས་ རྣམས།།

嘎 桑德耶桑 吉 南

贤劫诸佛陀

འཇིག་ རྟེན་ འདི་ ན་ ནམ་ འབྱོན་ ཚེ།།

杰 定 德纳南 巡才

降临此刹时

རྫུ་ འཕྲུལ་ སྟོབས་ ཀྱི་ འདིར་ འོངས་ ནས།།

则彻 多及德 嗡 内

以神变诣此

སངས་ རྒྱས་ མཆོད་ ཅིང་ དམ་ ཆོས་ ཉན།།

桑 吉 桥 江单秋年

供佛闻正法

སླར་ ཡང་ བདེ་ ཆེན་ ཞིང་ ཁམས་ སུ།།

拉 样得亲样 刊 色

尔后愿无碍

ཐོགས་ པ་ མེད་ པར་ འགྲོ་ བར་ ཤོག།

桃 巴没 巴卓瓦效

返回极乐刹

སངས་ རྒྱས་ བྱེ་ བ་ ཁྲ ག་ ཁྲིག་ བརྒྱ་ སྟོང་ ཕྲག།

桑 吉些哇察尺 加动擦

八百一十万俱胝

བརྒྱད་ཅུ་རྩ་གཅིག་སངས་རྒྱས་ཞིང་ཀུན་གྱི།

嘉 杰匝 及 桑 吉 样根戒那

由他佛之佛刹

ཡོན་ཏན་བཀོད་པ་ཐམས་ཅད་གཅིག་བསྡོམས་པ།

云单 果 巴谈 加 寄 吨 巴

功德庄严皆合一

ཞིང་ཁམས་ཀུན་ལས་ཁྱད་འཕགས་བླ་ན་མེད།

样 刊 根雷恰 啪 拉那没

愿生胜过诸刹土

བདེ་བ་ཅན་གྱི་ཞིང་དེར་སྐྱེ་བར་ཤོག

得哇 间戒样 得吉 哇 效

无上殊胜极乐刹

རིན་ཆེན་ས་གཞི་ཁོད་སྙོམས་ལག་མཐིལ་ལྟར།

仁钦萨业阔 牛 拉 特 达

珍宝大地平如掌

ཡངས་ཤིང་རྒྱ་ཆེ་གསལ་ཞིང་འོད་ཟེར་འབར།

样 向加起 萨样奥 贼 巴

宽敞明亮光闪闪

མནན་ན་ནེམ་ཞིང་བཏེགས་ན་སྤར་བྱེད་པ།

南 纳内样 大 那巴些巴

压陷抬反富弹性

བདེ་འཇམ་ཡངས་པའི་ཞིང་དེར་སྐྱེ་བར་ཤོག

得 见 样 毕央 得吉 瓦 效

愿生轻滑舒适刹

རིན་ཆེན་དུ་མ་ལས་གྲུབ་དཔག་བསམ་ཤིང་།

仁 钦德玛 雷 哲 花 三 向

众宝所成如意树

ལོ་མ་དར་ཟབ་འབྲས་བུ་རིན་ཆེན་བརྒྱན།

落玛达藏 这窝仁钦 坚

树叶锦缎珍果饰

དེ་སྟེང་སྤྲུལ་པའི་བྱ་ཚོགས་སྐད་སྙན་སྒྲོགས།

得当哲 毕夏措 嘎 年这

彼上幻鸟出妙音

ཟབ་དང་རྒྱ་ཆེའི་ཆོས་ཀྱི་སྒྲ་རྣམས་སྒྲོག

藏档加弃秋吉扎南 桌

鸣唱深广妙法音

ངོ་མཚར་ཆེན་པོའི་ཞིང་དེར་སྐྱེ་བར་ཤོག

悟擦 钦布样 得吉瓦效

愿生极为稀有刹

སྤོས་ཆུའི་ཆུ་ཀླུང་ཡན་ལག་བརྒྱད་ལྡན་མང་།

布 弃切拢燕拉 加 单 芒

众具八支香水河

དེ་བཞིན་བདུད་རྩིའི་ཁྲུས་ཀྱི་རྫིང་བུ་རྣམས།

得音 德 贼 尺吉藏窝 南

如是甘露诸浴池

རིན་ཆེན་སྣ་བདུན་ཐེམ་སྐས་པ་གུས་བསྐོར།

仁钦那顿 推 给怕给 果

七宝阶梯宝砖围

མེ་ཏོག་པདྨ་དྲི་ཞིམ་འབྲས་བུར་ལྡན།

美到巴玛哲耶 这 喔单

芳香莲花具果实

པདྨའི་འོད་ཟེར་དཔག་ཏུ་མེད་པ་འགྱེད།

巴咪奥 色 花德没巴处

莲花散射无量光

འོད་ ཟེར་ རྫེ་ ལ་ སྤྲུལ་ པའི་ སངས་ རྒྱས་ བརྒྱན།།
奥色贼拉哲 毕桑 吉 坚
光端严饰化身佛

ཡ་ མཚན་ ཆེན་ པོའི་ ཞིང་ དེར་ སྐྱེ་ བར་ ཤོག།
亚参 钦布样得吉瓦效
愿生极其稀奇刹

མི་ ཁོམ་ བརྒྱད་ དང་ ངན་ སོང་ སྒྲ་ མི་ གྲགས།།
么库加 档 安颂匝么 扎
无八无暇恶趣声

ཉོན་ མོངས་ དུག་ ལྔ་ དུག་ གསུམ་ ནད་ དང་ གདོན།།
纽 蒙 德阿德 森 那 档顿
病魔烦恼三五毒

དགྲ་ དང་ དབུལ་ ཕོངས་ འཐབ་ རྩོད་ ལ་ སོགས་ པ།།
扎当 喔 碰 他 作拉所 巴
怨敌贫乏战争等

སྡུག་ བསྔལ་ ཐམས་ ཅད་ ཞིང་ དེར་ ཐོས་ མ་ མྱོང་ །།
德 啊 谈 加样得吐玛纽
彼刹未闻诸痛苦

བདེ་ བ་ ཆེན་ པོའི་ ཞིང་ དེར་ སྐྱེ་ བར་ ཤོག།
得哇钦布样得吉瓦效
愿生极其安乐刹

བུད་ མེད་ མེད་ ཅིང་ མངལ་ ནས་ སྐྱེ་ བ་ མེད།།
窝没美 江 阿 内 吉哇没
无有女人无胎生

ཀུན་ ཀྱང་ མེ་ ཏོག་ པདྨའི་ སྦུབས་ ནས་ འཁྲུངས།།
根江美到巴咪 窝 内 冲
皆由莲花苞中生

ཐམས་ ཅད་ སྐུ་ ལུས་ ཁྱད་ མེད་ གསེར་ གྱི་ མདོག།
谈 加歌里恰没 色 戒到
诸身无别金黄色

དབུ་ ལ་ གཙུག་ ཏོར་ ལ་ སོགས་ མཚན་ དཔེས་ བརྒྱན།།
窝拉 则多拉 索 灿 会 坚
顶髻等相随好饰

མངོན་ ཤེས་ ལྔ་ དང་ སྤྱན་ ལྔ་ ཀུན་ ལ་ མངའ།།
温 西阿档先阿根拉阿
五眼五通悉具足

ཡོན་ ཏན་ དཔག་ མེད་ ཞིང་ དེར་ སྐྱེ་ བར་ ཤོག།
云 单 花没 样得吉瓦效
愿生无量功德刹

རང་ བྱུང་ རིན་ ཆེན་ སྣ་ ཚོགས་ གཞལ་ ཡས་ ཁང་ །།
让雄仁钦那措 压 耶抗
自然众宝无量宫

ཅི་ འདོད་ ལོངས་ སྤྱོད་ ཡིད་ ལ་ དྲན་ པས་ འབྱུང་ །།
吉多 拢效 耶拉站 毕炯
所欲受用意念生

རྩོལ་ སྒྲུབ་ མི་ དགོས་ དགོས་ འདོད་ ལྷུན་ གྱིས་ གྲུབ།།
族 哲摸顾 故 多 抡吉 哲
无勤任运所需成

ང་ ཁྱོད་ མེད་ ཅིང་ བདག་ ཏུ་ འཛིན་ པ་ མེད།།
阿桥没江 达 德怎巴没
无有你我无我执

གང་ འདོད་ མཆོད་ སྤྲིན་ ལག་ པའི་ མཐིལ་ ནས་ འབྱུང་ །།
刚 多 桥 真 拉 毕 特 内 炯
所欲供云手掌生

ཐམས་ཅད་བླ་མེད་ཐེག་ཆེན་ཆོས་ལ་སྤྱོད།།

谈 加拉没他钦秋拉效

行持无上大乘法

བདེ་སྐྱིད་ཀུན་འབྱུང་ཞིང་དེར་སྐྱེ་བར་ཤོག།

得节 根 炯 样得吉瓦效

愿生诸乐之源刹

དྲི་ཞིམ་རླུང་གིས་མེ་ཏོག་ཆར་ཆེན་འབེབས།།

哲业龙给美到恰钦 贝

香风普降妙花雨

ཤིང་དང་ཆུ་ཀླུང་པདྨོ་ཐམས་ཅད་ལས།།

向档 切龙巴莫谈 加雷

诸树河莲中恒生

ཡིད་དུ་འོང་བའི་གཟུགས་སྒྲ་དྲི་རོ་རེག།

耶德嗡为 日 扎哲入日

悦意色声香味触

ལོངས་སྤྱོད་མཆོད་པའི་སྤྲིན་ཕུང་རྟག་ཏུ་འབྱུང་།།

拢 效 桥毕真 碰达德炯

受用以及供云聚

བུད་མེད་མེད་ཀྱང་སྤྲུལ་པའི་ལྷ་མོའི་ཚོགས།།

窝美美 江 哲 毕拉暮措

虽无女人众化身

མཆོད་པའི་ལྷ་མོ་དུ་མས་རྟག་ཏུ་མཆོད།།

桥 毕 拉莫德咪达德桥

供养天女恒时供

འདུག་པར་འདོད་ཚེ་རིན་ཆེན་གཞལ་ཡས་ཁང་།།

德 巴 多才仁钦 压 耶抗

欲安住时无量宫

ཉལ་བར་འདོད་ཚེ་རིན་ཆེན་ཁྲི་བཟང་སྟེང་།།

涅瓦 都 才仁钦彻桑 当

欲睡眠时妙宝座

དར་ཟབ་དུ་མའི་མལ་སྟན་སྔས་དང་བཅས།།

达 藏德咪玛丹 诶档 基

具众锦缎被垫枕

བྱ་དང་ལྗོན་ཤིང་ཆུ་ཀླུང་རོལ་མོ་སོགས།།

夏当军向切拢如谋索

鸟树河流乐器等

ཐོས་པར་འདོད་ཚེ་སྙན་པའི་ཆོས་སྒྲ་སྒྲོག།

吐巴 都 才念毕秋扎 卓

欲闻时出妙法音

མི་འདོད་ཚེ་ན་རྣ་བར་སྒྲ་མི་གྲག།

么都 才那纳 瓦扎么 扎

不欲之时即不闻

བདུད་རྩིའི་རྫིང་བུ་ཆུ་ཀླུང་དེ་རྣམས་ཀྱང་།།

德 贼藏窝切龙得南 江

彼等甘露池溪流

དྲོ་གྲང་གང་འདོད་དེ་ལ་དེ་ལྟར་འབྱུང་།།

卓章刚 都得拉得达 炯

冷暖适度随所欲

ཡིད་བཞིན་འགྲུབ་པའི་ཞིང་དེར་སྐྱེ་བར་ཤོག།

业 音 哲 毕秧 得吉瓦效

愿生如意所成刹

ཞིང་དེར་རྫོགས་པའི་སངས་རྒྱས་འོད་དཔག་མེད།།

秧得 造 毕 桑 吉奥 花 没

彼刹阿弥陀佛尊

བསྐལ་ པ་ གྲངས་ མེད་ མྱ་ ངན་ མི་ འདའ་ བཞུགས།།

嘎　哇章 没涅安么大　业

住无数劫不涅槃

དེ་ སྲིད་ དེ་ ཡི་ ཞབས་ འབྲིང་ བྱེད་ པར་ ཤོག།

得哲 得业压　章 些巴效

愿于此间承侍彼

ནམ་ ཞིག་ འོད་ དཔག་ མེད་ དེ་ ཞི་ བར་ གཤེགས།།

南业 奥 花 没得也瓦　歇

一旦佛陀趣涅槃

བསྐལ་ པ་ གངྒཱའི་ ཀླུང་ གི་ བྱེ་ མ་ སྙེད།།

嘎　巴刚给龙 个细玛 涅

二恒河沙数劫中

གཉིས་ ཀྱི་ བར་ དུ་ བསྟན་ པ་ གནས་ པའི་ ཚེ།

尼　戒瓦德单 巴内 毕才

教法住世之时期

རྒྱལ་ ཚབ་ སྤྱན་ རས་ གཟིགས་ དང་ མི་ འབྲལ་ ཞིང་ །།

加 擦先 瑞 则　档么扎 样

不离补处观世音

དེ་ ཡི་ ཡུན་ ལ་ དམ་ ཆོས་ འཛིན་ པར་ ཤོག།

得夜因 拉 丹 秋 怎 巴效

愿于期间持正法

སྲོད་ ལ་ དམ་ ཆོས་ ནུབ་ པའི་ ཐོ་ རངས་ ལ།།

照 拉 丹 秋 讷 毕托 让 拉

黄昏法没次黎明

སྤྱན་ རས་ གཟིགས་ དེ་ མངོན་ པར་ སངས་ རྒྱས་ ནས།།

先 瑞　则 得温 巴 桑 吉 内

观音现前成正觉

སངས་ རྒྱས་ འོད་ ཟེར་ ཀུན་ ནས་ འཕགས་ པ་ ཡི།།

桑　吉奥 色根 内 啪　巴耶

尔后彼佛名号为

དཔལ་ བརྩེགས་ རྒྱལ་ པོ་ ཞེས་ བྱར་ གྱུར་ པའི་ ཚེ།།

花　杂　嘉布意夏寄毕才

胜光妙聚王如来

ཞལ་བལྟ་ མཆོད་ ཅིང་ དམ་ ཆོས་ ཉན་ པར་ ཤོག།

压大 桥江 单秋念 巴效

愿供奉彼闻正法

སྐུ་ ཚེ་ བསྐལ་ པ་ བྱེ་ བ་ ཁྲག་ཁྲིག་ ནི།།

格才 嘎 巴 细哇 察 尺讷

寿量六百六十万

འབུམ་ ཕྲག་ དགུ་ བཅུ་ ཙ་ དྲུག་ བཞུགས་ པའི་ ཚེ།།

波　察 歌吉匝哲 夜　毕才

俱胝那由他劫久

རྟག་ ཏུ་ ཞབས་ འབྲིང་ བསྙེན་བཀུར་ བྱེད་ པ་ དང་ །།

达德压　章　年　格　些巴档

愿恒恭敬承侍彼

མི་ བརྗེད་ གཟུངས་ ཀྱིས་ དམ་ ཆོས་ འཛིན་ པར་ ཤོག།

么及　绒　吉 单秋 怎 巴效

不忘总持受持法

མྱ་ ངན་ འདས་ ནས་ དེ་ ཡི་ བསྟན་ པ་ ནི།།

涅安 地 内 得夜 丹巴讷

涅槃之后彼教法

བསྐལ་ པ་ དྲུང་ ཕྱུར་ དྲུག་ དང་ བྱེ་ བ་ ཕྲག།

嘎　巴动些哲 档细哇 察

住世六亿三十万

འབུམ་ཕྲག་གསུམ་གནས་དེ་ཚེ་ཆོས་འཛིན་ཅིང་། །
波 察 森内得才秋 怎将
俱胝劫间持正法

མཐུ་ཆེན་ཐོབ་དང་རྟག་ཏུ་མི་འབྲལ་ཤོག །
特钦吐档 达德么 扎 效
愿恒不离大势至

དེ་ནས་མཐུ་ཆེན་ཐོབ་དེ་སངས་རྒྱས་ནས། །
得内特钦吐得桑 吉 内
大势至现前成佛

དེ་བཞིན་གཤེགས་པ་རབ་ཏུ་བརྟན་པ་ནི། །
得音 歇巴 德丹巴讷
尔后彼佛名号为

ཡོན་ཏན་ནོར་བུ་བརྩེགས་པའི་རྒྱལ་པོར་གྱུར། །
云单诺 窝杂 毕嘉布 节
坚德宝聚王如来

སྐུ་ཚེ་བསྟན་པ་སྤྱན་རས་གཟིགས་དང་མཉམ། །
格才单巴先瑞则 挡 年
寿量教法等观音

སངས་རྒྱས་དེ་ཡི་རྟག་ཏུ་ཞབས་འབྲིང་བྱེད། །
桑 吉得耶达德压 章 些
愿于期间恒承侍

མཆོད་པས་མཆོད་ཅིང་དམ་ཆོས་ཀུན་འཛིན་ཤོག །
桥 毕桥江单秋 根 怎 效
供品供养持诸法

དེ་ནས་བདག་གི་ཚེ་དེ་བརྗེས་མ་ཐག །
得内 达 格才得吉玛他
愿我寿命尽立即

ཞིང་ཁམས་དེའམ་དག་པའི་ཞིང་གཞན་དུ། །
央 刊 得安达毕央 淹德
于彼刹或他净刹

བླ་མེད་རྫོགས་པའི་སངས་རྒྱས་ཐོབ་པར་ཤོག །
喇没造 毕 桑 吉吐 巴效
获得无上正等觉

རྫོགས་སངས་རྒྱས་ནས་ཚེ་དཔག་མེད་པ་ལྟར། །
造 桑 吉 内才花 没巴达
成佛后如无量光

མཚན་ཐོས་ཙམ་གྱིས་འགྲོ་ཀུན་སྨིན་ཅིང་གྲོལ། །
灿 吐 暂吉 卓根门 江卓
仅闻名号熟解众

སྤྲུལ་པ་གྲངས་མེད་འགྲོ་བ་འདྲེན་པ་སོགས། །
哲巴章 没 桌哇真巴 效
化身无数引众生

འབད་མེད་ལྷུན་གྲུབ་འགྲོ་དོན་དཔག་མེད་ཤོག །
巴 没伦 哲桌顿 花没效
无勤任运利有情

དེ་བཞིན་གཤེགས་པའི་ཚེ་དང་བསོད་ནམས་དང་། །
得音 夏 毕才档索 南档
善逝寿量及福德

ཡོན་ཏན་ཡེ་ཤེས་གཟི་བརྗིད་ཚད་མེད་པ། །
云 单意西 日 杰 擦没巴
德智威光皆无量

ཆོས་སྐུ་སྣང་བ་མཐའ་ཡས་འོད་དཔག་མེད། །
秋歌囊哇 他 耶奥 花 没
法身无量光佛陀

ཚེ་དང་ཡེ་ཤེས་དཔག་མེད་བཅོམ་ལྡན་འདས།།

才当意西 花没 炯 单 地

寿智无量出有坏

གང་ཞིག་ཁྱོད་ཀྱི་མཚན་ནི་སུས་འཛིན་པ།།

刚 耶 桥 戒 灿 讷 岁 怎 巴

何人持诵您名号

སྔོན་གྱི་ལས་ཀྱི་རྣམ་སྨིན་མ་གཏོགས་པ།།

温 戒 雷 戒南 门 玛 到 巴

除非往昔业异熟

མེ་ཆུ་དུག་མཚོན་གནོད་སྦྱིན་སྲིན་པོ་སོགས།།

美切德 粗 诺 辛 真 波 索

水火毒兵夜罗刹

འཇིགས་པ་ཀུན་ལས་སྐྱོབ་པར་ཐུབ་པས་གསུངས།།

杰 吧根雷觉 巴特 贝 颂

佛说诸畏皆可救

བདག་ནི་ཁྱེད་ཀྱི་མཚན་འཛིན་ཕྱག་འཚལ་བས།།

达 讷切戒灿 怎 夏 擦 为

我持佛号顶礼您

འཇིགས་དང་སྡུག་བསྔལ་ཀུན་ལས་བསྐྱབ་མཛད་གསོལ།།

杰 当德 阿 根 雷 嘉 匝 所

祈救一切怖畏苦

བཀྲ་ཤིས་ཕུན་སུམ་ཚོགས་པར་བྱིན་གྱིས་རློབས།།

扎 西喷 森 措 巴 新吉 罗

吉祥圆满祈加持

སངས་རྒྱས་སྐུ་གསུམ་བརྙེས་པའི་བྱིན་རླབས་དང་།།

桑 吉格 森 涅 毕 迅拉 档

愿以佛所获三身

ཆོས་ཉིད་མི་འགྱུར་བདེན་པའི་བྱིན་རླབས་དང་།།

秋 涅 么 节 定 毕新 拉 挡

法性不变真实谛

དགེ་འདུན་མི་ཕྱེད་འདུན་པའི་བྱིན་རླབས་ཀྱིས།།

结 顿 么些 顿 毕新 拉 吉

僧众不退之加持

ཇི་ལྟར་སྨོན་ལམ་བཏབ་བཞིན་འགྲུབ་པར་ཤོག།

及达门 兰 达 音 哲 巴 效

成就所发之大愿

དཀོན་མཆོག་གསུམ་ལ་ཕྱག་འཚལ་ལོ།།

滚 桥 森 拉夏 擦 落

顶礼三宝

成愿咒:

ཏདྱཐཱ། །པཉྩནྡྲི་ཡ་ཨ་ཝ་བོ་དྷ་ནི་ཡེ་སྭཱ་ཧཱ།།

达亚他，颁匝治雅阿瓦波大讷意梭哈

དཀོན་མཆོག་གསུམ་ལ་ཕྱག་འཚལ་ལོ།།

滚 桥 森拉夏 擦落

顶礼三宝

增倍咒:

ན་མོ་མཉྫུ་ཤྲཱི་ཡེ། །ན་མོཿསུ་ཤྲཱི་ཡེ། །ན་མོ་ཨུཏྟ་མ་ཤྲཱི་ཡེ་སྭཱ་ཧཱ།།

纳么玛则西日耶，纳么色西日耶，纳么厄达玛西日耶梭哈。

喇拉曲智仁波切略传

索达吉堪布 著

缘　起

在精神园地荒芜贫瘠的世界上，人们在阅读、学习、研究一部著作时，首先会把注意力集中在作者身上。当然，作为佛教徒对于绝非世间凡夫俗子“纯属虚构”之作品——犹如甘露般的此殊胜论典《极乐愿文大疏》，大家更会迫不及待地想了解其作者的事迹、功德。诚如大智者帝洛巴所说：“欲趋入金刚乘，相续中生起甚深胜义智慧，即生成佛，必须对上师生起恭敬心，而这种恭敬心完全依赖于信心，要想产生强烈的信心务必知晓其功德，其功德唯有通过其传记才能了知。”故此，我将此论作者喇拉曲智仁波切的生平事迹奉献给您。尽管文中没有精辟华丽的辞藻，也没有一鸣惊人的妙语，然而，我希望的是您能通过朴实无华的词句，对尊者不同寻常的功德一览无余，生起敬信。这也是我撰写此文的意旨所在。

前　世

尊者是文殊菩萨、莲花生大士亲自摄受加持的大成就者。据伏藏大师嘎托卡萨授记中言：“胜士索南曲智尊，你本来为圣境处，陈那论师之化身。”认定其为因明创造者陈那论师之化身。法王噶玛巴也曾如此赞誉过。秋嘉朗巴的未来授记中写道：“喇拉曲智仁波切是莲师二十五位大弟子之一吉哦琼尊者的转世。”此外，卡托堪仁波切也作过如是授记：尊者是吉哦琼之化身，所结缘有情一万，弟子中广弘佛法者千余众，获殊胜成就者八十人。彼遇到违缘时，观修莲师、金刚橛，本来年寿七十余岁，依此亦可住世八十几年，后将成为铜色吉祥山刹土空行主尊。尊者在自传中说：“我自幼便对闻思修十分感兴趣，这也是宿世的因缘所致。”一次，尊者讲经时对弟子们说：“我自己虽然无有广大的功德可言，但从小就对正法有强烈的希求心，对闻思修有浓厚的兴趣，这完全来源于生生世世祈祷本尊文殊以及莲师的善缘，你们若如此而行，也定会开显广大智慧。”

童　年

尊者出生于四川省甘孜州新龙县境内莲师伏藏神山库路扎嘎附近，宛如绽放的莲花一般的吉祥圣地——那朗地方。父亲才望南嘉是一位颇具修证之士，母亲班玛秋措是一位心地善良、温柔慈悲的女性。公元1862年（十四胜身周水狗年），伴随着遍地盛开前所未有的绚丽多彩的鲜花等诸多瑞相，一个相貌庄严、聪颖伶俐、十分可爱的童子诞生了。他生来便诚信上师三宝，悲悯慈爱众生，并具有无伪的出离心，对正法与解脱有浓厚的兴趣。孩提时代，经常在游戏玩耍过程中显出种种与众不同之处。

不幸的是当他年仅1岁时，新龙人与拉萨人之间发生了一场激烈的争斗，最后新龙人失败了。父老乡亲们迫不得已离开故土，流落他乡，他们一家也同样未能摆脱这种厄运。

5岁时，父亲又惨遭暗杀。不久，家中所有的财产几乎被一抢而空，只剩下几头牦牛，贫困至极，后来迁移到了拉库地区居住。当时，生活十分拮据，仅仅依靠母亲挖虫草、卖草药木柴等维持生计。一次尊者为弟子传法过程中面带伤感地说：“我在幼小之时生活非常贫穷，母亲含辛茹苦地精心哺养我长大，历经了种种苦难。当时我没有饿死，也是母亲的恩德。”

也许有人会问：尊者既然是一位了不起的大成就者，为何还会遭受如此不幸呢？对于这一问题，稍微懂得佛法教理的人都会理解。例如，大慈大悲的我等大师释迦牟尼佛降生七天，母亲就离开了人世。即生成佛的米拉日巴尊者童年时历经各种不幸遭遇，父亲身亡，家产被夺……依止上师修行时更是备受艰辛。一生获得虹身成就的白玛邓登尊者也惨遭家破人亡等种种痛苦。著名的虚云老和尚在永泉寺时仅以松子、溪水充饥解渴，24 岁时又身染重病被送往新加坡传染病院医治……凡印、藏、汉的诸位大成就者中许多人求法时都历尽苦行，此类实例举不胜举。

尊者 8 岁时开始学习文字，由于智慧超凡、天赋过人，很轻松地精通了文字的念诵书写、绘画坛城、击鼓吹螺等工巧明，尤其是其书法精妙绝伦，在藏地是人们有目共赏的。就像义成王子一样，尽管身在尘世，却丝毫未沾染世俗的习气，宛如出淤泥而不染的白莲花一般。

受　戒

尊者16岁时，对整个三界轮回生起了根深蒂固、极为强烈的出离心，于是前往罗桑赤诚堪布处剃发出家，法名为罗桑秋吉札巴。正如《三百颂》中所说：真正受持教法的是比丘。年至 20 岁时，于根桑金刚持上师前受近圆戒。从此之后，对别解脱戒的一切学处守护如眼。这在当时的藏地雪域实在难能可贵，宛如群星环绕的明月放射出清凉皎洁的光芒。我们从尊者给后人留下的教言中不难看出其何等重视戒律。他平时也经常对弟子们说：“一切庄严之中戒最胜。”

在大善知识根桑索南仁庆前受菩萨戒。他对无偏的一切众生具有不共的大悲心。大乘的菩提心是尊者的最主要传记。如同智悲光尊者的传记中所说：“我自幼便具有无伪的慈悲心、菩提心，此为我一生中最重要的传记。”又如：根桑朗巴大师的马匹被盗时，诸弟子请上师念恶咒降伏窃贼。大师厉声呵责道：“你们不要造恶业，我绝对不会用多生累劫所积累的资粮去换几匹马的。”正像许许多多高僧大德的言行一样，尊者无论遭受任何损害，从未反唇相讥，以牙还牙，而以大慈大悲心来对待加害者，真正体现了大菩萨的高尚品行。

要持密宗戒律首先必须获得灌顶，也就是说密乘戒只有通过灌顶才可得受。尊者在大瑜伽士晋美秋旺前依靠影像坛城获得了外、内续的全部灌顶。从此之后精勤修持生圆次第，尤其是对光明大圆满的一切窍诀全部通达无碍。他对于诸续部的三昧耶均十分重视，清净受持誓言，从未违背过上师教言，扰乱过上师的心。

求　学

在家乡期间，已于堪布嘎仓座下听闻了《入行论》《宝性论》《丹珠尔》等诸多经论传承。并于三个月中在诺洛丹增仁波切前听受宁玛巴续部。

到了22岁，尊者远离故土奔赴异地，寻求殊胜妙法甘露。在竹青西日桑哈依止洋彭塔意的化身闻受大圆满心滴教言，又先后依止数位成就者上师广泛地听闻《功德藏》《真实名经》《四心滴》等等数不胜数的密续。在江扬西绕尊者前研学了《释量论•大疏》等因明以及历算、诗学、医学、辞藻学等，特别是对于医学极为精通，以高明精湛的医术令无数众生摆脱了身体的疾患，遣除了病苦。

他对麦彭仁波切十分仰慕，在其前获得了《文殊赞》的传承，本想祈求其他许多甚深法要，但因当时麦彭仁波切正在撰著诸多大论典，而且法体不佳等缘故，未能如愿。

为了求得般若法门，尊者也经历了千辛万苦。在一个天寒地冻的冬季，一次前往石渠的途中，北风呼啸，凛冽刺骨，大雪纷纷扬扬地下个不停，他的脚几乎冻僵了。然而，他却依然继续向前行进……就像昔日的常啼菩萨百般苦行依止法胜菩萨那样，最后在蒋花益西前获得了般若波罗蜜多妙法及噶当派诸多教言。

于色西寺格拉达吉尊前听闻了《俱舍论》及格鲁派的教法。于堪布根华座下听受了《中观庄严论》为主的中观法要。于贡秋洛诺前听闻《三戒论》等律藏，求得了五部大论为主的殊胜妙法。尤其是当他听到窍诀上师邬金丹增洛诺的尊名时，与米拉日巴尊者听到马尔巴译师尊名时相仿，不由自主地产生了难以抑制的强烈信心，见面后将上师视为真佛，在其座下恭听了无垢光尊者著作有关的大圆满法，以及乔美仁波切的《极乐愿文》等净土法门。上师对他说："你要时时祈祷华智仁波切，在他与你之间只有我一人，所以具有近传加持。"他以对金刚上师及顶乘胜法的猛烈信心而完完全全地证悟了大圆满的实相密意。尊者常说："我幸遇了这么好的金刚上师，得此人身实在有意义。"

总而言之，其依止了麦彭仁波切等功德等佛的十九大上师，竹庆哲仁波切等恩德胜佛的七大上师，邬金丹增洛诺等如目、心、命般的三大上师共二十九位殊胜具相上师，均以三喜依止，获得了意传加持，乃至听闻四句法义以上的善知识皆恭敬承侍。

可是，如今有些人由于缺乏佛法的基本知识，已在某位上师前闻受了许多法要，还要重新拜师，这实在是荒唐可笑的事。尊者正像往昔的诸佛菩萨一样仅为一偈颂妙法"越过刀山与火海，舍身赴死求正法"。

事　业

在释迦牟尼佛的教法中，讲法、辩论、著书是智者的三大事业。佛法必须通过此三者才可抉择通达。因此，尊者十分热衷于讲经说法，慈悲摄受有缘徒众。由于他智慧非凡，来自西藏、青海等地的求法者络绎不绝，纷纷涌至，其座下的四众弟子日益增多。上师从《大圆满前行引导文》开始传授了许多加行、正行法。诸多弟子发愿十三年中精进修持，开悟的高僧大德不乏其数。后来，尊者在竹青西日桑哈重建佛学院，深入细致地传讲《文殊赞》等许多显密教法。嘎托堪仁波切的授记中说："尊者的弘法利生事业在东方。"这里的东方是指新龙札宗寺。尊者于该寺传法长达十三年之久。每年安居期间均传授《三戒论》等，总共于此地传讲《三戒论》二十一遍、《入行论》十三遍、《经庄严论》三遍、《中论》三遍、《入中论》五遍、《大幻网》五遍、《俱舍》两遍，总之，以五部大论为主的经论多次传授。尤其对不超过十人堪为法器的有缘者传授《法界宝藏论》等大圆满窍诀，共传八次《无上智慧》。上师屡次传讲亦毫不厌烦，耐心细致、举一反三直到弟子理解为止。一次，他为一个弟子讲解了十三遍《智慧品》，最后说："我已为你讲了十三次，如果你还不懂，那么你可能没有缘分了。"

传法时其声音洪亮，吐字清晰，深受闻法者的欢迎。有一次，红原地区的一位官员来此处办事，他带着好奇心来听尊者传法，结果被他那极富感染力的声音吸引住了，延误了去办事，完满听受了一法要。凡是听到他的法音之人都会觉得受益匪浅。无论地位高低、供养多少，只要是虔诚的求法者，他都会授以相应的法要。

其辩才也是无与伦比的，因想到末法时期的众生很难以接受辩论而未现场施展辩才。但是，我们从其论著中很容易看出：他的辩才犹如狮子吼声，令一切邪见邪说的野兽闻风丧胆。

由于已完全证悟了法性实相，以自然觉性中流露出的智慧所著的论典词句优美、意义深奥，《宝鬘论大疏》《大幻化网摄义》《大圆满基道果密要》等现仍留世，广为修学。

弘　法

尊者经常云游各个寺庙，为不同根基的出家僧人传授相应法要，为在家信众讲授《极乐愿文》等净土法门，定期举行极乐法会。他常说："乔美仁波切的《极乐愿文》是大圣者的金刚语，你们若时常持诵，则会得到不共的加持。"为了广利有情，尊者不吝笔墨，撰著了通俗易懂的《极乐愿文大疏》，博得了诸多高僧大德的好评。自此以后，净土法门在藏地犹如明媚灿烂的阳光普照大地一般广泛弘扬开来。如今五明佛学院每年定期的四大法会之一的极乐法会也完全是遵照这一传统。

尊者平时极力劝人断恶行善、戒杀放生。通过他大慈大悲的加持，整个藏土的男女老幼纷纷发愿受持五戒。

一般来说，尊者从不宣扬自己的成就与神通。但是，我们从其作品中便可推知，他具有不共的成就。一次，新龙地区遭受严重的干旱灾害，尊者让僧众们念诵《大云经》。第二天倾盆大雨从天而降。当地的人们个个笑逐颜开、欢喜雀跃，都说这是尊者示现神通所致。但尊者却谦虚地说：“这是三宝的加持。”尊者极为注重僧规，他要求僧众日常绝对不能食用不净肉，应身着法衣……此外，值得一提的是其总共去过一百多寺庙着重宣说戒律，据其《广传》记载：他已创办了一百二十多所寺院和法会，其中真正学习律藏的有十三所。他虽然未曾涉足于汉、蒙等地，但那里修学彼之法门的弟子也颇多。

总之，尊者以其大慈大悲力所行的弘法利生事业，成绩斐然。

行　为

尊者的见解虽然是超越因果的大圆满之见，但在行为上却始终如一地守护小乘戒律。自出家以后，一直坚持过午不食。本来戒律中对于外出、生病之时有开许。然而，为了不使不良习气滋生蔓延，他在任何特殊情况下也从未开过午进餐的先例。

在取舍因果方面更是谨慎入微，从不享用亡财，所有的亡财全部让僧众念经超度亡灵或建造佛塔等作回向。信财中也只是以少许来充腹蔽体，其余都用于上供下施及作其他佛事。甚至对于饱经沧桑、恩重如山的年迈老母也只给过两袋青稞并要求母亲做许多小泥塔。除此之外，从未将信财赠送给官员、亲眷等。终生过着知足少欲的简朴生活。他不仅以阿底峡尊者的教言“必须细微取舍因果，万万不可肆意妄为，否则将感受难以想象的果报”来严格要求自己，而且也如是教诫弟子。一次，他对众弟子说：“我依止上师言教奉行，身上从未带过较多钱财。老父过世后，你们也要如理如法行持！”

一次尊者闭关修金刚橛一百天。出关后，有些弟子问：“上师，听说您老人家已面见本尊了。”上师说：“你们不要道听途说，世人没有什么可信赖的。不过，这次闭关期间，从梦境、净现来看，的确

获得了些许成就，所有的本尊中金刚橛是最殊胜的。现在，我立刻给你们灌顶，希望精进诵修金刚橛，依此可遣除一切违缘障碍。”

喜　静

尊者从小就由衷向往无有愦闹的寂静圣地，一生中从未掺杂世间八法为人宣说佛法，始终乐于安住寂静之处闻思修行。

一次外出求学回来时，金刚上师邬金丹增洛诺对他说：“你以后不要任寺庙住持，不要广摄眷属，不要享用信财亡财，不要离开寂静圣处。”他依教奉行。在45岁时于当地建造一处闭关房，观修所有本尊、诵持心咒，精进修行生圆次第及大圆满。而且每月初十、二十五空行节日时不间断会供，每月初八药师佛节日诵药师经。如同金洲大师一样其极热衷于灯供、花供。每晚坚持作大礼拜，一有空闲便念诵百字明，供修曼茶罗等，心不外散，稳如山王。他经常教诫弟子说：“内心杂念纷纷，修法不成；经常与人交往，增上贪嗔。”

65岁时又在卡刚静处建一闭关房。于此闭关久至七年。期间，远离一切散乱，夜以继日地专修加行至正行法门，自始至终毫不松懈。无论任何高官要员一律不予接见，谢绝一切来访客人，也未因任何琐事外出过。与此同时也常告诫众弟子：“从古至今，依止静处的修行者从未出现过饿死冻死的现象。我自己也是追循前辈诸高僧大德的足迹一心安住于寂静处。希望你们不要到处乱跑，闭关不应只是口头上的漂亮言词而应落实到行动上。”尊者真正为如今我们这些修行人树立了榜样。

现在的有些人口口声声说是要闭关，费了九牛二虎之力修了一间闭关房，一切就绪之后，在门外扣上一把大锁护关，自己跑到喧嚣的城市滚滚的红尘中去搞世间八法。真不知道房中谁在闭关，也许是他发心为小老鼠修建了一所闭关房吧。

入　灭

82 岁时，尊者示现生病。弟子们请求他长久住世时，他说：“功德圆满的佛陀也趋入涅槃，难道在这个世界上有生而不死的吗？”在患病期间，眼前所现均是大圆满任运自成的成就证相。之后将所有的财产全部上供下施，并嘱咐弟子：“我死后不留任何财产，你们也不必为我念经做佛事。”

接近 83 岁时再次身染重病并且在人来人往时大声叫喊，他问身边的弟子阿索喇嘛：“我这声音外面的人能否听得见？”弟子说：“听得一清二楚，上师啊，您老人家忍着点吧！”“听见了很好，应该让大家听见。”在无人往来时上师却平静安详而住。一日，上师以狮子卧式入定良久。旁边的许多弟子都认为上师已圆寂了，惊恐万分。上师出定后说：“我的意识在铜色吉祥山，现在你们把我的身体捆绑起来搁置一旁。众弟子面面相觑，谁也不敢上前。上师显得很不高兴，呵责了他们。弟子们只好遵命。之后上师说：“现在可以了，你们给我供茶吧。”喝茶时，上师凝视着杯中的茶水，面带微笑地说：“这哪里是茶呀，这都是光明自然法界。”

1945 年（木猴年）12 月初（药师佛节日），朝阳从地平线上冉冉升起之时，他对一旁的阿索喇嘛说道：“你不要坐在这里，莲花生大士来了。”阿索不敢再呆，便到一边偷偷地看，只见上师满面笑容地对着他那幅珍藏的金刚橛唐卡注视了很久很久……然后以狮子卧式神态安然地圆寂了。此时，室外晴空万里，虽然正值寒冬腊月，天气却异常地暖和，虚空中到处呈现彩虹、明点等圆满成就之征相。后来，众弟子为上师建造灵塔以作人间供养之处。

尽管尊者的色身已趋入了法界，但他为佛教所培养的高僧大德不断将其弘法利生之事业发扬光大。他为后代所撰的论著及其美名必将流芳百世。

后　记

我们虽然无有缘分亲见尊者金颜、亲聆其法音，但是，如果我们以虔诚猛烈的信心专注祈祷则一定可获得意传加持。诚如乔美仁波切所说：“虽然未亲见得法，自视彼为根本师，专心一意而祈祷，亦可证悟获加持。”当然这方面的实例也不胜枚举。如智悲光尊者未曾见过全知无垢光尊者，拜读其《七宝藏》后生起无以言表的信心猛厉祈祷，结果蒙受无垢光尊者先后三次以幻化身摄受、加持。我等大恩根本上师法王如意宝也没有亲见依止过麦彭仁波切，但依靠其所著的《大圆满直指心性》获得了意传加持，从而彻证了诸法的本来实相。因此，我们这些后学者也应相似效仿而行。

通过阅读历代高僧大德的传记，我们就会发觉：如今自诩为修行很好的人与他们相比也是相差悬殊。尤其是科学技术飞速发展的当今时代，修行人的思想也随之变得越来越复杂。许多修行人走入繁华的都市，他们手机不离身，出门叫的士……这似乎与前辈高僧大德们精勤修持的情景差得太远了。不能不令人发出慨叹，深感忧虑。尽管我们不能像泰国那样仍保持托钵乞食这一优良传统，但也不要随波逐流，被迷乱的外境冲昏头脑，时时刻刻不要忘记自己是一位修行者。作为修行人，最好能追循往昔的成就者依止静处，反观自心。若不能做到这样，也应修持正法、取舍因果、祈祷三宝，力求身在尘世不为垢染。愿我们共勉，终获具德上师的果位。

于漫山遍野鲜花盛开的色达喇荣草原上的银白色帐篷里恭书。

极乐愿文大疏

顶礼上师阿弥陀佛！（译礼）
顶礼观世音菩萨！

以大悲心发胜菩提心，以大精进究竟二资粮，
以大智慧现前四身者，三世一切佛前敬顶礼。

成就无量如海大愿力，名号赞声遍布诸世界，
令无数众现见殊胜刹，阿弥陀佛尊前敬顶礼。

方便大悲自性观世音，智慧密藏之主大势至，
获无二金刚身莲花生，有寂庄严三尊赐吉祥。

依止何者尽除诸劣意，救度三有众罪之黑暗，
指示稀有殊胜善道者，无等诸上师前敬顶礼。

圣者观音化身乔美尊，所著愿文妙论如意宝，
赐予无数有情胜利乐，应如佛语百般赞颂之。

吾亦舍弃虚伪卑劣心，以引导文明示解脱道，
诸欲不退往生净土者，当以信喜之心而谛听！

宣讲大成就者噶玛乔美仁波切所造的《极乐愿文》，如果同时举行极乐法会，那么首先就该把讲法的地点及其附近的地方打扫得干干净净，为了不使尘土飞扬而洒水压尘，就像往昔常啼菩萨与商主之女等众人在法胜菩萨面前请求智慧波罗蜜多法门时，刺破身体血脉洒血压尘一样。如《功德藏》中云：“决定行持善法者，胜师广积二资时，彼中皆能结上缘，役使信使清扫等，极劳具果胜资道。”此外，佛经中也讲述了清扫的五种功德等等，因此洒扫讲法场地有极大意义。之后，在场地中悬挂极乐世界的唐卡（指佛像），摆设佛塔、经书，布局装饰，并且要尽己所能陈设不少于百数的五供等清洁美妙庄严的供品，吹奏海螺等召集参加法会者，告诫那些不了解（闻法规矩）的人摘帽、脱鞋、不要携带武器、不要佩带装饰品，让他们将念珠、转经轮也放下，以寂静调柔的威仪听闻佛法。

全文分二

一、闻法方式；
二、所讲之法。

尽管发心与行为次第种类有许多，但在此次传讲往生极乐世界的四因时，必须与最初发心重要、中间积资重要、最后发愿重要相联来宣讲。

甲一、分二（闻法方式）

一、总说；
二、分说。

乙一、总说

对于刚开始闻法者来说，闻法方式比闻法更重要。如果堕入恶趣或转生于边鄙地方，那么在许多劫当中连想闻法的心念也不曾生起，更何况说真正闻法或修法呢？尤其是以信心、恭敬心谛听佛法极为难得。如《宝积经》中云："呜呼以信心闻法，如此百劫亦难得。"可见，仅仅听闻正法也是重要的大事。然而，如果不了知闻法方式，就如单巴桑吉所说："若不如法而行持，正法反成恶趣因。"有些人依靠正法获得解脱，而有些人却依靠正法堕入恶趣，这是因为佛法是极其严厉的利害对境。倘若懂得闻法方式，那么正法就像开启的如意宝藏一般，获取大者得大利，获取小者得小利。

那么，该如何听闻正法呢？寂天菩萨说："应先观自心，安稳如理行。"世尊也曾说："诸法之前意先行，意者迅速意为主。"一切善不善业的作者主要是心。首先萌生想要听法的念头以后坐在听法行列当中，这时要向内反观自心：啊！我此次是以什么意乐前来闻法的呢？如此审察自心后，如果发现存有贪图地位、追求名声、竞争贪嗔之心，或者仅仅以好奇娱乐的心态听闻，那就是不善之发心。喀喇共穹格西说："贪图地位而讲法，以竞争心而求学，欲得智名傲慢者，岂入正法当思也！”因此，我们必须要断除这类恶心劣意，否则正如所谓的“正法非但无利益，依其反而堕恶趣”。

特别是，也不可以为那些对正法和上师无有恭敬心、抱着“得不得法都一样”心态的人宣说正法。如世间也有“若不恭敬者，不解说佛法，若不熟悉者，不能说忠言”的谚语。（无有恭敬心的人）显然是断绝法缘者，因而任何时候也难有以正法调伏的机会。所以，我们一定要明确两点：第一，不能泯灭正法的价值；第二，所讲之法应当对众生有利。比如，雨水是安乐之因也是就其对人类有利而言的，对于饿鬼等众生却成了危害之因。同样，正法也只是对具缘者有利，对那些无有缘分、持有邪见的人反而可能成了损害之因。诸佛出有坏往昔当众生时，以皮作纸、以血作墨、以骨作笔而成就的佛法，完全是为了利益我们而留在人间，因此，一句一字也不能浪费。本来，此证法与教法是法身，如果对此无有信心和恭敬心，那么，现见色身又有何用呢？世尊曾说：“不敬我教法，见我有何益？”

尽管对法器要进行功德、过失多方面的观察，但概括起来说，作为弟子必须具备以下四种条件：一、具有强烈信心与恭敬心；二、无谄诳嫉妒心等，秉性正直；三、具有领悟法义之智慧；四、猛厉希求正法。如圣天论师说：“质直慧求义，说为闻法器。”如果仅仅知道前去听法，跑去后一无所想只是直愣愣地坐在听法的行列中，此为无记发心，必须把这种心态转变成信心等善心。或者，如若心里能想到：（上师三宝）以大悲观照，佛法极为难得，所以一定要去听闻。这也说明他具有信心，并且对法有珍贵难得之想，因此属于善心。

乙二、分三（分说）

一、善根为方便摄持加行发心殊胜；

二、善根不为他缘所坏正行无缘殊胜；

三、善根日日增上之结行回向殊胜。

丙一、善根为方便摄持加行发心殊胜

要想令善心变得广大，必须用方便摄持善根，也就是加行发心殊胜。如果发心广大，那么善根也就广大；倘若发心渺小，则善根自然就渺小。如《功德藏》中云："只随善恶意差别，不随善恶像大小。"《入行论》中也说："生一明定心，亦得梵天果，身口善纵勤，心弱难成就。"如果为了自己个人的利益而闻法修法，则是渺小之发心；假设为了一切众生的利益而闻法修法，则是大乘广大之发心。我们从无始时以来就是由我执的牵制才只考虑自利，结果一无所成，导致如今仍旧漂泊于轮回之中。如果现在唯一为了他利而闻法修法，那么自利同时便可成办，必将成就真正利他的佛果。譬如，为生火而点柴，火点燃以后虽然不求烟，但它也会自然产生。寂天菩萨说："何需更繁叙，凡愚求自利，牟尼唯利他，且观此二别。"

发心也需要从根本悲心中产生，悲心又需要缘一切有情而生起。如是虚空遍布的地方，充满众生，众生遍布的地方，充满业、烦恼、痛苦。而所有众生无一不曾做过自己的父母，只是由于不断投生流转，现在认不出他们是父母而已。可是，每一位众生当每一位众生父母的边际也无有尽头，何况说一切众生呢？旁生中的牛犊、羊羔等刚一出生便可以在牲畜群中认出各自的母亲，这也说明是无始以来的习气所致。

往昔，圆满正等觉（释迦牟尼佛）及眷属行至途中时，路旁的一位老妇人看到佛陀后无比欢喜，一边喊着"我的儿子，我的儿子"，一边奔跑过来准备拥抱佛陀。这时，诸比丘拦住了她。世尊说："她往昔曾经连续五百世当过我的母亲，这是她往昔的习气，你们不要阻拦。"[1]龙树菩萨说："地土抟成枣核丸，其量不及为母数。"

如此认识到众生都做过母亲以后，接下来就需要忆念恩德：一切有情在当自己的父母亲时无一不是以大恩养育。甚至看到那些鹞鹰、豺狼（等凶猛的众生）也是极为慈爱自己的孩子，更何况说是人类的所有父母亲呢？最初在母胎中滋养，中间出生后以香甜的食品、暖和

[1] 此公案于《百业经》中有广述。

的衣裳精心抚育，最后为他们安家立业，而且希望他们快乐、担心他们受苦，为子女的痛苦安乐，父母也是常生忧喜之心。为了子孙后代而不断积累贪嗔恶业所感现今正在六道之中遭受痛苦的所有这些父母有情多么可怜啊！如果有办法能使他们全部摆脱痛苦该多好啊！这样的悲心如果已经达到了情不自禁流出眼泪的程度，这也就是所谓的悲无量。仅仅这么想一想的善根也是不可思议的。如《普贤行愿品》中说："乃至虚空世界尽，众生及业烦恼尽，如是一切无尽时，我愿究竟恒无尽。"龙树菩萨在《宝鬘论》中说："有情界无量，利彼亦复然。"

仅仅有了这样的悲心还不够，必须要报答他们的恩德，而能够让一切有情得到安乐真正回报恩德者唯有圆满的佛陀。因此应观想：我今日听闻佛法并如理修持，将来获得圆满正等觉果位，将一切父母众生安置于佛地，为了获得这种能力，祈祷上师三宝垂念，这种心愿也会得以实现。所以，闻法、修法一切时分如若念念不忘这一点，那么善根已为方便摄持，即是加行发心殊胜，这一点至关重要。关于它不可思议的功德，在《华严经》等诸经部及《入行论》等论典中有宣说。

丙二、善根不为他缘所坏正行无缘殊胜

闻法时要像野兽闻声一般，修行时应如饥牛吃草一样，自始至终必须断除东张西望、胡言乱语、心不在焉一切放逸散漫的行为来听闻和修行。尤其是在听法时，如果没有聚精会神、洗耳恭听，那么必将犹如在覆口的容器上注水一样，任何法义也无法铭记于心。如果在此时说绮语，则成为自他闻法的障碍，经中说此为舍法罪业，将转生为鹦鹉。

闻法期间，由于魔王波旬制造障碍及（自身）恶业之风扰乱，会出现极为昏昏沉沉、恹恹欲睡等现象，因此一定要做到神识清醒，否则会误解、颠倒法义。从前，一位富裕的老太婆衰败了。晚上，她睡在空空的房子里。一个盗贼前来盗窃，到处摸索，结果碰到一个瓦罐发出响声。老妇说："噢！好家伙！我白天寻找也是一无所得，你深

更半夜在屋里摸摸索索肯定得不到什么。”就像这个例子一样，凭借清晰敏锐的智慧也难以懂得佛语法义，那么处于迷迷糊糊、昏昏欲睡的状态中又怎么能听得懂呢？因此，我们一定要全神贯注地听闻佛法。佛在经中说：“当专心听闻，铭记于心中。”这是在讲要断除法器的三过。

本来，即便是听一句世间的语言也需要注意倾听，更何况说佛法呢？我们只有偶尔听法的机缘，不可能有反复听闻的机会。譬如，两天中只有一餐，那必然会认真食用。同样，千载难逢的闻法机缘是得失的关键，因此必须郑重地闻受。如果闻法的时候能够做到一心专注听闻，修法时安住于正见等持中不外散，那就是正行无缘殊胜。否则，最初闻法修法之心也会在中间被分别念恶缘所毁坏。看一看，听闻甚深正法有何等功德啊！自己的罪障又是多么深重啊！即使把一生当中所有的精力都用在轮回世间的琐事上，不管再怎么辛苦劳累，也无有丝毫疲惫的感觉。（而听闻佛法时）虽然只是听一堂课，却倍感辛苦，觉得无法忍受。因此，我们必须避免此类现象发生，要生起欢喜心（来谛听佛法）。

据佛经中记载，昔日的诸佛都曾经仅仅为了三句法义而越过刀山与火海，舍身赴死求正法；获得八地果位的菩萨为了求得一句正法，也是以生身性命来交换，付出了何等的代价！那么，作为我们这些愚昧无知的轮回众生难道不需精进求法吗？

律藏中说：“比丘日升起，乌鸦出叫声，农夫耕田地，猩猩皆啼哭，是故当精勤。”太阳升起是指佛陀出现于世间；乌鸦出叫声是指讲经说法的上师善知识宣说正法；农夫耕田地表示具有福德的施主涌现；猩猩皆啼哭义为此时诸魔不欢喜。

如今佛教趋于隐没之时，人们十分缺乏正法甘露，犹如遭受干渴逼迫一般。佛（在《涅槃经》中）说：“阿难莫哀伤，我于未来时，化为善知识，饶益汝等众。”此时，我们既不需要百般辛勤、花费资财，也不需要患得患失，正如所谓的“佛已来到门前”，救护所化众生的利他佛子殊胜上师们已经把佛法送到你的门前，这说明昔日哲革国王之王女金鬘公主梦境授记的时代真正到来了。因此，我们既不能将上师看作是漂泊者（乞丐），也不能试探上师（，更不要以种种理由不闻法）。如谚语所说：“不应将自己的事当成别人的事一样。”如今佛陀已不住世，我们不向上师求法向谁求呢？世尊也曾说：“诸法依靠善知识，功德胜主佛所说。”当然，如果是一个虚伪狡诈者，也就另当别论。其实真正了解佛法的人非常罕见，所以，即使是屠夫拥有一句佛法也应当向他请求，粪秽中也可能有如意宝。我们需要的是正法，人好与坏又有何妨呢？蜜蜂需要的是蜂蜜，花朵（美与否）又有何妨呢？往昔的诸佛，哪怕是一位外道仙人拥有一句正法教言也前去请求，并对其十分恭敬。也就是所谓的“依法不依人”之义。

特别是，今天能有听受宣说往生极乐世界之因的经典及如此甚深发愿文的时机，完全是往昔承侍诸佛等善业感召的。如续中说：“当对数百劫之中，罕见正法生欢喜，欲求解脱功德者，切莫寻求世间事。”又云：“成千上万无数劫，偶尔可遇佛出世，为使将来不后悔，诸善男子喜闻法！”《宝积经》中说：“佛陀出世及住世，信仰佛教皆难得，人身亦为难得故，当于佛法倍精进。”

当今时代，有些声称“我无有空闲听法”之人真是把自己置于暗劫中还不知晓，实在可悲！如今获得人身之时如果没有空闲闻法，将来只有堕入恶趣而别无出路，难道那时会有空闲吗？经中说：“获得人身不闻法，乃为第九无暇处。”

佛教的根本就是讲法、闻法、修行。因此，包括在家男女居士以上，没有能力讲法的人需要负起闻法的责任，有能力讲法的人就应该担负起讲经说法的重任。从前，一头狮子杀了一头野猪，随后来了一只狐狸想吃剩下的肉。狮子对它说：“你背上猪的尸体！”狐狸因为自己身单力薄而不愿意背。它暗想：如果直接说，狮子定会发怒杀死我，这可不行。所以，它不敢拒绝。但又一想：这头狮子孤高傲慢，又是笨蛋，可以欺骗它。想到这里便说：“我既要背尸体又要叫喊，不能同时做两件事呀，因此你理应做一件。”狮子由于愚笨而不知道狐狸在骗它，又因为孤高自傲而不愿意叫喊，于是说道：“那么，两件事中我背尸体吧。”狮子背上野猪的尸体（走在前面），狐狸跟在后面叫喊。与此比喻相同，倘若有像狮子那样的人讲经说法，则其他人应当听闻，哪怕随声附和说一句赞叹语，也是非常善妙之举，由此会成办一切利益。同样，佛法也依赖于所有的人。

我们仅仅听闻一两次佛法不应满足，必须反反复复地听受。世间也有“大海于水不厌足，智者于法不厌足”的谚语[2]。我们可以看到世人贪得无厌地积累无有实义的财食，正法是今生来世一切安乐的根本，怎么能对此有满足之心呢？譬如，荒芜的田地，只降下一次雨水不能够彻底湿润。同样，对于我们无始以来便以不善业干涸了的顽固相续，仅仅听闻一次佛法是难以调伏的。所以，除了聋哑人之外，凡是具足知言解义这一法相的人，倘若反反复复听闻正法，必定能懂得少许法义。如萨迦班智达说：“即使嘱咐又催促，虽是旁生亦能知。”

听闻佛法也必须结合自相续而实修。

所谓的正法就是指其具有改造（调伏）自相续的作用，如果细心观察就会发现，正法完全是令自相续进行如理取舍之因，而并非是在讲某地的一种古语或传说。闻法后是否已经实修，从他是否诚信因果、是否如理取舍善恶便可推知。如果闻法后丝毫不注重因果，那就是所谓的出卖佛法灵魂的法油子。比如，装酥油的皮壳虽与酥油合在一起，却仍然十分坚硬。同样，法油子尽管对显密教法极为精通，而自相续却恒时不调柔，完全与正法相违。如此之人以及对佛法不起信心者必将成为善星比丘那样，十分危险。我们闻法以后要像氆氇染色那样必须与以前有所不同，假设听闻佛法后仍然与从前一模一样，那么闻法也无有任何意义。因此，所听的法义在实际生活中身体力行非常重要。如《宝积经》中云：“于佛教法生信后，智者行持觉瑜伽，不应耽词而安住，得法后当恒勤修。”又云：“当依说法善知识，恒时切莫依恶友，应当广闻持净戒，了知胜义之一门。”《经庄严论》中说：“如是善逝圣教非无义，如此瑜伽观修非无义，倘若不闻而修法无义，若仅闻而知义修无义。”即使听闻一句正法也需要深入思维其义，并且

[2] 《格言宝藏论》中说：“大海不厌河水多，国库不厌珠宝多，欲者不厌受用多，学者不厌格言多。”

进行修持，否则将导致听闻只停留在理解上、理解只是停留于书本里、教言只是留在别人口中，结果自心剩下的只是庸俗而已[3]。

关于如理闻法的功德，佛在经中说："阿难，二人可积大福德。为何？即一者以恭敬心讲法，一者以恭敬心听闻。"有关讲法的功德，经中说："如是一切布施中，法施最胜我宣说。"又云："何者无财以净心，行持法施佛极赞。"又言："大千世界遍满金，以此布施于某人，宣说一偈四句法，其利前者不可比。"仅仅听到传法前的螺鼓声也已在相续中播下了解脱的种子。如《犍椎经》（《声鸣经》）中说："为示讲法时，击鼓敲犍椎，闻声获解脱，何况去听闻？"此外，如颂云："以闻可入法，闻法能除罪，三门得清净，故闻为最胜。"《宝鬘论》中云："能增智即闻，及思若兼具，从中定生修，获无上成就。"不仅如此，想去闻法而向传法地点迈出一步也可获得等同梵天的福德。如果某人听闻佛法，他起码也知道要生起一点信心，因此定会获得极大功德。

甚至一个旁生听到法音也将受益匪浅。此类公案如下：

从前，世亲论师背诵般若九十九万部时，他日日夜夜读诵诸多经典。当时，他寝室的屋檐下有一只鸽子经常听到法语声，它死后转生为边地一位国王的太子。刚刚出生，小太子便说："我的上师在哪里？"问他："你的上师是谁呀？"他回答说："是世亲论师。"于是（国王）询问了常去中部地区经商的人们："中部地区有这样一位世亲上师吗？"他们说："有这位上师。"随后太子想去中部，国王将他送到那里。他来到世亲论师面前便喊："上师。"世亲论师问："我是你的上师？我想不起来。"小太子能够回忆起自己的前世，于是说明详情。上师摄受了他，令他学习读写……最后他成了精通三藏的大论师，名叫安慧。

另有一位比丘在一河畔传法。一位放牧老人来到此处，倚靠着手杖听闻了少许，那里的一只青蛙被手杖击中而死亡。因青蛙是在听闻法语声当中死去的，结果转生于四大天王的天界中[4]。

又有一位比丘读诵《汇集经》时，他屋檐下燕窝中的一只燕子听

[3] 意思是说自心未能以正法调伏。

[4] 详见《根本说一切有部毘奈耶药事》卷11中一只虾蟆的公案。

到诵《汇集经》的声音，以听闻法音之善业力，它死后获得人身，一出生便会读诵《汇集经》。

此外，一次世尊在一园林中讲法时，空中飞翔的五百只天鹅听到了佛陀传法的声音，准备降落，便从天而降，却被那里铺设的众多网罟所捕，全部命绝身亡，之后都转生于三十三天变成了五百天子。有许多诸如此类、不可思议的公案和教证。

从旁生到人类，凡是聪明伶俐具有智慧者都是由往昔曾听闻过一句以上佛法而得来的；如今所有愚昧无知的愚笨者也是往昔未曾闻法所造成的。即使明天就死亡，今日也要听闻一句法义。如萨迦班智达说："是因前世未求学，今见终身成愚者，因恐后世成愚昧，今生再难亦勤闻。"又云："即使明早要死亡，亦应学习诸知识，今生虽不成智者，来世如自取储存。"尤其，虽然不能做到广闻博学，全面精通，但自己所修持的法要必须明确知晓，正如所谓的"视力差的人虽看不到远处，但能看清自己的脚尖"。

如今，佛教已如夕阳西下一般（即将隐没），人寿好似草尖的露珠（瞬间即逝）。我们应当尽力求得一句法义，千万不要造对正法不起胜解之业而使人身成为旁生之因。

这以上正行无缘殊胜连带附加内容已宣讲完毕。

丙三、善根日日增上之结行回向殊胜

甚至我们听闻一句佛法、忆念刹那善心、做一次取舍善恶之事等都需要立即作回向。如果没有作回向，那么因为初学者的善根犹如干草、水滴一般力量微弱，很容易耗尽。相反，嗔心傲慢等恶分别念则如大火、烈日一般力量强大，生起一刹那的嗔心将摧毁广大善根。如颂云："积累善根后，颠倒不回向，宣扬生悔心，灭善根四因。"如果作上等回向，则所积累的善根资粮根本不会穷尽。如《慧海请问经》中云："水滴落入大海中，海未干涸其不尽，回向菩提善亦然，未获菩提其不尽。"

那么，如何回向呢？不应为获得人天果位而作下等回向，否则如生长的大黄秆[5]一样无有恒久的安乐，最终将灭尽成为无实法，自他二利一无所成。也不能为获得声闻、缘觉果位而作中等回向，否则趋入无余涅槃，仅为自利不饶益他众，最初的发菩提心成了妄语。那么，应当如何回向呢？自己所作的此善根，三世诸佛如何回向，我也如是回向。即：为自他一切众生获得圆满正等觉果位而回向，愿一切众生获得佛果，未证佛果之间愿他们往生西方极乐世界，必须以念诵回向偈或大愿文印持。

总之，如果最初求法时就思维：我为一切有情之利益而求法；中间以无有散乱之心专注谛听法义；最后思维，闻法所得到的善根为一切有情获得佛果而回向，那么这也是三殊胜。如果没有以此三殊胜摄持，则无论行持任何善法也不可能趋入大乘道。真正的正行无缘殊胜是指平等安住（入定）于止观实义之中。

关于闻法方式，也可以根据情况适当地宣说其他经论中所讲的内容。如若极乐法会要举办多日，则以上内容需要在一天内传讲完。这里所引用的都是简洁明了的教证，为了使大家能够理解句义，必须讲解清楚。再三强调发菩提心让人们彻底明白并生起定解，这一点相当关键，这也是往生极乐世界的第三因。

发心无缘回向三殊胜，一次萌生获得胜福德，
相续生起能够得佛果，祝愿成就佛喜此善道。
听闻一句亦示取舍理，倘若实修则遣意黑暗，
利乐源泉教法与证法，愿能恒时讲闻祈加持。

---

[5] 大黄秆：低温地带生长的蓼科药用植物名，夏季生长后立即干枯。

甲二、分二（所讲之法）

一、以令生欢喜劝勉修法；
二、真实宣说论义。

乙一、以令生欢喜劝勉修法

此乃我所修持法，思维饶益多众生，
手虽痛却勤书写，若有欲抄者应借。
无有胜此之功德，无有更深之教言，
乃是吾之根本法，精进修持勿舍弃。
此属显宗法要故，未得传承亦可诵。

此《极乐愿文》是乔美我自己所修持的法要，我首先以想利益或多或少众生的发心作为前提。在撰写这部《极乐愿文》期间，尽管手十分疼痛但我一直勤奋书写，现今已经圆满完成。因此，仅以文字也必定能饶益他众。倘若别人想要誊抄此文，应当借与他。

这部论典中着重宣说了大乘经藏之密意——往生极乐世界的四因，再没有比这更殊胜的功德。这是因易修、果易成之法，是包括凡夫在内的众生往生极乐世界的捷道，在显宗道中无有比此更甚深的教言，因而也是乔美我自己的根本修法，同时奉劝具有缘分的其他所化众生也随力精进修持，不要弃之一旁。这部论典只是将《弥陀经》[6] 等显宗经典的内容以颂词形式汇集成此愿文，并无有自己杜撰之词。由于此

[6] 此论中的《弥陀经》是指藏传佛教的《弥陀经》。

愿文属于显宗的法要，因此没有获得过传承、会读诵之人也可阅诵，并且有极大功德，更何况说得受传承实修呢？

《宝性论》中云：“何人一心为佛法，无有散乱（私利）而宣说，相合获得解脱道，当如佛语作顶戴。”诸佛菩萨的事业唯一是饶益他众。所以，我们要对利他的补特伽罗作真佛想，并且对于起到广大利生作用的此愿文也需要像佛语一样听闻、修持。

乙二、分三（真实宣说论义）

一、广说修持往生极乐世界之四因；
二、以宣说持佛号之功德而结尾；
三、发愿顺缘——以谛实语、陀罗尼咒加持。

丙一、分四

一、明观福田；
二、积资净障；
三、发菩提心；
四、发清净愿。

《弥陀经》中说：“阿难，任何众生若能再三观想彼如来，积累诸多无量善根，发菩提心圆满回向，发愿往生彼佛刹土，则其临命终时，善逝、出有坏、圆满正等觉阿弥陀佛为数多比丘众围绕，现于彼前，垂视而住。彼等现见无量光佛后以极其清净之心死去，将往生极乐世界。”如此宣说了往生极乐世界的四因，也就是明观福田，积资净障，发菩提心，发清净愿。

丁一、分二（明观福田）

一、明观刹土之相；
二、明观佛及眷属。

戊一、明观刹土之相

唉玛吙！
自此日落之方向，越过无数众世界。
稍许上方圣境处，即是清净极乐刹。
我等肉眼虽未见，自心却应明然观。

“唉玛吙”是表示稀奇的语气词。对什么感到稀奇呢？对极乐世界与阿弥陀佛感到稀奇。往昔无量劫时，世间自在王如来出世，身边有一位侍者，名为法藏比丘，他对具广大智慧、正念、证悟、妙智、精进等有胜解信，他在佛前发了殊胜菩提心。尔后在俱胝年间听闻八百一十万俱胝那由他佛陀的功德及其刹土圆满庄严、环境、大地由什么形成……并将所有佛刹合而为一，普皆受持，发广大愿。又过了一恒河沙数阿僧祇劫，此佛刹名为持执大劫，有统治四大部洲的转轮王辐轮出世。当时他的一位大臣——“海尘”婆罗门生下一具相之子，取名为海藏。海藏长大后出家，最后现前圆满正等觉果位，佛号宝藏。王臣众眷属恭敬承侍、供养宝藏佛。经海尘婆罗门劝请，辐轮国王在佛前受持刹土并发广大愿。佛陀说：“善哉！国王请看，向西方越过十万俱胝佛刹，有一堪称为刹土之王的‘极妙世界’，未来时经过一恒河沙数阿僧祇劫，名为极乐世界，你在此成佛，佛号阿弥陀。”为他作了明确的授记。阿弥陀佛当时虽已证得八地菩萨果位，但仍然在那么多劫当中没有成佛完全是他的愿力所致。后来阿弥陀佛成就一切大愿，现前成佛，此劫之前虽然已经过了十大劫，但只是极乐刹土的十天，阿弥陀佛如今也是色身住世、宣讲正法。作者对此感到极为稀有。关于阿弥陀佛与贤劫千佛等发心及发愿的详细情况，可从《大

悲白莲花经》中了知。

这样的极乐世界明观在哪一方向呢？观想在释迦牟尼佛所拥有的我们这个娑婆世界日落的西方。距离此刹有多远呢？这是凡夫人无法衡量的，越过众多无数世界，经中说经过百千俱胝那由他世界，本来极微尘的西方也有极乐世界[7]。

极乐刹土是如何存在的呢？从这个娑婆世界（向西经过无数刹土）稍许上方有一圣境处，本来刹土有清净不清净多种，但此极乐世界是器情二者都极为清净的刹土，既不存在丝毫诸如普通土石、高岗洼地、危险地带、四大损害等不悦意景象的器世界之苦，也听不到诸如三恶趣、生老病死等名的有情之苦，是极其安乐之自性。关于极乐佛刹的详细功德，下文以“不可胜数之佛陀……”加以说明。这样的刹土，无论从高高的山巅远眺还是通过望远镜观看，以我们普通的肉眼是绝见不到的，因为平常的这个肉眼无法照见极为遥远或被山等阻隔之物。虽然我们自己的双眼不能现量见到，但（并不表示不存在），正如因明中所说：“仅是未见并非无。”

昔日，阿难曾经对世尊说：“我想亲眼看看极乐世界。”于是世尊以身体的光芒使山川等一切全部隐没不见，对阿难说：“看吧！你应合掌、顶礼、散花。”当时，阿难也现见了此刹。[8]

因此，我们以佛语作为可信的正量，务必要对比量的智慧诚信不疑。为什么呢？无有阻碍的自心是清晰了然、无有障蔽的，因此应当犹如唐卡图案现于心中一样明观福田。比如，虽然从此处看望不见拉萨地方或觉沃仁波切[9]，但这些并非没有。询问曾经去过拉萨、见过觉沃佛像的人们后，我们内心中可以明观它们大概的形象。同样，肉眼见不到的地方，心中可以观想，内心可观想的地方肉眼不一定能看见。

[7] 这是指观想一尘中有尘数刹。

[8] 《佛说大乘无量寿庄严经》云：“佛告阿难：吾今此土，所有菩萨摩诃萨，已曾供养无量诸佛植众德本，命终之后，皆得生于极乐世界。阿难，汝起合掌面西顶礼。尔时阿难，即从座起合掌面西，顶礼之间，忽然得见极乐世界无量寿佛……”

[9] 觉沃仁波切：现存于拉萨大昭寺内的释迦牟尼佛像，像高相当于佛十二岁时的身量，世尊曾亲自开光过，人们称之为觉沃佛像。

尽管不能够清晰全面地明观广大庄严的极乐世界，但应这样意念：在西方有一个不同于我们这个刹土、具足一切无上安乐的极乐世界，一心专注于西方，乃至微乎其微的善根以上都为往生极乐世界而作回向，这是明观福田，也是修清净刹土的发愿。

《普贤行愿品》中所说的“所有十方一切刹，广大清净妙庄严”之义是指以自力修清净刹土的发愿，这里所讲的是一心向往佛陀早已修成的清净刹土，之后如果积累资粮则可往生到那里。如此也与宗喀巴大师的《开启胜刹之门》等智者们的所有言教相吻合。

戊二、分四（明观佛及眷属）

一、明观主尊身相；
二、明观其意功德；
三、明观主要眷属；
四、明观其余眷属。

己一、明观主尊身相

彼刹阿弥陀佛尊，红莲宝色光耀眼，
无见顶相足轮等，三十二相八十好，
一面二臂定持钵，著三法衣跏趺坐，
千瓣莲花月垫上，身背依靠菩提树。

在极乐刹土中安住着出有坏怙主阿弥陀佛，因为摧毁贪心等一切烦恼，具足五智慧、降伏四魔敌众，所以称为出有坏。佛陀身体的光芒遍照十方无边刹土，可以说是光芒无量、光明无量、光芒无穷等，因此称为无量光佛，又因为寿量不可胜数，也称为无量寿佛，这是身之本体的功德。

（阿弥陀佛）身相是怎样的呢？慈悲一切众生之标帜：其身色宛如太阳照在红莲花珍宝山上一般威光耀眼夺目，极其辉煌，由众多广大福德而形成的无见顶相，是指头上由骨肉累积而成的肉髻，除了从正面可见外谁也无法看见顶端。佛陀的双手掌心有具凸出花纹的八辐法轮。由上下这两种妙相来涵盖所有妙相，能了知或能表示佛陀是具足白毫右旋等三十二相[10]福德的大丈夫。能表明正士内在的所有美德显露于外相，由指甲赤铜色等八十随好[11]所严饰。妙相主要是指粗相，随好是细相。一面表示唯一离戏法身；二臂表示智慧与方便二者；双手结定印表示方便与智慧（无二）；以定印托着充满甘露的钵盂表示以深广正法满足一切众生。令诸众生最初趋入别解脱之标帜：身着出家三衣，即上身披蓝色七衣及红色袒衣，下身穿红黄色五衣（僧裙）。双足金刚跏趺坐表示于轮涅等性之义中不动摇。根据续部、密宗诸仪轨及嘎单巴仁波切等大德们（修行境界中）所见，阿弥陀佛所坐的法座是由大如须弥山的八大孔雀及无数小孔雀支撑着的珍宝座，上面有五颜六色的千瓣莲花，莲花上有满月轮的坐垫，坐垫上方是名为莲花光明的珍宝菩提树，高达六十万由旬，树根粗达五百由旬，八百由旬的枝叶相互掩映，并有争奇斗艳的鲜花及累累的硕果，还有如皎月般的宝珠、帝释所持的宝珠、如意宝珠等，以及珍宝束、装饰鬘、黄金、珍珠、珍宝的璎珞、铃铛、孪铃（大小铃铛）等装饰着。仅仅见到这颗菩提树直至菩提果之间不会患眼病；听到此树的声音不会患耳病；若得以品尝则不会患舌病；身体碰到树影不会罹患身体疾病；若忆念此树则可自然生起等持；见到这棵树以后不会退转菩提等有无量功德。阿弥陀佛背面倚靠这样一棵菩提树而安住。

以上是观想身相。

佛经中没有直接宣说法座等，所说的菩提树大小等略有不同，因

---

[10] 三十二相：三十二种大丈夫相：千辐轮、足善住、手足缦网、手足细软、七处充满、指纤长、跟圆长、身广洪直、足踝端厚、身毛上靡、腨鹿王相、立手摩膝、势峰藏密、身金色、皮肤细滑、身毛右旋、眉间白毫、狮子上身、肩头圆满、肩膊圆满、得最上味、身分圆满、乌瑟腻沙、广长舌、得梵音声、狮子颌轮、齿鲜白、齿平整、齿齐密、四十齿、目绀青和牛王睫。

[11] 八十随好：八十种好。如来所有八十种微妙细相：属于爪甲者三、指者三、脉络者二、足者三、步态者七、头部者三、发者六、目者五、眉者四、耳者二、鼻者二、口者二、舌者三、齿者五、语者二、手者二、手纹者三、全身功德者十、身无瑕疵者四、下体者四、脐者二、总行止者三，共有八十。

为佛陀的行境不可思议、众生各自福德有大小之别而导致说法和所见也有所不同。

己二、明观其意功德

慈悲慧眼遥视我。

再观想：阿弥陀佛一定正以大慈大悲的慧眼从遥远的极乐世界注视着我。如律藏中说："遥远所住佛，慧眼即清净，何具此治力，顶礼胜医王[12]。"如果自己具有信心，那么佛陀的观照是无有远近的。譬如，虽然太阳位于高高的天空中，但是它的光芒却可照射到此处。本来，圆满正等觉恒时具足大悲心，无论自己祈祷与否，佛的大悲观照始终周遍各方。然而，如果没有以信心祈祷开启大悲之门，则无法见到加持的光明。例如，虽然室外太阳时常升起，可是假设没有门窗，则阳光不可能射入室内。所化众生要得遇佛陀的大悲加持（必须要积资净障），如果没有以积资净障来净化自相续，则无法亲见佛陀，如同明镜未经擦拭便不能显现影像一样。

己三、明观主要眷属

右侧观世音菩萨，
身白左手持白莲，
左侧大势至菩萨，
身蓝左持金刚莲。
右手施依印向吾，
三大主尊如山王，
巍然朗然坦然住。

接着观想：阿弥陀佛身体的右侧是圣者观世音菩萨，身色洁白表示住于轮回却未沾染轮回的过患，一面二臂，以各种报身圆满服饰严饰，

[12] 胜医王：指可疗愈众生惑疾的佛陀。

左手以三宝印执持六瓣白莲花茎于胸间，表示以如白莲花般纯洁的大悲心慈悯众生，白莲在耳边绽放，表示相续中谙熟所闻之法义并且增长智悲力。阿弥陀佛身体的左侧是大势至菩萨，即金刚手，身色碧蓝表示法性不变，一面二臂，具足报身装束，左手以三宝印执持金刚所严饰的莲花于胸间，这表示其获得诸佛三密能力灌顶。二位大菩萨右手都是以施依印指向自己，这表示：任何众生若祈祷我们，则不必畏惧三界轮回之苦，即是无畏施的标帜。这里的施依印是右手从身体的髋骨处伸开，作摸顶式。三宝印是左手在胸前以拇指食指的指尖执持莲花茎，其余三指向上伸直。二位菩萨以站立式安住表示一切菩萨利益众生刹那也不懈怠，并趋入大乘道。以上阿弥陀佛与二大菩萨眷属即三大主尊犹如须弥山王一般胜过他众，巍然赫立，身体妙相随好的功德极其明显。也就是说，阿弥陀佛身色宛如阳光照射在红莲宝山上一般红亮，观世音菩萨身色如同阳光射在雪山上一般洁白，大势至菩萨身色好似阳光普照在蓝宝石山上一般碧蓝，他们(身体所发出的光芒)照亮了所有刹土；语言是六十种梵音之自性，清晰明朗，悦耳的妙音传遍整个刹土；意是慈悲智慧大光明之自性，恒时坦然安住。

己四、明观其余眷属

大乘比丘十千亿，
身皆金色相好饰，
著三法衣黄灿灿。

观想：阿弥陀佛有十千亿终生不退转的大乘比丘以及无数将得大菩提的声闻阿罗汉眷属。此处所说的十千亿是数量词，表示数量极多之义，而实际数量并非仅此而已。如《弥陀经》中说：“无量光佛之光芒、寿量、眷属、极乐世界安乐之因及功德普皆圆满，众多佛陀于数劫中说亦不能尽。譬如，比丘大目犍连获神变自在，彼若欲求，则一日内可数尽三千大千世界中所有星辰，具百千俱胝如是神变者于百千俱胝那由他年中不做任何余事，亦无法数尽无量光如来声闻众之百分之一量。”[13]那些眷属身色无有差别全部是金黄色，以三十二相、八十随好严饰，身着三法衣，犹如阳光照射在早晨的海面一样黄灿灿。

明观这样的刹土以及意念佛陀是极为重要的，这也是随念三宝。如果面朝西方以对生[14]的方式观想极乐世界，则与修生起次第相同。然而，生起次第是观想实质性的本尊等，如若不具备清净的忆念，那就称为贪执妙相本尊之分别念，是生起次第的障碍。极乐世界则是未经绘画的自成坛城，观修阿弥陀佛也是以信心意念佛陀，因此无论观成如布画般扁平，还是铸像般凹凸不平……任何形象都可以，因为阿弥陀佛现在以色身住世，所以我们观想时不需要任何迎请、安住、祈送，而日日夜夜念念不忘才是一大要诀。

在家男女们，最初在上师传授《极乐愿文》时要听讲，看看是否懂了。如果不懂，那么当传讲者从极乐世界的唐卡上加以介绍的时候，自己要认真细致地观看，之后闭目思维，看看这样的形相能不能浮现在心中。当心中现出来时，如果再三明观，则内心自然能够明现其形相。如果白天念念不忘，那么夜晚做梦遇到恐怖梦境时也定能忆念祈祷，如若梦中能如是忆念，那么临终时或中阴界出现恐怖、畏惧时定能忆念。假设在家男女们，明观阿弥陀佛主尊眷属、刹土庄严等实在无能为力，那么也可以意念：极乐世界位于西方，那里住有阿弥陀佛和他的眷属，他们正在注视着我，我自己死后立即往生极乐刹土。如是一心专注，以坚定信心忆念极乐世界或持诵阿弥陀佛名号，仅此也可算是往生极乐世界的第一因。

曾有这样一则实例：达多[15]地方一位具有信心的老人，常常祈祷阿弥陀佛并念诵了许多遍《极乐愿文》，但他一直认为阿弥陀佛身色肯定是淡蓝色的，而根本不会明观形相。可是，凭着信心力，他在临终时，

---

[13] 如《佛说大阿弥陀经》中云：阿弥陀佛刹中诸声闻，有般泥洹者否？佛言：“此四天下星汝见之否？”答云：“皆已见之。”佛言：“如大目犍连飞行四天下。一日一夜可尽知其星数，彼刹声闻之众。尚百千亿倍，于四天下星，不可尽知其数。”

[14] 对生：对面生起。在行者对面虚空中圆满生起坛场。预备坛场入于彩粉，智尊入于一切，并行供赞。

[15] 达多：今炉霍县境内。

阿弥陀佛及其眷属亲自降临在他面前，将这位老人接引到极乐世界。

此外，古代一位具有强烈信心的老妇女持诵了三亿遍观音心咒及十万遍度母赞颂偈，结果，一日晚上梦中有一位不同寻常的女人给了她一件蓝色衣服。又一天晚上梦到一位顶具发髻、身着白衣之人给她一串水晶念珠。尽管那位老妇人全然不知观修二位本尊的身色、标帜，但她心中铭记二尊名号，并生起虔诚的信心，仅以此念诵及（信心力）便获得了成就。

因此，无论是眼见佛陀的身相或耳闻名号，甚至仅仅意念阿弥陀佛垂念或手触佛像……都必定成为解脱之因。所以，我们无论能否明观佛陀身相等，但一定不要忘记其名号。世尊也曾说："诸法依缘生，住于意乐上。"又云："愚者具坚信，彼可获悉地。""何者作意佛，能仁现彼前，赐灌顶加持。"《三摩地王经》中云："能仁身相极庄严，何人行住坐卧时，忆念能王佛陀尊，本师恒时住彼前。"邬金莲花生大士说："我常伴随具信者。"

因此，自己若能顶礼、祈祷阿弥陀佛，乃至对阿弥陀佛生起一刹那的信心，则佛陀一定会以慧眼照见、以天耳明听、以他心通明知、以神足通立即来到他的面前赐予加持。虽然我们自己看不到，但佛陀却时时刻刻在关注着我们，犹如盲人面前有一位具明目之人一样，仅以意念佛陀也可往生极乐刹土。如《弥陀经》中云："若有善男子，善女人，闻说阿弥陀佛，执持名号。若一日、若二日、若三日、若四日、若五日、若六日、若七日，一心不乱。其人临命终时，阿弥陀佛与诸圣众，现在其前。是人终时，心不颠倒，即得往生阿弥陀佛极乐国土。"

往昔（佛在世时），给孤独长者之女嫁给了边地的一位国王。那里只有外道而无有（僧众等）殊胜的福田。于是，她面向舍卫城方向，观想圆满正等觉佛陀并诚心祈祷，结果佛陀及其眷属瞬间降临在她面前。[16]

又如一位具信心的愚人工布觉沃奔迎请拉萨的觉沃仁波切到家中

[16] 此公案详见吴天竺沙门竺律炎译《佛说三摩竭经》。

做客，结果觉沃仁波切真的亲自前往了[17]。因此，一开始以信心意念佛陀十分重要。

此明观福田是下文所讲积资净障的所依，也是遣除发菩提心、成就清净愿的违缘，成办顺缘的见证者。（开法会等时）奉劝大家明观仿佛亲眼见到了西方极乐世界怙主阿弥陀佛及其眷属一般地猛烈祈祷，心不外散而缓慢念诵“唉玛吙！自此日落之方向……著三法衣黄灿灿”一遍，一边念诵一边随词句忆念意义。

这以上已圆满宣讲了往生极乐世界的第一因——反复明观极乐刹土及佛陀形象。

妙相随好色身观不厌，明观怙主阿弥陀佛尊，
生死梦境中有一切时，大悲铁钩摄受祈加持。

丁二、分七（积资净障）

一、顶礼支；
二、供养支；
三、忏悔支；
四、随喜支；
五、请转法轮支；
六、祈请不入涅槃支；
七、回向支。

第二因——积资净障：我们必须通过多种途径积累诸多善根，下面所讲的相续中生起愿行菩提心、成办所发殊胜愿也是以积累资粮之因作为前提。《广大游舞经》中说：“具有福德者，亦成诸所愿。”一切积累资粮的法门全部可包括在七支供中。

[17] 此例在《大圆满前行引导文》中有细述。

戊一、分二（对治我慢之顶礼支）

一、略说；
二、广说。

具有我慢者犹如高山及铁球一般，对他人无有礼拜、顶礼的恭敬心，正如所谓的“傲慢的山岗上存不住功德水”。傲慢者非但不能往生极乐世界反而会走向恶趣。

己一、略说

敬礼远近无别故　我以三门敬顶礼。

如寂天菩萨说：“因慢生傲者，将赴恶趣道。”因此，为摧毁我慢而略说顶礼支。

如果自己具有信心、恭敬心，那么向顶礼的对境——住于近前的佛陀与住于远方极乐世界中的佛陀顶礼膜拜，二者功德无有丝毫差别。倘若具有信心，则佛虽然住于远处也好像在近前一样；如果不具备信心，那么即使佛陀住在面前也如同在远处一样。譬如，净水中与明镜里可以显现远处的太阳等影像，浊水中与垢镜里近处的色相也不能显现。为此，我三门恭恭敬敬作礼，由于身语意是产生一切善恶之门，所以称为三门。

如何恭敬呢？身体既不过于前俯后仰也不东张西望等，以端正、寂静、调柔的方式作顶礼为身恭敬；断除言说绮语而念诵顶礼偈或佛号为语恭敬；断除贪心等一切不善分别念而对佛陀的功德生起欢喜心、敬信心为意恭敬。是以这样三门恭敬的方式作礼。如是宣说了正确的顶礼方法。倘若以不恭敬的心态顶礼，则是耗尽福德之因。

己二、分二（广说）

一、思维名号不同而顶礼；
二、思维持名号功德而顶礼。

庚一、思维名号不同而顶礼

法身无量光部主，右手放光化观音，
复化百俱胝观音；左手放光化度母，
复化百俱胝度母；心间放光化莲师，
复化百俱胝莲师，顶礼法身阿弥陀。

本来法界之中诸佛无二无别，阿弥陀佛的智慧法身是一切佛化身的根本，因此他的色身是诸部之主尊，尤其阿弥陀佛是语莲花部主。

为了调伏男性士夫，阿弥陀佛右手放射白光化现为圣者观世音菩萨，观音菩萨又化现出百俱胝（百千万）观世音。每一殊胜化身的所化世界有百俱胝刹土，为此这里主要宣说了能化之化身也是百俱胝，实际上并非仅有百俱胝而已，因为诸佛以及大菩萨们的行境是不可思议的，可化现为善知识、国王，甚至包括旁生在内的各种形象。

为了调化所有女性者，阿弥陀佛左手发出绿光化现为圣者至尊度母，度母又幻化出百俱胝的度母。

为了降伏以寂静方式无法调伏的凶神恶煞以及在边地藏土弘扬显密圆融的佛法，阿弥陀佛心间发出五彩光芒照射到西南具乳海中的莲花花蕊而化现出邬金莲花生大士，莲师又幻化出百俱胝的莲花生大士。因此，我三门以最大的恭敬顶礼诸如此类一切化身的根本——法身阿弥陀佛。

现在的上师善知识大多数是观音菩萨等的化身，化身与化身之根本本体无有差别，所以我们绝不能生起上师、本尊、诸佛菩萨本体有差别的恶分别念。如若能观想一尊阿弥陀佛的本体中已完全包括所有上师、本尊、佛菩萨而唯一对阿弥陀佛作顶礼供养等，那么这就是自己获得上师三宝一切加持的方便法。打个比方来说，一百个河谷的水，我们要一一饮用是极为困难的，但如果喝了百川汇于一处的水，那么就相当于饮用了所有的水。也就是所谓的“印度人修一本尊得成就，西藏人修百本尊皆无成”，意思是说，此藏地的人们疑心重、分别念多，所以他们修持一百位本尊却一无所成；印度人思想单一，因此精通修一本尊成就一切本尊的方便[18]。所以，如果带着“一尊阿弥陀佛是一切皈依境总集”的理念进行修持并对此深信不疑，那么必定能成就。倘若成就了这一修法，也就成就了一切。如颂云：“修成一佛，未修皆成。”

佛于昼夜六时中，
慈眸恒视诸有情，
诸众心中所生起，
任何分别皆明知，
诸众口中所言语，
永无混杂一一闻，
顶礼遍知无量光。

阿弥陀佛白日三次、夜晚三次即于六时中心怀大慈大悲，以无有障垢的慧眼恒时坚持不懈地关注三界一切有情，何者衰败、何者兴盛，何者从恶趣中转生到善趣、何者由善趣堕入恶趣……乃至细微蝼蚁以上一切众生的所有情况都了如指掌、毫无混杂地照见。这里的“昼夜六时”，是日日夜夜时时刻刻注视之义，而并非是除六时以外其他时间不关注。不仅如此，而且佛的智慧恒时清楚明确地知晓一切众生心中所生起的善、不善、无记，乃至细微以上的任何分别念。大大小小一切众生口中言说的善不善等所有话语，佛也是以天耳恒时毫不混杂地一一尽闻。譬如，一个房间里的所有巨细物体都可互不混杂地同时现于一个镜子中。同样，佛陀可同时互不混杂地了知三世一切所知，因此我顶礼遍知无量光即阿弥陀佛。这般思维以后理所应当顶礼。甚至包括单手立于胸前作礼、生起刹那信心、作一次祈祷在内，都要观想阿弥陀佛已见、已知、已闻此事，对此无有邪见、深信不疑至关重要。

除造舍法无间罪，
诸诚信您发愿者，
如愿往生极乐刹，
佛临中阴引彼刹，
顶礼导师无量光。

[18] 也就是将各本尊的本体观为一性。

暂时有两种人不能往生极乐世界，即造舍法罪及五无间罪者。然而，并非是佛陀根本不慈悲摄受他们，最终这两种人也能如愿以偿（往生极乐世界）。但因为这两种人恶业深重，暂时无有成就所愿的机会。《佛说大阿弥陀经》中也宣说了此两种人不得往生极乐刹土。

到底什么是舍法（诽谤正法）呢？有些稍微知道求学的人根本未懂得了义不了义、所化众生根基差别的密要，而认为所有佛法之中存在各种各样的矛盾，将显密宗派上下全部混为一谈，认为一者存在一切都需要存在、一者无有一切都不需要……将正法转为非法而宣讲，被贪执自造宗派之观点所染污以致将非法说为正法，令他人也造舍法罪。如律藏中说：“劣慧宣邪道，称为邪法师，彼法若正法，非法将如何？”如此之人都是谤法者（舍法者）。

此外，自称只学密宗的那些人以此为借口说别解脱学处是声闻乘，视其为低劣的法门而舍弃，认为有些是贤妙之法等等（都属于谤法）。如月称论师所说：“贪执己见嗔他见，此等皆为邪分别。”赞叹自宗、诋毁他宗，或者试探别人后妄加评价说这是智者、这是愚者，就算是极为愚痴之人，如若他仅了知一句法义，那也是教法。所以，他直接诽谤某人而间接诋毁了正法，也成为舍法者。本来，只有智者才了知智者、愚者的差别，自己愚昧无知，又怎么能辨别他人是智者还是愚者呢？

又如，给别人讲法、闻法等造违缘，是舍教法；对于他人受出家戒等制造障碍，或者如果有人受持过午不食、不饮酒等少分学处，则讥讽他说“你是假装的，胜过你的高僧大德们也不受持这些学处，所以你应当舍弃”，而唆使别人舍戒，以及对修法者制造违缘，这都是舍证法，也是毁坏法身。如果为（讲闻）一句一义之法制造违缘不是舍法，那么对（讲闻）众多正法造违缘也同样不是舍法了。

如今处于内教佛法衰败、大多数人以口灭尽福德之时，舍法罪业十分严重，因此我们应当小心谨慎。如《宝性论》中云：“存心嗔法者，彼岂有解脱？”造舍法罪之人甚至连获得人身的希望也没有，更何况

说获得解脱呢？[19]

五无间罪，即杀父亲；杀母亲；杀罗汉；破坏僧众和合，如挑拨佛及其眷属之间的关系；恶心出佛身血，如怀恶心以石击佛陀等使其身出血。虽然如今不能直接犯后三种罪，但可造与其类似的罪业，下文对此也有阐述。

即使是造如此深重恶业之人，如果发愿（往生西方极乐世界），那么总有一天能远离轮回，最终得以往生。虽然他们得以往生极乐世界，但因业障所致，数年之中只能听闻佛语、不得面见佛颜。因此说，极乐世界也有此类凡夫众生。无论造舍法罪还是五无间罪都不能往生极乐世界，除此之外，对阿弥陀佛您深信不疑诚心发愿的一切众生，临终或中阴界必得往生极乐世界，因为阿弥陀佛已现前成就了一切宿愿。

阿弥陀佛是如何发愿的呢？《弥陀经》中云："设我作佛，十方众生，发菩提心，闻我名号，生大信心，修诸功德，至心发愿，欲生我国，临命终时，假令不与大众围绕，现其人前者，不取正觉。"又如颂云："何者闻我名，愿恒诣我刹，我愿妙圆故，众刹有情至。"如此阿弥陀佛的发愿力、悲心力与自己的信心意乐（等因缘）全部聚合，即可往生极乐世界。

因此，如果是今生积累资粮等的上等修行人，则临终显现各种隐没次第景象时（忆念阿弥陀佛而往生净土）；倘若是罪孽深重之人，就会由罪业自相显现出见到阎罗王等种种景象，那时虽然没有能力祈祷阿弥陀佛，但仅能忆念也可往生。如律藏中说："纵然大海有，离开波涛时，佛陀却恒时，不离所化众。"此时阿弥陀佛及其眷属来到他面前，此人因面见佛陀而清净转生恶趣的业障，不经中阴直接被接引到极乐世界，这与《普贤行愿品》中所说"愿我临欲命终时，尽除一切诸障碍，面见彼佛阿弥陀，即得往生安乐刹"之义相同。

如果临终没有能够解脱，则死后立即（瞬间）便会出现四恐怖声[20]、三险地[21]等无法想象的中阴境现，这时应当忆念阿弥陀佛。例如，

[19] 如《涅槃经》中说："法是佛母，佛从法生，三世如来，皆供养法。"

[20] 四恐怖声：《前行讲记》释为地、水、火、风四大之恐怖声。

[21] 三险地：是指中阴界中所出现的白光、红光、黑光的明、增、得三种恐怖境现。

现在突然出现天降霹雳、大地震动等恐怖现象即能忆念三宝者，此刻是处于惊慌失措、无可奈何的地步而忆念的，倘若这时能够忆念，那么由于中阴意识已脱离了肉体，就像水面的皮筏一样极其容易转变（，因此轻而易举便可往生）。释迦牟尼佛在许多经续中说：阿弥陀佛及其眷属降临到中阴界，刹那便将彼者接引到极乐世界。

因此，如果从现在起就把阿弥陀佛的身色标帜等观修熟练，那么到了临终就会像遇到以前熟悉之人一般认出。如果现在修持积资净障之法，并且经常发愿，那么尽管到那时既没有忆念也没有认出来，但阿弥陀佛一定会降临到中阴来接引你。因此说，顶礼导师阿弥陀佛。

您之寿量无数劫，
不趣涅槃今住世，
一心恭敬祈祷您，
除非异熟业果外，
寿尽亦可享百岁，
遣除一切诸横死，
顶礼怙主无量寿。

怙主阿弥陀佛您的寿量长达无数劫，真是不可思议。不趣入涅槃，如今仍在极乐世界住世。专心致志观想时，如果忆念许多其他琐事则是三心二意，绝不能这样观想。而要意念：无论是苦是乐、是上升还是下堕，我无有其余的皈依处、指望处。如果能带着这种心念虔诚祈祷，就会获得加持。如邬金莲师曾说：“具诚信者得加持，远离疑惑成所愿。”半信半疑犹如两尖针一样将一事无成。倘若不是半信半疑，而是一心一意以恭敬心祈祷阿弥陀佛您，除了三尽异熟果的情况以外都可以延续寿命。三尽是指：往昔杀生过多之异熟果而寿尽，或因往昔所积福德耗尽而寿尽及引业犹如尽力之箭（自然落地）般地穷尽而寿命完结。（这种寿命完结的人谁也无法使其延寿，）正如所谓的“药师佛虽亲降临，无法延续寿尽命”。否则，（只要祈祷阿弥陀佛，）由于暂时的违缘导致的生命危在旦夕也可活到一百岁。经中说（念佛）可以遣除暂时的天降霹雳、被水冲走、兵器所害、悬梁自尽等违缘，以及因福德失损而遭到鬼神窃寿、诅咒等损毁灵魂寿命等十八种横死。为此，顶礼能赐予如此无死寿命悉地的怙主无量寿佛。

总的来说（业寿已尽与否有四种），（一）业尽寿未尽：诸如上半生享受安乐，下半生感受痛苦；（二）寿尽业未尽：诸如从此地狱转生到彼地狱，从人间死后又转生为人；（三）业尽寿亦尽：诸如从人间死后堕入地狱；（四）业寿皆未尽：诸如终生享受安乐。

如今已值人寿百岁之末期[22]，人们很难活到一百岁。然而，此处指的是通过念佛遣除暂时的寿障、使自己宿业感召的寿量达到究竟之义。本来，一位具有能力的上师以咒力摄集器情之福寿融入一位具有缘分的弟子体内从而延长其寿命，这一点是很难以做到的。而这里仅仅以信心祈祷，可以说不费吹灰之力便可获得如此巨大效益。

在如今人寿短暂、违缘重重的恶世，如果能诚心祈祷阿弥陀佛，祈祷一次等同于得一次长寿灌顶。假设得以延年益寿，就有空闲修持往生极乐世界之因。如果是一个修持往生极乐世界之因的人，那么寿命越长越好，哪怕住世一天也可积累广大的资粮。如《四百论》中云："具戒久存活，能作大福德。"而作为行持恶趣之因的罪孽深重者，寿命越短越好，哪怕是一刹那留住于世，他也会积累严重的罪业。如寂天菩萨说："宁今速死殁，不愿邪命活……唯行罪恶事，苟活义安在？"

这以上是观想阿弥陀佛从功德的侧面具有不同名号而作顶礼。单单因为报身与化身的差别，以及（身体所放的）光芒无边而称为无量光佛，又因为寿量无边而称为无量寿佛，只是名号不同而已，千万不要认为有两种本体。

总之，我们不应认为求破瓦传承（往生法）、诵《极乐愿文》是老年人的修法，求长寿灌顶、诵长寿仪轨是年轻人的修法，而要把所有这些法作为人人必修之法。如果求得破瓦法传承，也就获得了《极乐愿文》传承及长寿灌顶；如果求《极乐愿文》传承后读诵，那么也就获得了长寿灌顶与破瓦法传承。因此，所有男女老幼都应祈祷阿弥陀佛，无有比此更殊胜的了。

---

[22] 意思是说，寿命最长可活到百岁。

庚二、思维持名号功德而顶礼

无数广大三千界，遍满珍宝做布施。
不如听闻极乐刹，阿弥陀佛名号后。
以信合掌福德大，是故敬礼无量光。

仅仅是以一碗青稞作供施也会获得无量福德。但此处并非仅此而已，即使是不计其数、广大无边的三千大千世界所有刹土中遍满七宝，以此上供三宝、下施众生的善根（是无量无边的），设若某人耳闻阿弥陀佛的名号、极乐世界的功德后体现内心具有诚信而外表仅以单手作礼，佛在经中说由此所产生的善根福德胜过前者百千倍。如云：“极微尘数刹，何者粉为尘，多于此刹中，满宝做布施，此福亦不及，闻阿弥陀佛，极乐刹胜德，欢喜合掌福，故闻当遣疑。”为此，三门以最大的恭敬顶礼怙主阿弥陀佛您。这个比喻是指将整个大地所有微尘数的世间刹土粉碎成极细微尘，比这（极细微尘）更多数量的世间界。

如今我们获得了暇满人身，此时此刻，因为具备眼根而得见阿弥陀佛像，因为具备耳根而得闻佛法，因为具备双手而才有机会合掌，这完全是往昔所作善业的果报才使得诸根具足。我们可以见到那些因往昔造恶业而成为聋、盲、断臂等的残疾人，他们甚至仅此利益也无法成办。从今往后，通过听闻《极乐愿文》等正法，稍微了知一点儿业因果的道理以后，大家在求法或听受佛陀每一分功德时，应该生起稀有、欢喜之心而作一次合掌（或单手作礼），仅此也将使人生变得有意义。

其实，我们这些凡夫人由于罪业深、疑心重的缘故，纵然听到千佛的功德、百刹的赞颂，可是甚至连动身、微笑的稀有欢喜之心也没有，仍然面无表情、神志恍惚地坐在那里；而当听到某处发放了广大财施，或者一个歹徒制造了多起人亡马翻的事件，或者某户拥有许许多多的财富、牲畜时，不但认为这是确实可信、无可怀疑的，而且甚感稀有，于是便以手捂口、双手拍膝、张大嘴巴、睁大双眼，（现出种种表情、动作，）这种人即是所谓的“即使佛在空中飞行也不生信心”之辈，

还有比这更可怜的吗？

修持解脱之唯一入门，以信心祈祷阿弥陀佛、念念不忘其名号，则与长期修持的长寿食子无有差别。

谁闻阿弥陀佛号，
表里如一自深心，
仅生一次诚信心，
彼不退转菩提道，
顶礼怙主无量光。

此外，何人听到阿弥陀佛名号后，并不是装模作样、口是心非，而是表里如一，从心坎深处或者骨髓之中，不用说数数生起，甚至仅仅一次生起诚挚的信心，他自此便获得了证悟菩提的种子，并将逐渐趋入不退转大菩提的圣道。仅仅以听闻名号，便可获得如此广大的利益，因此我们一定要从心坎深处顶礼怙主无量光佛。表里一致、诚心祈祷、生起坚信十分重要。诚如大成就者珠巴上师说：“上师传法赐灌顶，心中无有无实义，弟子闭目并合掌，心中无有无实义。”空口虚谈无有任何实义。这里所说的仅以听闻名号便进入不退转菩提道，对于即将往生极乐世界的入道菩萨来说，这一词义可直接理解；如果是可往生极乐世界的未入道者，则密意是指已经获得了将来趋入不退究竟菩提的种子，这也是阿弥陀佛往昔的发愿力以及听闻诸佛名号的功德所致。因此，我们必须明确掌握本义。如《弥陀经》中说：“任何众生闻阿弥陀佛名号后乃至一发心诚心生信、欢喜，彼等皆可获得不退转无上真实圆满菩提。”

闻佛阿弥陀名号，
乃至未获菩提间，
不转女身转贵族，
生生世世具净戒，
顶礼善逝无量光。

无论男子或女人，如果听到一次阿弥陀佛名号并能受持，那么自此直至未获得究竟佛果之前，永远不会转生为低劣的女身。如今的所有女人，倘若听到阿弥陀佛名号，则现在的这个身体就是最后的女身，来世不需再转为女子，这也是阿弥陀佛往昔所发的宏愿。

一般来说，女人烦恼粗重、地位卑下，无有修法的自由，如若出家则对佛法有害等等（有许多过患）。如邬金莲师（邬金林巴的伏藏品中）说："无戒沉迷之僧人，无誓言之愚咒士，无信心之恶女人，此三无处不生也。"有些蛮横无理、无有信心、不知羞耻的女人是一切罪过的根源，也是损害佛教的唯一怨敌。虽然以罪恶引业感召而投为女身，可是作为由善心满业而感的有些信心十足、知惭有愧、明晓善恶的女子，则正如所谓的"身体低劣境界高"，一百个坏男人也无法与之相提并论。

虽然未转生为女人，但如果是生在低层的屠夫、卖酒、阉割、猎人、天葬师等恶劣卑贱种姓中的人也是同样，如若听到阿弥陀佛名号后受持，则永远再不会投生在那些卑劣种姓中，而转生到法王、大臣、婆罗门、上师、父辈修法等那些上层高贵的种族中。

如今的五浊恶世，可以说几乎没有护持种姓的人，常常存在国王行持正法而太子却胡作非为、父亲修持佛法而儿子却作恶多端的现象。

在佛教里，种姓、门第并不重要，重要的是修持正法。而且修行的所依身体最好是出家身份，这是一切身份之王，所有的种姓中居于首位的是（皈依、出家等）三宝种姓。所以说，如果听闻阿弥陀佛名号后受持，则生生世世会获得受持戒律如意宝的殊胜出家身。当然如果成为破戒者也就无有实义。因此，要获得持梵净行、不染细微过患、内外清净犹如莲花般的具净戒身体。为此，顶礼善逝怙主阿弥陀佛您。

我们也要这样来发愿：愿我生生世世中获得具足戒律的出家身份。如果仅以听闻阿弥陀佛名号便可以获得如此善妙的身体，那么欲求出家后护持清净别解脱戒的僧人们专心致志地祈祷阿弥陀佛，这一点相当重要。所有菩萨在没有获得圣果之前，也是害怕在家的过患而唯一发愿出家。如《普贤行愿品》中说："我随一切如来学，修习普贤圆满行……常得出家修净戒，无垢无破无穿漏。"《入行论》中云："我未登地前，愿蒙文殊恩，常忆己宿命，出家恒为僧。"如果现在祈祷阿弥陀佛，将来也不会生于出家障碍最大难以抛下财富王族一类的过于富贵种族，也不会转生到无有顺缘资具乞丐之类过于贫穷的家中，转生到这两种家族中都是出家的违缘。

从前，一位不行正法的国王生了一个信仰佛教、行持正法的太子，那位太子目睹父王以非法治国以后，暗想：父王死后，我也将以非法执掌国政，这样一来，必将堕入地狱。于是向父王请求出家，却未获许可。一次，那位太子看到一位拄着拐杖、拿着破碗沿街乞讨的穷人，就问他：“喂，我因为生于国王这样富足的家族中不得出家，你为什么不出家呢？”乞丐说：“我没有钵盂等资具。”太子为那个乞丐提供了出家所需的一切资具，让他到一位仙人前出家，并说：“你若获得了少许殊胜功德，也要讲给我听。”乞丐应允后义无反顾地离去，后来通过修行而获得了缘觉阿罗汉果位。他犹如天鹅王般从空中飞到太子面前显示神变。太子知晓后顶礼其足，并说：“你获得了如此功德啊！”阿罗汉回答：“是的，我已经获得了。”太子心想：此人从前未得出家是因为沦为乞丐，我未能出家则是由于生为富贵的太子。此次，我以令此人出家并供养资具、恭敬承侍的善根回向发愿，他说：“不生过富家，不转贫穷家，唯生中等家，恒常得出家。”当时的那位太子，即是舍利子尊者。

此外，包括在家男女在内能够如愿以偿的因就是依靠祈祷阿弥陀佛、行持断除杀生等一分善业而发愿生生世世得以出家。当见到一位僧人时，不应当像狗看到青草一样（无动于衷），而要发愿：愿我生生世世也获得这样的身相。

往昔，印度的国王、施主们到了白发苍苍的时候便会说：“现在已出现死相了。”于是舍俗出家。世尊曾说：“老时具戒得安乐。”

如今的在家男女们在有生之年也不要一直紧紧抓着狗窝般的家室宁死不放，在子孙后代长大成人能够自立之时，自己最好出家为僧，受持戒律。即使不能出家，但如果能守持一分居士戒，那么也会今生幸福后世得乐，并且将来至尊弥勒佛出世时转生为他的眷属而获得解脱。如世尊曾说：“诸在家众如住于火坑，诸出家众如住于凉室。”又说：

“纵诸在家者，指甲上耕田，吾之出家众，生活无贫穷。”

看一看在家人的过患与出家人的安乐以后好好想一想，当能够放下一切的时候，就会发自内心欢喜出家。从前，印度舍卫城一位名叫得洛的婆罗门有一个好似魔女般的恶劣妻子，膝下无子却有七个女儿，她们都已嫁人。每当她们与丈夫返回娘家时，婆罗门的妻子总是粗言恶语怒骂他们，他们也是憎恨、损恼父母，并且婆罗门的妻子对婆罗门也是生嗔、折磨。到了耕地时节，因为家境十分贫穷而没有一头牛，于是便向邻居借了一头，老婆罗门前去田中（耕地），结果不幸将牛丢了。他十分沮丧，心想：我往昔造了什么恶业（今生遭受如此果报）？现在如果回家，定受妻子折磨，女儿、女婿们也不让住，又把邻居的牛丢了，现在该怎么办呢？他悲伤地坐在那里。这时，他看到身着僧衣的世尊寂静调柔地安住在远处的一棵树下。于是走了过去，倚靠着手杖不停地观察，心里不禁想：这位沙门实在安乐，他既没有恶劣妻子的嗔恼，也没有坏女儿、坏女婿的折磨，到了耕地时又不需要借牛，此人真是无忧无虑呀！世尊对他的心思一清二楚，于是说道：“婆罗门，正如你所想的那样，我的确无有任何烦恼。如果没有恶劣的妻子，怎么会遭受她的损害呢？也不会有七个女儿、女婿的损恼，又无有要耕的田，也就不会有丢失牛的忧愁。婆罗门，你愿意出家吗？”老婆罗门说：“我现在把家当作尸陀林一样，妻子、女儿看成怨敌一样，那么我还有什么舍不得的呢？如果世尊开许我出家，我为什么不出家呢？”经世尊开许后，老婆罗门得以出家，最终获得了阿罗汉果位。

思维一下这种道理，高低、强弱所有人都要争取受出家戒而守持一分学处，以便在相续中播下受持律藏的种子。

如今总的教法已趋于隐没，尤其律藏如意宝已接近唯持形象期了。大慈大悲的佛陀再三说：“边地魔军蜂拥而至之时，首先律藏如意宝会隐没。如此灵器[23]与禳解[24]等（修法仪轨）不会隐没，即使隐没也一样。”

[23] 灵器：供施代替品。用彩线绕成或用糌粑捏成日用品、牲畜、房屋等模拟物。用以供神者称为上供灵器，用以布施鬼类者称为下施灵器。

[24] 禳解：念经修法以禳解灾难的仪轨。

现在需要思维持名号的那些功德而作顶礼，并在自己前方的虚空中观想：本体为根本上师、形象为怙主阿弥陀佛，居于主位，由十方三世的所有皈依处（佛、菩萨）所围绕。再观想：自己的右侧是现世的父亲，左侧是母亲，前面是一切怨亲债主，周围六道众生就像被宴请的宾客一样聚集在一处纷纷顶礼、嗡嗡祈祷。（我们在顶礼时）不能慌慌张张、散漫放逸，而应寂静调柔、具有正知正念，并观想合掌的中间有如意宝。以猛烈信心合掌于头顶时观想：顶礼诸佛菩萨之身，愿净除自他一切众生的身障，究竟获得正等觉的无见顶相；合掌于喉间时观想：顶礼诸佛菩萨之语，愿净除自他一切众生的语障，最终获得佛的法语螺音；合掌于胸前时观想：顶礼诸佛菩萨之意，愿净除自他一切众生的意障，最终获得佛的智慧吉祥结；五体投地时观想：顶礼佛菩萨的身语意功德事业，愿同时净除三门的障碍，究竟获得五身五智。不能这样观想的人，如果能够一边在心里想顶礼怙主阿弥陀佛您，愿净除自他一切众生的所有罪障、习气而得以往生极乐世界，一边虔诚、恭敬顶礼，这也可以。

并依次念诵："顶礼供养皈依真实应供、善逝、出有坏、圆满正等觉阿弥陀佛。顶礼供养皈依真实应供、善逝、出有坏、圆满正等觉药师琉璃光如来。顶礼供养皈依真实应供、善逝、出有坏、圆满正等觉释迦牟尼佛，顶礼供养皈依八大随行菩萨。"再诵："顶礼阿弥陀佛尊，加持往生极乐刹。"之后念诵："敬礼远近无别故……顶礼善逝无量光。"让大家一同进行顶礼、观想、念诵顶礼偈，如此完毕后坐在坐垫上念诵顶礼增补咒："纳么玛则西日耶，纳么色西日耶，纳么厄达玛西日耶梭哈。"这样一来，顶礼一次将感受尽自己身体以下所覆盖的乃至金刚大地以上所有微尘数的转轮王之安乐等果报。如《胜出天神赞》[25]云："谁以诚信或欢喜，及与散乱或疑心，顶礼如月之能王，将获天人圆满乐。"而且此人往生极乐世界后，定会面见阿弥陀佛尊颜。此处，如果法会中间休息，应回向善根。

[25]　《胜出天神赞》：是赞颂释迦牟尼佛的一部颂歌，古印度佛学家商羯罗主所著。

戊二、分三（对治吝啬或贪心之供养支）

一、真实供养；
二、意幻供养；
三、自成供养。

吾身受用及善根，一切真实之供品，
意幻七宝瑞相物，本成三千世界中，
十亿日月洲须弥，天人龙之诸受用，
意幻供养无量光，为利我故悲纳受。

己一、真实供养

如有“以净饮食作供养，以善意乐而印持”之说。所以，既不能供养污秽的饮食、陈旧的衣服等低劣物品，也不能供养通过盗窃、掠夺或以谄诳等手段得来的邪物，而要以清净殊胜的意乐供养自己往昔所积累或者最近辛勤劳作获得的洁净饮食、服饰等。如果自己的饮食只能自给自足而一无所剩，那么首先陈设于三宝（所依）前作供养，然后观想三宝赐予我悉地，这样自己享用也可以。我们应当供养我执的三种事物（身体、受用、善根），即供养自己所珍爱的身体，滋养身体所需的饮食、财物、牲畜、住宅等一切受用，以及三世所积累的一切善根，这也是修心。尽管我们现在不能够做到真实供施自己的身体及一切受用，但是要观想：以承侍阿弥陀佛的方式供养身体，从而断除所谓“我的身体是我”的这种执著，之后精勤行持令一切众生往生极乐世界之事业；为了在临终时不贪执受用，从现在开始就要供养一切受用；将一切善根观为（普贤）供云而作供养。真实财物中的供水、净足水、鲜花、薰香、涂香、酥油灯、香水、神馐、乐器等所有一切供品，也要根据自己的经济条件而作供养。

拥有财物的那些富人是由于往昔曾积累福德所致，如今成为富翁的，现在更应该充分利用所拥有的财食受用来积累福德；无有财物的人们是因往昔未曾积累福德而导致如今成为穷人，现在虽然十分贫穷，但是包括乞讨得来的饮食在内，都需要作供养。所以，富者不应死守不舍，穷人也不能以无有为借口而将供养当作付税一样。人人都要尽己所能来积累福德。

己二、意幻供养

将非真实拥有而是意识幻化的供品——镜等八瑞物、伞等八瑞相、金轮等轮王七宝……有寂一切圆满财富作意幻供养。这些供物，除了佛菩萨等具广大福德者之外，其他人很难拥有。因此，若有这类画像或塑像，就把它们观想成是真实的供品来作供养。在家男女们将七八粒青稞、大米、奶渣等供品观想成八瑞物、八瑞相、轮王七宝作供养也同样（获得功德）。

接下来对这些供品略加说明：

①宝镜　②牛黄　③奶酪　④吉祥茅草
⑤木瓜　⑥海螺　⑦黄丹　⑧白芥子

八瑞物：昔日，色界天女持光母供养世尊明镜，佛将它加持成吉祥物。同样，自己也可供养清澈、明亮的白银镜，愿自他一切众生证悟正法实义。依此类推，如村姑妙生女供养世尊奶酪，自己也可供养奶酪，依此愿获得禅定食；如护地大象之子供养牛黄一样，自己也供养牛黄，依此愿遣除烦恼疾病；如卖草童子供养吉祥草一样，自己也供养吉祥草，依此愿获得无有生死衰老之身；如木天女供养木瓜一样，自己也供养木瓜，依此愿逆次清净十二缘起而获得涅槃果位；如帝释天王供养右旋海螺一样，自己也供养海螺，依此愿能发出法语妙音；如星王婆罗门供养黄丹一样，自己也供养黄丹，依此愿慑服三界；如金刚手供养白芥子一样，自己也供养白芥子，依此愿圆满殊胜能力。就这样来意幻供养。如果供养明镜，则可获得善妙色相、聪明智慧等相应其因的果报（其他都可依此类推）。

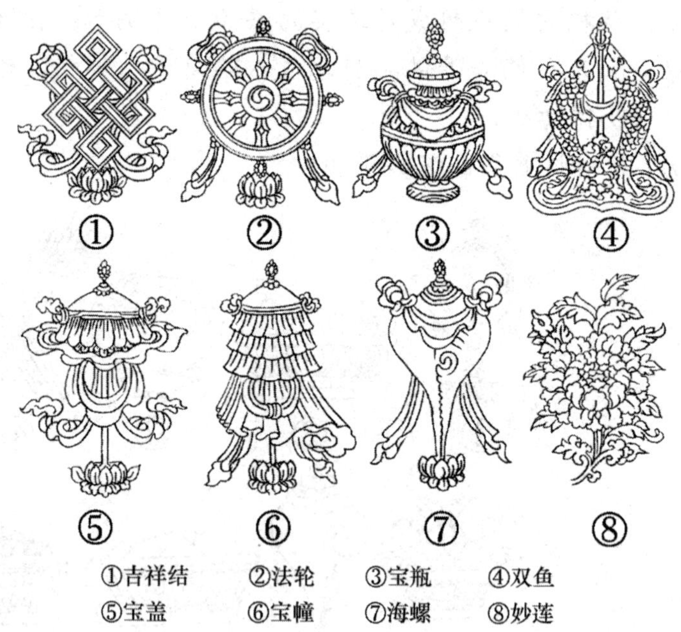

①吉祥结　②法轮　③宝瓶　④双鱼
⑤宝盖　⑥宝幢　⑦海螺　⑧妙莲

八瑞相：梵天等供养佛陀并且佛自身也具有头如伞盖等各种福德、智慧力而成的不同妙相。为了自他一切众生积累福德，我们可观想八瑞相的形象来意幻供养。具体观想如下：以具有金柄、飘曳的各种绸缎、宝顶严饰的白伞供养阿弥陀佛头部，依此愿解除自他一切众生烦恼的酷热；以具璁玉（松耳石）鳍、柔软纤细的金鱼供养佛眼，依此

愿得智慧眼；以鲜艳夺目、妙香芬芳的千瓣莲花供养佛舌，依此愿犹如莲花不住水般虽住于轮回中却不为轮回过患所染并生生世世获得断除妄语、宛如莲花的舌根；以表示菩萨为利他众而投生的吉祥右旋法螺供养佛牙，依此愿获得四十颗皓齿享用殊胜美味，并从螺齿间发出圣法妙音；以如意树严饰瓶口、充满无死甘露的宝瓶供养佛颈部，从而愿自相续如盛满精华汁液的宝瓶般遍满正法，满足所化众生的心愿；以虹光自性的珍宝吉祥结供养佛的智慧，依此愿自相续中获得佛的无始无终、难以揣测的智慧力；以代表佛法永不隐没、天物形成、无价之宝的飘曳绫罗胜幢供养佛身，从而愿击败异方的一切辩论并获得相当于普通人身量三倍的佛身；以表示彻底斩断三有之烦恼网的法轮供养佛足，从而愿慑服一切外道并以广转三乘法轮调伏所化众生之相续。如是意幻供养八瑞相，愿自他一切众生享受吉祥圆满如海的安乐，带着这种发愿而作供养。

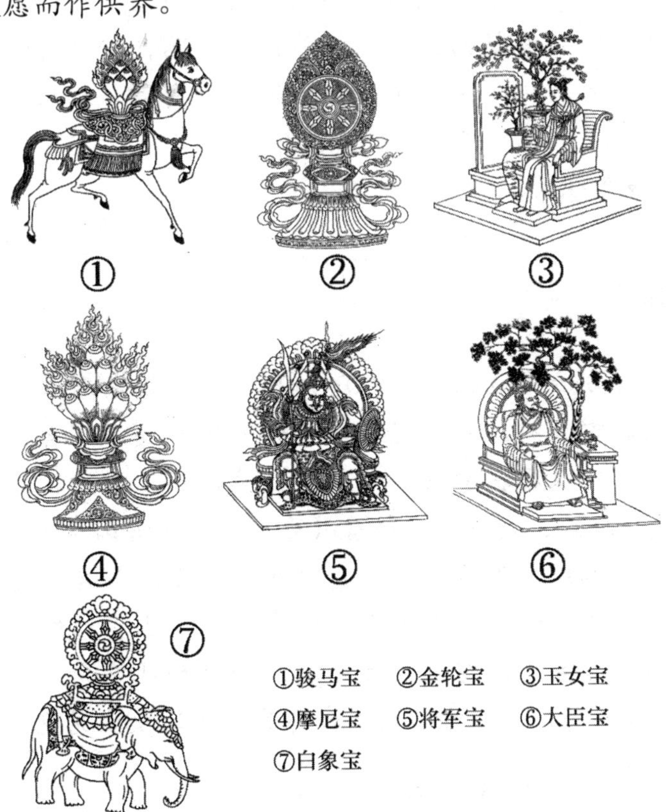

①骏马宝　②金轮宝　③玉女宝
④摩尼宝　⑤将军宝　⑥大臣宝
⑦白象宝

轮王七宝：金轮宝：昔日，转轮王们在皇宫顶层说谛实语后，以其福德力金轮从东方虚空中降落到国王面前，依此可以随心所欲周游各处，以金轮宝引导行进的同时，其余轮宝也随之而至；神珠宝：颜色碧蓝，毫无瑕疵，所放出的光芒可照亮八十由旬的范围，以此能力遣除四大洲一切众生的贫穷，如意满足一切所愿等具有许多功德；玉女宝：相貌端庄，令人见而生喜，远离女人的一切过患，具足功德，天生具有悦意的妙香、所触等；大臣宝：财富受用犹如多闻天子一样圆满，假设国王下令使三千大千世界遍满黄金，那么他一刹那间便可办到，并且具有慷慨博施的福报；白象宝：具有六颗灰白牙齿及红色顶髻，身体高大，覆盖宝珠瓔珞，具有一千头普通大象的力量，神速无比，诸如护地大象之子；骏马宝：身色湛蓝犹如孔雀颈羽般让人赏心悦目，无有疾患，嘶叫声传遍整个南赡部洲，知道国王心中所想，因此称为骏马，一日内可转绕南赡部洲三次，迅疾如风，诸如巴拉哈马王[26]；将军宝：具有坚韧毅力，极为擅长技艺，并具有作战的善巧方便，随行有四大军队，仅以挽弓便令对方所有敌军胆战心惊、望而却步，威风凛凛、势不可挡，诸如帕吉波国王。

这以上是意幻供养。

己三、自成供养

自成是指最初世间形成时，由众生共同业力逐渐形成的三千大千世界的百俱胝数四大洲，所有这些四大部洲每一洲都拥有百俱胝的须弥山、日、月等，以及表示五供的五种自然供品。五种自然供品是指东方日月灯火（灯），南方旃檀妙香（香），西方雪山食子（食子），北方清澈甘泉（水），下方遍地金花（花），上方苍龙乐音等供品。此外，将上方天界的受用、下方龙宫的受用、地上人间的受用全部以意念取来，供养怙主阿弥陀佛及其眷属，并且如此意念：您们虽然没有受供的近取（执著），但为了利乐我与其他一切众生究竟获得佛果，

[26] 巴拉哈马王：从罗刹洲引导众生的马王，是观音菩萨的化身之一。

暂时往生极乐世界，祈请您们以大慈大悲心接受，并以欢喜心享用。如果我们有这样观想供养的能力，那么佛菩萨们绝对具有享用的能力，如续部中说：“诸三千界中，所有佛刹土，以欲妙严饰，供养圆满佛。”这一切自成供品全部是由众生共业形成的，所以没有执为你的、我的，任何人都可以供养。从供品本身来说，也是世俗缘起的游舞，因此了知这些仅是名称假有而已，并不成立实有，这一点尤为重要。如《大方广宝光明经》中云：“了知供谁如虚空，何者无缘亦无执，彼为最胜之供养，尽获超思无量智。”因此，对于真实道的供养来说，执著有实即是一种过患。如《汇集经》中云：“如享杂毒之食物，佛说缘白法亦尔。”然而，在家人以信心恭敬心作供养完全是可以的。

因此，我们见到乃至清清的泉水、美丽的花园、自他美妙的服饰物品等所有悦意之物都要以意念供养阿弥陀佛，并说：“祈愿自他众生往生极乐刹。”这样做顺便之中就可以圆满资粮。人们前来求法时，也不应两手空空，虽然正法与上师不需要财食，但这样会耗尽自己的福德。死亡之时，哪怕你的财产受用多如须弥山，也无有权力带走芝麻许，不得不赤手空拳、默默无语地离开人间。如今自由自在的时候，即使再多么贫穷，也必定会有一把青稞、一捧大米，甚至如果从路旁采几束鲜花手持而来（供养说法上师），也有巨大利益。

现在我们这些人当中存在着这种现象：无论是断除恶业，还是供养等行持善法，对于广大之事怯懦不为，对于微小之事心不满足，认为仅此无关利害而不屑一顾，这样的话，如何能做到断恶行善呢？《大悲白莲花经》中说：“观想佛若仅向空中抛一朵花，其善根我以善逝佛智也难以衡量、宣说。”又《妙法莲华经》中云：“若人散乱心，乃至以一华，供养于画像，渐见无数佛。”因此说，今生来世一切善妙的根本积累——福德资粮极为重要。尤其是，在举行大规模极乐法会时作供养，因为既有密宗的仪轨，并且僧众中也有数多的高僧大德，而且具足加行、正行、结行等，所以有巨大的变数（数量成倍增长），因此应当精勤供养。

有财富的人如果不慷慨上供下施，就如同守护宝藏的饿鬼或头具宝珠的毒蛇以及老狗（老狗守骨）一样，对自他均无有利益。这些财产受用也是与怨敌盗贼共同享用，或者成为争论之因。如律藏中说：“倘若一鸟衔肉块，余鸟见后随围绕，如是了知欲妙过，当如犀角独自行。”如此，遭到强者掠夺、卑者盗窃，或被鬼神、损耗鬼[27]所毁。鄙劣者（下等者）所积累的全部财产耗费在争吵、打官司之事上；中等者所积财产全部耗尽在宴请亲朋好友上；高尚者（上等者）则将所积财产全部用于正法方面（上供下施）。前两种人（将财产）无义空耗，如果将其用于正法方面，则犹如商人放高利贷或在良田中播下种子一般，结果今生来世的受用会成百倍地增长而不会耗尽。不仅如此，财产还有最初积累的痛苦、中间守护的痛苦、最后无常毁灭的痛苦，犹如夏季洪水泛滥一般。如《别解脱经》中云：“财富如流水。”虽然有些人以自己往昔所积善业，而在某一世中拥有无尽财产受用，但如果他们没有（用这些财富）来上供下施，那么今后也将是一无所获，往昔所积善业将在此生耗尽无余。如寂天菩萨说：“积护耗尽苦，应知财多祸，贪金涣散人，脱苦遥无期。”所以，我们思维财产是痛苦之根源、无有任何实义后应当上供下施。

如今，藏地的国王（所执有的财产）也无法比拟往昔印度富裕的大施主（所拥有的财产），这是由于福德浅薄及正值日趋直下的劣缘恶世所造成，又因为吝啬心重、不知因果而导致未能积累暂时的福德。拥有少许财食之人为吝啬所缚，自己既不享用也舍不得上供下施，如同一条无牙的老狗守着干瘪的骨头一样。昔日，阿底峡尊者初来藏地时说：“在你们藏地，甚至没有一个享受供施一把青稞果报的人，简直成了饿鬼世界一样。”的确如此。正如“微小种子生大果，少量种子产众果”的比喻一样，对于殊胜的对境（福田）哪怕只是供养一粒米，也会获得广大、众多的果报。所以，如今在我们藏地被公认是富翁的那些人，也难有往昔仅仅供施一碗青稞的果报。

从前，我乳转轮王所拥有的统治四大部洲以及与帝释天王平起平坐的广大福德与权威，这也是往昔供养德护如来七粒豌豆的果报。又

[27] 损耗鬼：专吃食物精华和损耗财物的一类鬼怪。

如：从前，松西城市一位名乐的施主，其福德十分广大，空空如也的仓库仅看一眼便会盈盈充满，他及妻子、儿子、儿媳、男仆、女仆六人都是仅以意念便如愿以偿，一点点饮食到了他们手中会成百成千倍地增长等等。他们这六位具有无比广大福德之人，后来于世尊面前闻法而获得解脱。那么，他们因什么善业而成为这样的呢？往昔，在鹿野苑境内，梵施国王执政期间，发生了一场十二年之久的饥荒。当时，有位施主的仓库全部空空荡荡了，在清扫仓库时收集了微乎其微的一藏升粮食，随即将米煮熟。这时，一位独觉比丘来到他家（化缘）。那位施主想：现在我将自己分得的这一份微量米饭吃了也无济于事，终究免不了饿死，不如把我的一份供养这位比丘。随后将想法告诉妻子，妻子也赞同此事。又对儿子、儿媳、男仆、女仆讲了，他们全部赞成。于是将所有的米饭集中起来供养了那位比丘。因那位比丘是一位阿罗汉，所以显示神变使他们生起无比信心而发愿。以此福德力瞬间使空空的仓库全部充满财宝，并且结束了整个国家的饥荒劫。从此以后，他们一家六口任何一世都转生于富足之家，甚至连乞丐、饥荒之声也未曾听过，最后于释迦牟尼佛在世时变成如此具广大福德之人。

所以说，以清净的意乐虽然供养微不足道的物品，也会获得广大利益，正如所谓的“小小花朵也是供品”。思维此理后，看到那些虽拥有财富，却仍然贪得无厌到处苦苦寻觅的人，真如《广大游舞经》中所说的“喜爱一切欲妙者，如饮盐水无厌足”一样。即使三千大千世界的所有财产受用为他一人所拥有，他也不会满足，就像“人有财发疯，畜有草发疯”[28]的比喻。在内心没有知足之前，始终不会停止积累财产，这真是无财不贫穷，有财反贫穷啊！

可以见到富如山王的人，仍不知满足，还要为了芝麻许的利益奔波忙碌，最终自己的饮食未曾用上便为财产丧命。从前，秋收时节，一个人挑着一担豌豆行路，途中他将那担豌豆放在一棵树下，就去解小便了。这时，一只猴子从那棵树上下来抓了一把豌豆，在爬树的过程中一颗豌豆落到地上。老猴子扔下一把豌豆，去找那一颗豌豆。恰

[28] 这句话意思是说，世人越有财产越贪得无厌，牲畜草料越多越不好驯服。

巧那人回来了，他抛出一块大石头（击中了猴子），结果老猴子丧了命。那里的一位天人说道：“舍弃一把豆，而寻一粒豆，历经百般苦，此猴真愚痴！”

还有些富翁将优质的财物贮存起来，自己使用下劣的。有这样一则例子：在古代，一个猎人放毒箭，射中了一头大象，大象也杀死了他。这二者都死了。不久，五百名盗贼来到此处，看到了大象的尸体。因为当时正值饥荒年间，于是他们立即进行分工，一半人煮大象肉，另一半人去提水。这些盗贼还有少量的赃物要分，因此煮肉的一部分人心怀鬼胎地想：我们尽量多吃象肉，将剩下的肉放上毒药，那些挑水的人吃后便会死亡，这样我们就可拥有所有的财物。商议后就这样做了。而提水的人们也生起了同样的恶念，首先他们把水喝得饱饱的，然后在剩余的水中放上毒药提回来，结果所有的人全部命绝身亡。此时，一只饥饿的老狐狸也随因缘而来到了这里，看见所有的尸体，它生起了强烈的贪心，将全部尸体归为已有。因为吝啬者的本性是将好的贮存起来而使用不好的。老狐狸心想：我现在拥有了大批食物，这些应当逐渐来吃。想到这里，它首先准备吃那些坚硬的弓，于是便将弓鞘放在嘴里一拽，结果弓弦断了，弓鞘触进它的上腭，老狐狸也就此一命呜呼。那里的一位天人说道：“积累尚情可，不应过分蓄，且看因贪积，愚狐死弓下。”

同样，有些富裕之人为吝啬所缚，箱子里已塞满金银财宝、精美绸缎；仓库里已装满茶叶、酥油、肉、青稞；山坡草原上遍满了马牛羊群，仍然还希求积累（更多的财产），总是担心所积财产会用完，并且穿的也是破破烂烂，显出一副穷酸相；吃的也是清水加糌粑的粗茶淡饭[29]，就这样可怜度日。这些人一旦遇到违缘骤然暴死或者因为财产而遭到怨敌盗贼杀害，就成了那只老狐狸一样。思维这一道理以后我们一定要上供下施，合理地使用自己所拥有的财产、受用。如古大德们说：“辛勤如山王，不如积星福。”

当今时代，富裕的人们有这种说法：“我们是凭着自己的本事、

[29] 按藏族的习惯，吃糌粑时必须放酥油，除非极为贫困无有酥油，万不得已才不放酥油。

通过辛勤劳作积累这些财产的。”但事实并非如此，这只不过是他将自己往昔所积累微乎其微的善果误认为是现世暂时的辛勤努力而成为这副境况罢了。如果不需依靠丝毫福德仅仅凭着辛勤努力就能够积财的话，那为什么如今到处可以看到：有些人尽管终生勤勤恳恳却一辈子历尽苦难，今年富富有余，明年却一贫如洗，虽然于有生之年辛辛苦苦、兢兢业业，但是死的时候竟然无有烧一次焦烟[30]之物；另有些人收集信财亡财、经商务农，以及盗窃、掠夺、欺诈，包括为别人雇佣获取工钱在内（千方百计获得财产），简直就像要“从石头里抽出血，从鸟儿体内吸出骨髓”一样精勤收集、积累财物，尽管如此，他们却只能勉强糊口而一无所剩；而有些人既不需要通过劳作聚集信财亡财，也不必以经商牟取利润或以打猎偷盗积财等，一切财产都是不劳而获，无财也不需寻求，有财不会损耗，其实这都是在自我感受往昔所积的福报。从诸如此类的现象来看，我们就会认识到是否需要往昔所积累的福德，譬如，如果想要有五谷丰登的好收成，就必须播下种子，只是在荒芜的田地里辛勤耕耘，终将一无所获。

当前，那些不懂业因果的人们企图变成富翁，便从事经商、进行盗夺、猎杀野兽，他们的所想与所行完全背道而驰。如若想成为富裕之人必须进行上供下施，除此之外，任何佛陀也未曾说过依靠经商牟利等可变为富翁。佛在经中说：“强取暴夺者需要以贫穷还债。”假如以自己的宿业而从事经商等，虽然今生获得了少量财食，而为此所造的恶业果报必将在后世感受。既然如此，那么仅仅为了现世的温饱又何必要令此人身成为恶趣的坠石呢？我们获得暇满人身时，以所积福德得到的受用来维生。否则，以造恶业苟活于世，这在鹞鹰、豺狼等旁生中也是有的。

尤其是，看看那些依靠猎杀鹿子、獐子许多野兽获取众多银币的人们，他们家中是否有银库呢？如果按照他们所获得的银币量来看，那么他们家应该有银库，可事实却并非如此，这些人非但没有宝库反而是负债累累，债台高筑。正如所谓的“无功德者之信财，罪犯骗子

[30] 烧焦烟：这是藏民族超度亡人的习俗。

之受用，得时虽有积时无，积财无有实义也”。而且，猎杀众多野兽之人的家中也是一无所有，食不果腹，衣不蔽体，奶牛无有酥油、牛奶，食品无有精华营养，人们无精打采……这是因为：野兽是非人的家畜，杀了这些牲畜，饿鬼们会跟随猎人而来，窃取、夺去他们家的福寿。

所以，具有万贯家财的富豪直至用象、马来供施，一贫如洗的穷人哪怕用一针一线的财物进行供施，从而获得各自财力所积累的福德。百年之中以唾液作饮料来解渴，以空肠作腰带来忍饥挨饿，辛辛苦苦地劳作不如在这样的极乐法会期间一日短暂的时间里作顶礼、转绕、皈依。观想怙主阿弥陀佛，即使仅仅向空中撒一粒米供养，其福德也是不可思议的。尽管由于往昔未曾积累福德导致如今不具备广大的供品，但是鲜花、净水等这些无主物是清净真实的供品，如果能以此供养阿弥陀佛，也有相当大的利益。可是，连这一点也不能供养的人，那显然是根本没有福报的标志。如寂天菩萨说：“福薄我贫穷，无余堪供财，祈求慈怙主，利我受此供。”

心态清净的人，哪怕是供养土石都可以。往昔，释迦牟尼佛与阿难尊者去化缘，行至途中。路旁有两位小孩正在玩耍，他们用土粉建造房屋等，并且说：“这是住房，这是仓库，这是如意宝。”一个小孩看见佛陀到来，无比欢喜，他捧了一捧说是“如意宝”的土粉来到世尊面前准备供养，可是他的个子太矮了，实在够不着。他便对另一个小孩说：“你向下弯腰，我站在你的身上将‘如意宝’供养在佛的钵盂里。”那个小孩也照他说的去做。他爬到同伴的肩膀上，站起来。这时，世尊也将钵盂拿低来接受（他的供品）。于是小孩把一捧土粉倒在佛陀的钵里。世尊将那些土粉交给阿难，并说：“将这些土粉和成泥涂在经堂的墙壁上。”并授记：“此孩童以供养一捧土粉的福德，于我涅槃百年后转生为南赡部洲的阿育王，另一个孩童变成他的大臣，他（阿育王）将来在南赡部洲瞬间内建成八万四千佛塔。”

有人终生含辛茹苦劳作也无法获得的财物，具有福德者一天便可获得。从前，王舍城的一对婆罗门夫妻，无论如何勤劳始终连温饱也解决不了，只能沦为乞丐。听说供养僧众斋食可变得富足，夫妻俩便将做乞丐、当雇工得来的所有食品供养僧众，并且婆罗门女也受了斋戒。当时，胜光王到城外消遣，返回途中遇到一名被绑在树上濒临死亡的囚犯。囚犯向国王索要食物。国王满口答应，可是回到王舍城后就忘了，到了午夜才想起。因为王舍城外半夜三更到处是魔鬼罗刹，所以谁也不敢去送食物。国王下令："在我的国境内，如果有人能于此时送饭给那个囚犯，奖赏黄金一千两。"其他人谁也不敢前往。那位婆罗门女心想：我今天已受了八关斋戒，所以一定不会遭到鬼神加害。于是她从国王那里领取了饮食，就在这深更半夜，毫不犹豫地向王舍城外走去。路上，碰到一个当天生下五百个孩子的罗刹女，那个罗刹女非常饥饿准备前来吃她。此时她心中正忆念着斋戒。罗刹女知晓后，惊恐不已，请求道："优婆夷，你把所带的饮食施给我一点儿吧！"于是婆罗门女施给它少许，以居士戒的加持力，这少量的食物变成了许许多多，使罗刹女和她的孩子都得到满足。罗刹女十分高兴地告诉她："我住的这个地方，有一个金瓶，供养给您，请带走吧！"她得到一个金瓶。此后，她又饶益了许多类似的其他鬼神，那些鬼神非但没有损害她，而且又向她供养了三个金瓶。（到达目的地，）她将饮食交给犯人后便返回王舍城。胜光王将一千两黄金也赏给她。从此以后，夫妻俩生活变得非常富裕，他们也知道这是因为供养僧众得来的福报，所以也就更多地供养僧众斋食，结果变得越来越富有。后来，那位婆罗门成了胜光王的大臣。由此可见，仅仅以乞讨来的饮食作供施以及在一天当中受持一个斋戒，现世中也成熟顺现受业[31]的果报，那么何况说是后世呢？

然而，人们中普遍存在这种现象：因辛勤劳作所获得的成果，或者以所积资粮而拥有财产时，无有施舍心，当有了施舍心时又无有财物，施舍心、财物这两者很难同时具备。虽然有心力，但如果不具足财力，也无法实现上供下施。因此，大家一定要以余下的财产乃至空器以上的财物来积累资粮。

很久以前，有一对富裕的夫妻，在财产装满仓库富足的时候，未

[31] 顺现受业：顺现法受业，今生所造强有力业，即于今生受果报者。

能上供下施，最后沦为乞丐。他们担心今后世世代代会成为乞丐，便在昔日所有那些已空的库房里仔细寻觅，竟然找到了一枚金币。于是他们将金币放在装满净水的瓶子里供养僧众。僧众用这瓶净水来洗脚并将金币用来买花，享用了（他们的供品）。以此福德，这对夫妻无论转生于何处，刚一出生时，家中便会出现一个八肘高的沐浴池，在池中装有许许多多的金币。

从前，印度的一位富裕施主生了一个相貌端庄、身着珍宝白衣的具相之女，与生俱有的妙衣也伴随她一起长大，因此给她取名为白母(或白衣)。这位白母唯一虔诚信仰佛法，后来出家时，衣服也变成了法衣，最后她证得阿罗汉果。（众眷属）请问世尊："此白母比丘尼往昔造了什么业而成为如此？"世尊讲述："从前，有一对以乞讨为生的夫妻，他们除了一件衣服以外无有任何可穿之物，谁出去乞讨时便穿上那件衣服，另一个人就躺在土堆里。一次，妻子说：'我们俩因往昔未曾积累福德而成为这种惨状，现在将这仅有的一件衣服供养佛陀以积福德吧。'可丈夫却不以为然。一天，妻子看见一位化缘（比丘），便委托他将衣服供养圆满正等觉佛陀，她自己躺在树叶下面。那位比丘代她将衣服供养佛陀。佛陀也作了回向。当地的王妃听说此事后诚心随喜，并将身上的一套衣服及所有的装饰全部给了那位贫女。结果她即生也成了富裕之人，而且在许多世中都获得妙衣。这位贫女即是现在的白母比丘尼。"

律藏中也说："莫想善微小，无益而轻视，水滴若积聚，渐次满大器，智者渐积累，可圆胜福德。"华智仁波切也曾在举行极乐法会时，让那些乞丐去乞讨，要求他们将讨来的饮食供养他。他老人家并非是无法得到供养，而是为了让那些乞丐积累资粮才如此做的。

要想知道前世造了什么业，看一看现在的这个身体（就可知晓）。如今这些富人的财产并非是从天上掉下来的，而是由往昔积累福德所致；现今的这些穷人们也不是遭到别人掠夺成为贫穷的，而是由于往昔未曾积累资粮以及造恶业所导致的。如今在场虽然有成千上万的出家僧人、在家男女，可是大家的福德却有大有小、各不相同，这也是

宿业迥然有别的缘故。例如，同一父母所生的孩子有好有坏，两户人家在同一田地里同时播撒种子收成也有好有坏……观察一下诸如此类的差异，就很容易了知业因果真实不虚的道理。后世将转生于何处，看看现世造什么业自然便会知晓。

因此，甚至乞丐们也应从乞袋、乞碗中取出饮食来上供下施。如果以善良的心念作供养，那么供品无有多少之别。此类公案如下：

从前，舍卫城有一个四处流浪、仅靠乞食维生的贫女名叫年嘎母。她看到国王、大施主等富裕的人们宴请佛陀及其眷属并供有许多酥油灯后，心想：我往昔造了什么恶业而转为劣种的呢？现在虽然已有幸遇到三宝这样殊胜的福田，却无有可积累福德的财食。想到这儿，她十分沮丧。一天，她到处乞讨结果得到了一枚铜钱，于是她用那枚铜钱买了一点儿酥油。尔后，兴高采烈地去经堂做了一盏酥油灯供在佛前，并发愿说："今为乞丐的我将这盏小小的酥油灯供养佛陀，以此福德愿我将来具有智慧灯并遣除一切众生的无明黑暗。"之后便离开了。当时，大目犍连尊者去经堂收灯器，发现其余的大油灯全部已燃尽，只有年嘎母的那盏小小酥油灯如同刚点燃般地燃烧着。他想：白天点灯没有意义，也很浪费，应在晚上佛陀传法时再点。想到这里，他便去熄灭那盏酥油灯，结果用了种种办法也未能熄灭。世尊看见后说："目犍连，停下来吧！身为声闻的您是无法熄灭那盏灯的，因为这盏灯是以利益诸多众生的广大发心供养的。"并授记道："年嘎母于未来时成佛，佛号灯光如来。"她也获得了成佛授记。[32]

此外，舍卫城有一位施主生了一个具相之子，刚出生时空中花雨纷纷，他长大以后出家为僧，最终证得阿罗汉果位，这是他往昔成为身无分文的贫女时见到一片遍满鲜花的草原以信心（意念）供养三宝的果报。此后她在九十一世中转生于富贵之家，并且每次刚出生时都是天降花雨。[33]

另有一位老贫民，去耕地时带了一罐稀粥。他看到当地的人们供

[32] 此公案详见《贤愚经·贫女难陀品》。

[33] 此公案详见《贤愚经·华天因缘品》。

养佛陀而积累福德后，想到自己因造恶业而落到这种地步，便一筹莫展。世尊知晓后，来到他面前接受他的稀粥。老人欢喜地将一罐稀粥献在佛陀的钵盂里。佛陀作了加持后稀饭变成了许许多多，佛陀及其眷属尽情享用，并作回向后离去。当时老人所拥有的那一块田地里长满了金穗。胜光王（知道后）夺为己有，给了那位老人一些青稞穗田，结果这些青稞穗都变成了金穗，而胜光王抢去的金穗却变成了青稞穗。仅仅以供养一罐稀粥的福德，便彻底消除了那位老人今生的贫穷之苦。

从前，在一个边远山村举行的节日宴会上，许多大施主的妻子个个身着盛装，附佩饰品，在尽情嬉戏。一位乞女见此情景后不禁为自己的贫困而忧伤。当时一位独觉比丘来到此处，那位乞女生起信心，暗想：我是因为往昔未曾对如此之人作供养才导致如今沦落为乞，如果这位比丘接受，那么我乞袋里的这少量乞食，自己吃了也无有用处，不如供养这位比丘。这时，那位比丘手捧钵盂前来接受，她以信心、欢喜心供养了食物，并发愿说：“愿我生生世世不再受苦。”由此，她许多世代中都转为富贵之人，最后于释迦牟尼佛时，转生为一位富裕婆罗门的妻子，净除了所有恶业，于恰嘎尊者前闻法获得解脱。

对于殊胜的对境，供养小小的物品也会获得广大之果。昔日，圆满正等觉佛陀的衣服上破了个小洞。一位婆罗门见后从自己的白布上剪下一块供养佛陀，并说：“请您老人家用这块布补好衣服。”世尊接受了，那位婆罗门无比欢喜，以此善根他也获得了未来成佛的授记。[34]

若如此积累资粮，则会获得相应于因的如是果报。此类公案：

往昔，一位婆罗门的妻子因供养了一位独觉极为甘美的饮食，而于五百世中转为犹如天女所触般的身体，来世成为胜光王的王妃，名叫畅旦玛（具鬘母）。

婆罗门的另一位妻子，因供养色香味俱全的食品，而于五百世中转生为相貌端严之人，后世成为胜光王的另一位王妃，名叫雅策玛。[35]

往昔，迦叶佛涅槃后，眷属们建造遗塔时，一位商主之女在佛塔

[34] 此公案详见《贤愚经》卷13。

[35] 详见《根本说一切有部毗奈耶杂事》中胜光王两位夫人胜鬘、行雨的公案。

中柱上系了一面镜子，由此在多生累世中转为相貌庄严的富贵之人。后来转生为舍卫城一位施主的女儿，身体生来就有如太阳般的光芒。因此取名为贤光母。[36]

又有一位名叫斗得（力部）的施主生了一个福德广大具相的儿子，耳朵上天生便带有价值连城的珍宝耳饰，这是因为：昔日，迦叶佛的遗塔濒临坍塌，当时身为商主的他将自己的一个珍宝耳饰供养用来修复佛塔，以此福德在世世代代中与生俱来就佩有珍宝耳饰。

阿罗汉阿那律尊者的“天眼第一”是如何由来的呢？往昔，人寿四万岁时，拘留孙佛涅槃后，为其遗体举行法会时，许多盗贼来到那里。当时，盗贼首领的鞋子破了，看到佛塔内殿里燃着油灯，他便走进去补鞋子。这时，酥油灯暗下来了，于是他加了一个灯芯，使灯火更加盛燃，依此看见了佛像，他生起信心而将酥油灯供在佛像前并发愿说：“以此善根愿我具有天眼。”由此在许多生世中获得天眼。[37]

从前，一位贫女无有可供佛之物，于是她将所割的草卖掉，以所得的两枚金币供养佛陀，从而生生世世中两手掌心所出现的金币取之不尽，用之不竭。

此外，来自南方的五百仙人在前往中部地区的途中，因得不到水而口干舌燥，他们来到一棵树下向树神祈求道：“请赐予我们水吧！”从那棵树里出来一位右臂佩带珍宝饰品手拿金瓶的天人，以八功德水[38]使他们得到满足，之后便融入那棵树中。那些仙人问：“您是谁呀？以何业力转生于此的？”从树中发出声音：“你们南赡部洲的人很难相信，所以还是不说为好。”他们说：“我们已现量见到您了，怎么会不相信呢？请说吧！”树神说：“那么，请你们听好：我曾经转生为舍卫城的陶师时，一次来自各个地区的乞女们问我：给孤独施主的家在哪里？当时我伸出右手为她们指点。她们获得了财食而生起欢喜心。以此善业，我转生于四大天王的天界中，现住于此树中为疲惫干

[36] 详见《根本说一切有部毗奈耶杂事》中妙光的公案。

[37] 此公案详见《佛本行集经》。

[38] 八功德水：具有一甘、二凉、三软、四轻、五清净、六不臭、七饮时不损喉、八饮已不伤腹八种优美品质的水。

渴的人们提供净水，并且我的手臂也成了以珍宝饰品装饰的。”仙人们听后赞叹而去。[39]

此外，有一对夫妻生下一个相貌丑陋、遍体疤痕的女孩，父母秘密将其养大后逐出家门。她流浪到某个地方，悲伤地坐在那里。阿难尊者见后问她：“你为什么这么悲伤呢？”她详细地讲述了自己的经历。于是阿难尊者给了她妙香并说：“你将此妙香涂在如来的舍利塔上可治愈你的麻风病，净除你的罪障。”那个女孩依照尊者所说的话去做了，结果身体的疾病与丑陋的相貌全部不复存在，变得如天女般美丽。[40]

舍利子尊者是“智慧第一”，他的非凡智慧来源是这样的：他前世曾经转生为一位婆罗门的妻子，名叫寂静女，当时一位独觉比丘补法衣无有针和剪刀，她供养比丘一根针与一把剪刀并发愿。[41]

阿难尊者通达三藏并具有不忘陀罗尼的才能是因为供养了一阿罗汉一钵斋饭并发愿：“犹如此钵盛满食物一样，愿我的相续充满正法；犹如此钵纹丝不动、稳固置于垫上一般，愿我的相续牢记不忘所闻之法。”[42]

所以，大家无论供养什么供品，相应发愿也很重要。如颂云：“何者发何愿，将获如是果。”然而，此时主要强调应发愿往生极乐世界，如果得以往生极乐世界，那么自然会具足一切福德妙相。还有诸如此类不可思议的公案。

如果精勤上供下施，那么具足福德的人好似如意宝一般无勤之中自然而然如愿以偿，并且能够完全满足自他一切众生的希求，就像往昔福力王子、善义王子、大施商主、阿育王等人的传记（中所说的）那样。如经云：“一切世间诸安乐，皆由供养三宝生，故当恒勤供三宝。”

本来，所有众生无一不希求今生来世的幸福安乐、受用圆满。而幸福安乐、财产受用必须通过上供下施才能获得。如《入中论》中云：“彼诸众生皆求乐，若无资具乐非有，知受用具从施出，故佛先说布施论。”

[39] 此公案详见《佛说阿鸠留经》。

[40] 此公案详见《百业经•金色比丘尼品》。

[41] 详见《根本说一切有部毘奈耶出家事》中婆罗门妻供养独觉一根针与一把剪刀的公案。

[42] 详见《贤愚经》中金城龙王的公案。

又如《因缘品》中说：“诸福真奇妙，其果极善妙，无似福解脱，是故当积福。”有人甚至连一把青稞也不供施却奢望获得心中所想的一切所需，这种贪心将毁灭一切希求，结果一无所得。恰似“未曾击鼓无成就，未经摇头无本尊”一样[43]。《因缘品》中也说：“福德浅薄者，难化堕恶趣，如沙中无油，彼者岂有乐？”

如今我们能够见到供养处的佛像，这也是往昔积累资粮净除罪障的结果。如果我们能够把佛像观为真佛而作供养，则与供养真佛无有差别。如《右绕佛塔经》中云：“谁以等信心，供养在世佛，与其舍利塔，福德无有别。”尤其是供养酥油灯，暂时便会获得极其广大的福禄，死后将转生于善趣或往生极乐世界等清净刹土。

当今时代，大多数人为了暂时的幸福安乐百般作佛事，试图通过厌胜[44]、降伏、驱魔、火施等仪轨（达到消灾免难、增福延寿的目的）。可是，因为往昔未曾积累福德、唯造恶业感召，讨债的损耗鬼等恶魔跟随自己左右，这种业果以厌胜、焚烧等方式怎么能够遣除呢？如世尊曾说：“业力犹如河主流，瞬间岂能挡业瀑？”有的人说是要尽除宿业、增长福禄，但连十盏酥油灯、十个神馐的供品也没有，只是对着一个空空的坛城呼天招龙，如果不需积累资粮之因而仅仅以此便可增福的话，那么唯一利他的诸佛菩萨肯定早已使一切众生都具有福运了，（事实却并非如此。）如曾有位老人观修单坚护法神，结果已亲见了单坚护法神。可是，他只得到了一块油脂而未能获得悉地[45]。

一般来说，在这个世界上有两种人：一种是以苦得乐；一种是以乐得苦。即：有些人虽然上供下施、清净罪障、广行善法，但如果往昔所造的恶业以他的善业力而使果报立即成熟，在现世中稍稍遭受病痛恶缘等痛苦，然而他们必定会苦尽甘来，绝不会永远受苦。比如，修行人今生当中感受些微痛苦，无有损失，来世得安乐。另有些人勤奋经商、狩猎等获得财食，虽然个别人在现世中似乎很幸福，但必将乐极生悲，不可能始终享乐，换句话说，非法之人今生享微乐，无有

[43] 意为不经过少许精勤不可能获得成就、得到本尊加持。

[44] 厌胜：禳灾祈福的一种宗教活动。

[45] 此公案《大圆满前行引导文》中也有叙述。

利益，来世受痛苦。

因此，犹如在田里播下种子后已成熟一样，今生无论是苦是乐都是宿业所感。对此没有什么肯定或否定的。也就是说，昔日的无欺之因到时必定会成熟无欺之果。今生只是短短的一瞬间，痛苦或安乐也无有重大的利害，好似梦境一般。然而，后世却是无边无际的，若苦定苦，若乐定乐。因而，想到长远的苦乐，我们一定要在今生今世以善心精勤积累资粮、上供下施，以便成就所愿。如果是往昔造弥天大罪之人恶业果报成熟在眼前，也就另当别论，除此之外其他人自此至死定会享受安乐，并以积资力死后立即如愿往生极乐世界。

现在介绍供养的具体实修法：观想福田要按照顶礼时皈依境的观想那样来明观，简明扼要地宣说一下三十七堆曼茶罗的观想次第后，按通常的仪轨而供养曼茶罗，供曼茶罗时只是将其中的“供养大恩具德诸根本及传承殊胜上师……”略加改动，变为：“供养怙主阿弥陀佛及十方诸佛菩萨众，愿自他一切众生往生西方极乐世界，祈请为利有情，悲愍接纳、赐予加持。”如应念诵三身曼茶罗：（化身曼茶罗）“嗡啊吽，百数俱胝三千世界刹，充满人天七宝等财富，以及我身受用悉供养，愿获转法轮王之国政。”（报身曼茶罗）“报身佛处大乐密严刹，具五决定五部供堆者，供养无量欲妙赞供云，愿获圆满报身之果位。”（法身曼茶罗）“现有清净童子瓶佛身，大悲不灭法性游舞饰，供养持身明点清净刹，愿获殊胜法身之果位。”又诵七堆曼茶罗：“涂香鲜花遍大地，须弥四洲日月饰，观想佛刹作供养，愿诸众生行佛刹。”嗡局那曼扎拉勃匝梅嘎萨莫扎沙帕局那萨玛意阿吽。然后诵：“供养能喜善曼茶，祈愿菩提道无障，证悟三世佛密意，不迷世间不住寂，度化无边诸众生。”再诵三遍本论中的“吾身受用及善根，一切真实之供品，意幻七宝瑞相物，本成三千世界中，十亿日月洲须弥，天人龙之诸受用，意幻供养无量光，为利我故悲纳受”，然后念诵三遍供养咒：（“纳么局纳扎亚雅，纳么巴嘎瓦爹，巴则尔萨局扎玛儿达尼，达他嘎达亚，阿哈爹，萨雅桑布达雅，达亚他，嗡巴则尔巴则尔，玛哈巴则尔，玛哈爹卓巴则尔，玛哈布亚巴则尔，玛哈布得子达巴则尔，玛哈波得玛卓

巴桑扎马拉巴则尔，萨尔瓦嘎玛啊瓦扁那布笑达纳巴则尔耶所哈。”）同时伴奏乐器，广泛观想普贤云供。

我以无有烦恼清净心，正法财物供养善逝尊，
依此供养以及二资道，愿诸众生获得正觉果。

戊三、分四（对治愚痴之忏悔支）

一、以现行对治力忏罪；
二、以厌患对治力忏罪；
三、以返回对治力忏罪；
四、以所依对治力忏罪。

产生罪业的根本是一种愚痴，不知道忏悔罪业也是一种愚痴，因此愚痴的对治法——忏悔罪业极为重要。应当观想：在福田阿弥陀佛及其眷属面前，自他一切众生作忏悔。《宣说四法经》中云：“若具足四法，作已积集障，无余得清净……”所以，忏悔时必须具足四种对治力，下面依次宣讲：

己一、分四（以现行对治力忏罪）

一、忏悔自性罪；
二、忏悔佛制罪；
三、忏悔未认识之自性罪；
四、忏悔未知就犯之佛制罪。

庚一、分二

一、忏悔一般身语意之恶业；
二、忏悔身语意严重之恶业。

辛一、分三

一、忏悔三种身恶业；
二、忏悔四种语恶业；
三、忏悔三种意恶业。

壬一、忏悔三种身恶业

父母为主吾等众，从无始时至今生，
杀生偷盗非梵行，发露忏悔身三罪。

以现世父母为主的我等三界一切众生，不只是今生今世，而是从不存在“从此时有、此前无有”之初始时（也就是从无始时）迄今为止一直漂泊于轮回中，造了形形色色的罪业。首先讲述十不善业：

杀生：以兵器、毒药、恶咒等手段故意断绝有情的命根，之后也没有丝毫后悔之心。杀生当中，杀害父母、上师、阿罗汉等为极重杀罪；如杀害入道破戒者以及其他人等为中等杀罪；屠杀旁生为下等杀罪。

诸如，为了获取肉、皮、麝香等而杀生是以贪心杀生；诸如，杀死敌人是以嗔心杀生；诸如，为了作肉供、塑造佛像、建造佛塔或供养上师而杀生以及声称“杀猛兽无罪”等等是以痴心杀生。

自己故意亲自动手杀生，是作已积集罪。自己与其他两人或众人共同协商后，其中一个人杀生（，其他人虽然没有亲自杀生），但所有的人都将犯杀罪，如《俱舍论》中云：“军兵等为同一事，一切人均如作者。”唆使别人杀生以及随喜他人杀生是积已未作罪，即犯下同等罪过。本无杀生之心而在无意之中脚下踩死生灵，这是作已不积罪，梦中杀生属于未积未作罪，这些情况下杀生没有大罪。此外，最初为一手策划者，中间为主要协商者，最后是唆使杀生者，无论是口中言说还是以眼神、手势等暗示杀生，都同样犯杀罪。

作为沙弥、比丘，除了可享用因病死亡等清净肉以外，绝对不能享用亲眼见到、亲耳听到或者怀疑是考虑自己或完全为了自己而杀的肉。对于施主或例行公事的人等宰杀后供养的肉，如果自己事先看到或听说，则必须制止，倘若没有制止而享用，则所有人都犯了十分严重的罪业，并且出家人也犯佛制罪，这种是为了三宝而造的罪，所以其他罪的十万倍也无法与之相比。

另外，佛经及对法论中说：如果在铁匠那里制造火弩、利刃，或者饲养鸡、狗、猫等凶猛家禽以及执有毒药、猎具、恶咒之用品等，那么在这些物品没有彻底处理之前，依于这些物品一刹那也增长无量的罪业。关于火弩的过患，在其他经论中有广述。如今时值恶世，各种各样的火弩十分发达，观察一下就能了解由此所带来的种种痛苦。

一般而言，那些不知羞耻、无有悲心、野蛮好斗、酷爱兵器、催税所逼、惩罚所迫的人易犯杀罪。

尽管杀生有说不完的过患，但此处简略说明如下：杀生意乐，无论是以强、中、弱何种贪嗔的杀心，哪怕杀害一条生命，也是使那一众生遭受剧烈痛苦，因此其异熟果报：转生于三恶趣中的任何一处，感受长达一中劫或相当于人寿二百亿年的痛苦；感受等流果：假如从三恶趣中解脱，则不管投生在何处都会因为往昔杀害众生而导致对方短命，使自己要偿还五百次生命，并感受短命多病等厄运；同行等流果：投生为鹞鹰、豺狼等弑杀他众的旁生，假设获得人身，也将转生为如往昔一样喜欢杀生之屠夫等；增上果成熟于自身方面：因往昔使某众生丧失威力、威严，今生自己也转生为无有威力、威严、极其衰弱卑下之人等；增上果成熟于外境方面：无论生于任何地方，那里都是十分贫瘠荒凉，并且经常遭受病魔、怨敌、强盗等的严重威胁，所以全部是活不到头的境域；士用果：犹如辛勤耕种的果实一样，有因必定会圆满地成熟果报。

有关杀生感受异熟果报的公案：

曾经有一次，目犍连尊者与华杰比丘同去海边，途中看到一个长着兽头、周身燃火的人，他口中一边喊着“啊哟哟……”一边哭嚎着，叫声传遍了整个山谷，同时被数以万计、恐怖可怕的饿鬼团团围绕。饿鬼们手持弓箭，瞄准他开弓射箭，许多火弩刺中了他。见此情景，华杰比丘问目犍连尊者："这是为什么？"目犍连尊者说："此人曾是一个猎人，他杀了许多野兽，死后于数年中感受如此痛苦，又将堕入众生大地狱，很难有解脱的机会。"[46]

从前，一位国王依法处死了一个罪犯，以此异熟果报国王转生为海中的一条大鲸鱼，身体长达七百由旬。他的眷属及大臣中凡杀过生的人都转生为小鲸鱼，并居住在那条大鲸鱼的身上噬食它，就这样在百千万年中感受痛苦，死后又将投生为王舍城的昆虫。[47]依法处决有罪之人，居然感受如此异熟果报，那么杀害无辜的有情将感受何等的痛苦呢？

顺后受业感受等流果的案例：

往昔大慈大悲的导师释迦牟尼佛在世时，有一位名叫帕吉波的国王，因受恶臣害母诱骗，而发动大批军队进攻迦毗罗城，屠杀了七万七千释迦族人，这些人大多数都是见谛的菩萨。（暴军）将孤儿寡母全部活埋在坑里。当时，虽然具足十力的世尊也在城中，但不仅未能制止军队的大肆屠杀，而且为了示现感受业果而头痛起来。诸比丘请问世尊："这是什么原因？"世尊说："从前，在一海边住有五百渔夫。一日，他们看见大海中的两条大鱼游到那里，便用鱼网捕捞出那两条膘肥体胖的大鱼，放在草地上。渔夫们进行商量，有人说：'这两条鱼身体极为庞大，如果一次性地杀了，则很难在短时间内卖完所有鱼肉，如此一来（剩下的鱼肉）必将腐烂。倘若把它们系在树上活活地一块块切割来卖，那才是上策。'随后他们便如是而行。那两条鱼因难以忍受活活砍割的疼痛，而边呻吟边辗转反侧。这时，一位渔夫的小孩见后禁不住笑起来。那两条大鱼临死时发下如此恶愿：愿我俩生生世世杀害这些人。之后便死了。当时的那两条鱼就是现在的帕吉波国王及害母大臣；当时的五百渔夫即是现在的五百释迦族人；那位渔夫的小孩即是现在的我。[48]圆满正等觉佛陀尚且需要感受（随喜）杀生的余业异熟果报，更何况是我们这些轮回众生呢？

[46] 详见《贤愚经》中目犍连尊者带福增比丘去大海边的公案。

[47] 详见《贤愚经》中福增前世为法增王的公案。

[48] 此公案详见《毗奈耶经》。

任何人也不应直接言说或以手势表示“这是要杀的”。昔日，阿罗汉恰嘎尊者令许多在家人现见圣谛。一次，他给一位婆罗门女讲法，当时有一个盗贼首领和那个女人行邪淫。贪欲者无所不作，他们二人残忍地砍掉了恰嘎阿罗汉的头，并将其遗体埋在灰堆里。（事情败露后，）胜光王（命令属下）将盗贼首领和那个女人活活烧死，又把他手下五百盗贼的手脚全部砍断。（众眷属）请问世尊其原因。世尊讲述道：“从前，印度鹿野苑有位梵施国王，一次他梦到自己的肠子缠绕着整个城市。他对一位婆罗门大臣讲述了此梦。本来，此梦境是一个祥兆。然而，婆罗门因为自己有五百个小徒弟，考虑到要解决他们的饮食问题，于是呈禀道：‘如果没有杀大量牛作供施的话，那么这一梦兆凶多吉少。’随后许多牛被集聚在一起，听到它们的哀号声，国王生起了悲心，下令‘不要杀它们了’。那位大臣只好说：‘遵命。’正在这时，他看见一头公犏牛在与一头母犏牛作不净行，便说：‘应将这两头牛杀了。’他的小弟子们也随声附和说：‘这两头该杀。’并伸出手来指点。虽然是旁生，但它们心里很明白，所以发了恶愿：我俩无辜遭杀，凶手就是这位大臣和他的五百小徒弟，愿我们将来无论转生于何处都定要杀死这个大臣，砍断这些小孩们的手脚。当时的梵施国王即是这位胜光王；那位大臣即是恰嘎阿罗汉；五百孩童即是五百盗贼；当时的那对犏牛即是盗贼首领与婆罗门女。因此，感受了此果报后阿罗汉恰嘎的余业已尽。对于屠杀无辜的旁生，仅以言语动作参与也会成熟如是果报。[49]

律藏中说：“众生之诸业，百劫不毁灭，因缘聚合时，其果定成熟。”在五蕴尚未达到无余之前，业力不会成熟于任何其他外境上，而只会成熟在心识所执受的这个身体上。就感受业果而言，得地也无益，具德也无益，逃避也无济于事。如律藏中说：“无论是虚空，大海或山洞，住于任何处，无不受业果。”圣者龙树菩萨是因为许多世以前割草时杀了昆虫的余业，才被乐行王的太子用吉祥草砍断头而圆寂。大成就者贝若扎纳，转为一名比丘时曾掐死过数多虱子，转生为鹞鹰时

[49] 详见《毗奈耶经》中邬陀夷比丘的公案。

吞食了许多青蛙、蛇，以这两种余业而感，他被擦瓦绒地区（如今阿坝州马尔康县境内）的国王置于有各种虱子及蛇的坑里遭受痛苦等等，有不可胜数的此类公案。所以，诸位在家人不要误认为只是没有杀人宰马就没有罪过，即使弄死虱子、跳蚤，割草掘地等时致昆虫于死地，以及使用马、骡、犏牛等驮运商品时造成它们背伤、刺腹等等，随随便便也积累了无数罪业。

从前，一位叫萨嘎玛的居士有三十个儿子，他们谋杀了胜光王的一位大臣之子。那位大臣想方设法使胜光王与那三十个孩子产生仇恨，最后胜光王砍下他们三十个人的头，并装在箱子里寄给萨嘎玛。这是因为：曾经有三十个盗贼偷了一头母牛在一个老妇人家里宰杀，也给了那位老妇人一些肉。旁生虽然不会说话，但它心里清楚，所以那头母牛临死时发了恶愿。母牛后来转为胜光王，老妇人就是萨嘎玛，三十个盗贼即是萨嘎玛的三十个儿子。他们需要于多生累世中偿还如此业债。[50]

请大家看看：我们言语、行为上是否该毫无顾忌地与那些猎人、从事杀生行业的人同流合污？作为猎人、屠夫的父母、妻子、子孙都需要堕一次地狱。如果一个山沟里有太多罪孽深重的猎人，那么当地会遭受天龙八部的诅咒，而时常出现种种不乐意之事，即使今生未受损害，但后世中凡是同饮一个山沟水的人都会受害。与罪业严重的人长期相处，甚至仅仅一刹那攀谈也会染上罪障，这种人若来到家里，则损耗鬼会跟随其后，如果他手摸加持品等，也会使加持品的加持力丧失。

请各位听一听以痴心杀生感受等流果的例子：在远古时代，一天，一位大阿罗汉坐在一家门口，那户人家的对面有个人带来一头要杀的牲畜，那头牲口正在哀嚎着。阿罗汉不但听得懂那旁生的语言而且知道它的全部宿业，于是便说：“哎哟，怎么会这样悲哀、凄惨呢？”那人问他：“您说什么？”他告诉那人：“不能对不信的人讲述这旁生的历史，所以悄悄地说给你听。”接着他开始讲述：“这头牲口往

[50] 详见《贤愚经》中毗舍离居士三十二个儿子的公案。

昔曾是一位富商，当时为了造佛像、建佛塔等而杀害众多生灵举行供养法会，这一家世世代代盛袭杀生举办法会的恶规。那位商人死后又转生为自家的家畜，屡屡遭杀，现今已有六次。”那位阿罗汉因为悲悯那头旁生说道：“昔日造佛像、建佛塔的人是你，以杀生供施者也是你，杀害数多有情祭祀天尊的还是你，现在你感受果报，哭叫哀嚎又有何益？”

如今各个寺庙以及那些富户、官员、大师们，为了延年益寿、欢度节日等而以血肉供施荤斋，这种现象在当今的恶世中随处可见，十分猖獗，这完全是在助长外道做法的苗头，血肉供施也属于此类。用有些地区的话来说：杀生是苯波教。如续部中说“密宗吟为苯教时”，指的也是这一点。因此，如果有稍微注重业因果、关心佛教的人，请你们对此谨慎小心。如颂云：“无有重于杀生罪。”

事实上，杀生的罪过重不重何需更多的教证理证？如世尊说：“自身为范例，切莫害他众。”人们所谓的“在世界上最宝贵的就是自己的生命”，我们是何等地珍爱自己的生身性命啊，甚至身体上扎入小小的一个刺儿也难以忍受，实际上所有众生都同样珍惜自己的身体、生命，这一点完全相同。因此，杀罪重与否还需要说明吗？如寂天菩萨说：“自与他双方，恶苦既相同，自他何差殊？何故唯自护？”尤其是以网绳捕杀众生较其他罪业更为严重。如若用火弩杀死一个众生，则令有形、无形的许多众生魂飞丧胆，因此有杀害数多众生之罪。

现在用什么样的方式杀害众生，将来自己需要感受同样遭杀的果报。昔日，目犍连尊者到地狱去时，看到如黑木炭般的一个人被具许多头像的众生用各种兵器打杀着，身体被碎尸万段，并有许多恐怖的恶狗啃食。尊者说：“这是往昔杀害众多人与野兽的异熟果报。”

《念处经》中云：“罪恶深重者，异熟亦炽盛，遭受大损害，故当断罪业。”因为现今没有立即现见造恶业的果报，所以大多数人高高兴兴地造罪业，但是将来必将哭哭啼啼地感受苦果。如《因缘品》中云：“为己得安乐，笑着造罪业，罪业之异熟，将哭泣感受。”当今时代不同于往昔，因果即生难以圆满现前。然而，就像高空中鸟的影子暂时虽然看不到，但当它落地时身旁必然会有影子，我们一定要对善业恶业如影随身这一点坚信不移。律藏中说：“犹如影子随人后，身坐影坐行彼动，善恶如影亦复然，此乃佛说无上语。”

杀生的过患既然如此，那么戒杀的功德也同样广大。与上述杀生的五种果报相反，戒杀则不堕恶趣、转生人天后长寿无病等等。经中说：“断除杀生业，欢喜持净戒，诸鬼神不害，彼人转善趣。”戒杀的人自然而然会生起慈悲心，受到天众相助，诸鬼神不能损害，一切有情视其为亲友，并受到众人喜欢，诸事顺遂。而杀害多少众生，其福德会相应衰减。同样，保护多少众生其福德也会相应增上。如今长寿无病的一些人也是由于往昔戒杀的原因。佛在经中说：“戒杀之补特伽罗所发何愿皆会实现。”

因此，我们若能忏悔以前所造的杀罪，立誓今后戒杀，发愿往生极乐世界，则毫无怀疑，必将如愿。所以说，要想将来趋向安乐处，必须断除杀生。

从前，三十三天的一位天人出现了五种死相，他观察死后生处，结果发现将投生为王舍城的一头猪，他禁不住在那里哀嚎。帝释天王问：“你为什么悲伤啊？”他道明原委。帝释天王说：“有办法。”就去请问世尊。世尊说：“让他戒杀可从恶趣中解脱。”帝释天王让那位天人受持不杀生戒。他死后转生到了兜率天[51]。

另一则公案：曾有一次，昼辛吉尊者去地狱时，经过一白天，临近黄昏时来到一座美妙的天宫里，看到那儿有四名天女与一位男士在共同嬉乐享受欲妙，他们也献给尊者一些饮食，整个夜晚都是在尽情享受幸福欢乐之中度过。到了旭日东升之时，他们说：“现在到我们感受巨大痛苦的时候了，你还是别待在这里，请走吧！”尊者莫名其妙，心想：这是为什么呢？于是走到一边暗中观瞧：（转瞬间）那美妙的天宫已不复存在，四名天女也已无影无踪，出现的是四条具铁齿的杂色大狗，它们把那个男人推倒在地，将他的肉撕成一块块而啃食着。日落之前他一直感受着无法堪受的痛苦。黄昏时分又如前一样享

[51] 详见《天子受三归依获免恶道经》。

受快乐。尊者问那男子："你因什么业力而落到如此下场的？"他说："我曾经转为人身时是内波城杀生数多的一个屠夫，因我当时在嘎达雅那尊者前发誓晚上不杀生而感得如今夜间享受此等快乐；因白天杀害诸多众生所致如今白日遭受这般痛苦。请您返回人间时，带口信给我家中以杀生为业的儿子，就说：'你的父亲因所造杀生之业而转生于地狱中正感受着剧烈的痛苦，我已亲眼目睹，你自己也要断除杀生恶业，否则必将与你的父亲一样受苦。'如果他不相信，就告诉他：'你的父亲是这样说的，在屠场的地下埋有一个金瓶，取出来可依此维生，时常供养大尊者嘎达雅那，并提起老父我的名字作回向，这样对净除我的此恶业果报大有好处。"昼辛吉尊者（返回人间后）如实地转告了口信。[52]

曾有一个捕杀众多野兽的猎人，白天杀生，夜晚作顶礼供养等善法。后来堕入地狱时，白天被许多飞禽猛兽啄食、啃食，感受痛苦，晚上由众多天女供养承侍、享受嬉乐等等。

因此，如果能够做到日日夜夜戒杀，那么生生世世唯享安乐。倘若不能做到这一点，那么仅仅在晚间或初八、十五、三十等吉祥佳日断杀，也称为善恶杂业，将轮番感受苦乐的果报。如果一辈子日日夜夜中一次也生不起断杀之心并恒时肆无忌惮杀害众生，那么世世代代中唯有堕入恶趣，除此之外连安乐之声也听不到。因此，小心翼翼禁戒杀生至关重要。

不与取：包括以贪嗔痴三种恶心而获取财物，但主要是由贪心引起。大不与取是指窃取三宝所依物资、供品、僧众共同的财物以及父母的财食。中不与取是指盗窃、掠夺、摧毁，或通过暴力、经商牟利、短斤少两等不正当的各种欺诳手段获取普通人的财物。如农民们窃取田地、打乱分界的标记、破坏田地篱笆等乃至盗取一把禾秸以上都属于中不与取。牧民们偷取细绳、一节绳索、牛奶等，或盗取旁生、非人所拥有的财物，譬如鼢鼠洞中所积之物[53]，也将犯下严重罪过。达官

[52] 详见《一切有部毗奈耶皮革事》中亿耳长者子的公案。

[53] 牧民挖掘人参果时经常窃取鼢鼠夏天所储存的食粮。

显贵们仅以一块茶砖作为礼品而得到一匹马即是“以狐皮换马匹”的说法，如此千方百计获取财物也都与偷盗相同。

特别就从事经商者而言，十不善业中除了邪见、邪淫两种偶尔发生以外，其余罪业全部具足。作为一名比丘、沙弥，通过经商途径哪怕只获得了一钱银子，也犯他胜罪，已从根本上破戒。诸如，为他人利益而偷盗属于小不与取。而且，那些不具戒律、无有闻思之人，以谄曲奉承、装腔作势等行为获利，也与不与取一模一样。

总而言之，别人未将其拥有的财物直接给予自己，而自己想方设法据为己有的一切行为全部属于偷盗。自己窃取或唆使他人偷盗等所犯的罪完全相同。

这种不与取何人易犯呢？具大吝啬、所需甚多、贪得无厌、恬不知耻、催税所逼、惩罚所迫之人容易就犯。

果报：根据动机大小不同，不与取的异熟果分别转生于三恶趣中。等流果：即便幸得人身也转生为乞丐、雇佣等，虽有微量财富，也遭强者抢劫、弱者盗窃、遗失亏损、毁尽无余等，与天、人、鬼共享而无有自主权。即便拥有奶牛也是无有三白，饮食不具营养，庄稼遭受锈病[54]、霜雹或为虫害所毁。如今为贫困、亏损所逼的这些人完全是往昔盗取他人财食的果报。增上果成熟于外境上：只能转生于土地贫瘠、饥荒频发的地区。同行等流果：生生世世喜欢行窃，经商诈骗，转于旁生中也是成为爱偷盗的老鼠、狗等。尤其是仅盗窃微乎其微的供品或塑佛像、造佛塔、印经书的财物也将堕入寒地狱或饿鬼中。哪怕享用针尖许的三宝财物也必定堕入地狱。

从前，哲·白莲大师来到卫藏时，一日梦见自己与眷属口中都燃起熊熊大火。他集中所有僧人，说：“一定是造了恶业，你们究竟做什么了？”眷属们说：“我们没做什么呀！”大师再三观察，结果发现他们将自己食用的旧酥油换成了新酥油，查询这些新酥油是做什么用的，原来是作供酥油灯的原料。大师告诉他们：“以此酥油要供许多酥油灯。”

[54] 锈病：草木因真菌引起的病害。

所以，我们对供品必须小心谨慎。如果对于三宝之财、上师之财、父母之财，甚至仅窃取一根针也将堕入无间地狱。又如：若一位比丘或沙弥在僧众共有的收入基金中，只取出一钱银两，也将获得所有僧人数量的他胜罪（此义在律藏中有广述）。

特别值得一提的是，身为在家男女，仅仅喝一碗僧众的茶或稀饭也将堕入地狱或转生为病龙。如《日藏经》中说："宁可以利刃，砍割己肢体，切莫将僧物，施与在家人。"

从前，目犍连尊者与华杰比丘同去海边，途中遇到一个形似巨大树干的众生，周身遍布数多昆虫蚀食，发出大声惨叫。华杰比丘问："这是什么原因？"目犍连尊者回答："这个众生曾是一位僧众执事员，名叫乐达比丘，因为擅自享用僧财而转生为此众生，他曾给予僧财的在家人转生为这些昆虫吃着它的身体，由此死去还要堕入大地狱中。"[55]圣者龙树菩萨也曾如是发愿："但愿我不转生为，纠察炊事管理僧。"其密意也在于此。

作为破戒之人，如果占据僧众的位置以及使用经堂的坐垫等，将堕入地狱或转为患麻风病的旁生。律藏中说："破戒者若跨一步，进一口食一碗水，仅此享用僧众物，则为邪命堕地狱。"

要往生极乐世界，绝对需要上供下施，哪怕仅偷了一粒芝麻，不用说往生极乐世界，甚至连善趣之身也无法获得，只能堕入恶趣中。曾有一位出家人因偷了少许财物而转生为蛇。一名天女因盗一朵花而下堕，诸如此类的公案有许多。

而且，尸陀林中的财物及尸体上的物品也是有主的，所以也不能盗取。从前，一位比丘死后，尸体被扔到尸陀林里。有人拿他尸体上的物具。那位比丘转生成了非人而令尸体骤然站起说："不要偷我的物品。"

就算是为了他众的利益也万万不可盗窃。昔日，德洛巴菩萨一次去化缘时，到了一户门前，那里晒着两家的芝麻堆。看守的人准备回家去取斋食，便让德洛巴看护。这时，他用夏加（小勺子）从另一家

[55] 详见《百业经》之"擅用僧物，得饿鬼报"。

的芝麻堆里取出七粒芝麻抛到给他取斋饭之人的芝麻堆中。本来，他可以很快得地，结果因此而延误了数年。

尽管盗窃僧财的公案也为数不少，但这里讲述一则惊心动魄的案例：往昔，一位商人对毗婆尸佛教法中的诸多僧众供养珍宝。当时，一位有权的比丘接受后据为己有而未供养僧众。一日，诸僧众向他催索。他勃然大怒，出言不逊说："你们吃屎吧，这珍宝是我的。"此人死后堕入地狱，又于九十一大劫中转生在不净呕吐物之中，死去后在王舍城附近堆满粪便的一大池沼中转生为一只身形如蛇状的四足昆虫。释迦牟尼佛见后指示给诸比丘看，并说："此众生还要转生于地狱中住数万年，然后再转生在此不净物中，未来贤劫千佛都将携眷属来到此地并讲述此昆虫造恶业的始末。"但并没有说他解脱的时间。[56]思维这一公案后，对于接受僧众共有的信财亡财，应当倍加注意。

另外，破戒之人伪装成具戒者，或行非法之辈假装为如法行者，或狡诈之徒冒充成就者来拢集信财亡财，也属于邪命，和不与取无有差别。如国王松赞干布曾经说过："若集信财亡财养父母亲朋等，则集财者将转生为骆驼，所有享用之人转生为骆驼崽，那些施主全部转成骆驼的主人。需要如是还债。"

大成就者唐东加波尊者在莫年格山谷里看见一块磐石中有一条一木轭许的大蛇，周身上下密密麻麻弥漫着成千上万拇指大的青蛙吃着它。尊者向它吐了口唾液加持，将其超度了。并对众僧人说："无有功德之僧人若享用信财亡财，就会变成这样。"

法王噶玛巴年仅6岁时，从居住的地方贡布嘉卡山谷附近的平原去往安闲散步处的路上，在戏耍过程中将鞭柄插入一块磐石中，结果石头裂开，在石头中间有一个形如肺脏、一肘长的旁生，身体外面有许许多多芝麻大小的白色含生蚀食着它，里面有许许多多黑色含生吃着它。法王噶玛巴只是向它吐了口水、专注加持，便使它命绝身亡，并将它的尸体火化。众眷属问："这是什么原因？"法王说："我往

[56] 详见《百业经》之"盗用僧物，恒时受报"。

昔转为游戏金刚[57]时，此地的一位享用信财、亡财的上师[58]祈祷过我，因此如今我将它从恶趣中拯救出来。否则，它仍要堕入地狱中，那些白色的含生是他享用活人信财的异熟果报；黑色的含生是他享用死者亡财的异熟果报。”

卡绕巴尊者住所的附近有一只鹞鹰经常弑杀众生。一天，这只鹞鹰死了。上师以神通观察它转生到何处，结果发现它以往昔的善果而转生为一富裕牧民之子，但以屡屡杀生之业所感不久便夭折了。后来尊者又观察他转生于何处，发现他竟然已转成了一位广泛度化众生的大上师，他的所化事业极为广大。由于法务繁忙，所以为亡者作超度在骑马行路时顺便就将仪轨念了，后来人们共称他为“马上仪轨上师”。最后，在一次信众云聚，举行隆重的大灌顶时，那位上师（突然）离开了人世。当时卡绕巴尊者的一位侍者也在现场。大家商量后决定将过世上师的五根[59]委托那位侍者带到卡绕巴尊者前作超度仪式。侍者接近到上师那里时担心这样带去会遭到呵斥，于是他用绸缎把五根卷起放在一块岩石旁边，先到上师前禀明了事情经过。上师说：“用我的这件祖衣裹起来！”侍者带着祖衣去了。（到了岩石旁看到）那五根已变成了一只一肘长的恶蝎。他立即返回请上师到这里观看。虽然上师也来了，但因缘起不具全，尽管用祖衣包裹也无济于事。那只恶蝎逃窜到一块大岩石旁，由于业力所感它钻进突然崩裂的岩石中，随后岩石闭封了。凡是与那位上师有关联的众生灵魂全部转成无数含生并融入那块岩石里蚀食着那只恶蝎，而且从恶蝎的心间长出一棵高高耸立的柏树。侍者问：“它何时才能解脱？”尊者说：“直到那棵高大的柏树被鸟爪踏尽时方可解脱。”

此外，卫藏的黑马喇嘛转生成雅卓耶湖里的一条大鱼[60]等等（有许多此类公案）。《念处经》中云：“何人以邪命，少许维生活，将沉于粪泥，为诸昆虫食。”

---

[57] 游戏金刚：第四世噶玛巴。

[58] 就是指现在被他超度的那个旁生。

[59] 亡者的神识已融入五根中。

[60] 此公案在《大圆满前行引导文》中有广述。

拉萨地方住有一位智者大格西，他可与文殊菩萨犹如人与人对话般进行交谈。后来他既见不到文殊菩萨，也淡忘了以前所闻受的法，什么也想不起来了。于是他向一位上师请问原因。那位上师问：“你以前就有如今这么多的财产吗？”他回答：“以前没有，后来才有的。”上师说：“作一次灭财佛事吧！”（他也如是照办。）结果信财都化为乌有，又面见文殊菩萨等等一切都恢复如初。

博朵瓦大格西曾说：“在家人天天造十不善业也不如戒律不清净之人享用一口信食的罪大。”《呵责破戒经》中也宣说了此理。《宝蕴经》中说：“世尊在宣讲享用信财的过患时，五百名戒律不清净的比丘说‘不应享用信财’而还俗了。其他比丘呵责他们。世尊说：‘莫说此语！具有悔心者还俗是诚信正法。他们死后将转于兜率天中，将来成为弥勒佛的首批眷属。’这时，又有二百位比丘泪水夺眶而出，说道：‘我等宁愿饿死，在未证果之前决不享用一口信食。’世尊道：‘善男子，善哉！’”《弥勒狮吼经》中也说：“宁可一日还俗一百次，戒律不清净之僧人切莫享用信财。”《教比丘经》中说：“不守出家之学处的人身著出家装束享用信财亡财不如做一位正直的在家人。”

所以，除了具有成就与离患这两种功德的人之外，吃一口信食也将感受千倍的异熟果报。如佛在经中说：“施主以信所施财，具德离患我开许，不具此者食一口，亦将还债如山王。”《毗奈耶》中也说：“宁可去食用，诸燃火铁球，不具戒律者，切莫食信斋。”又如《涅槃经》中云：“宁可食烧石，饮用铜熔液，不守净戒者，不应享斋食。”《宝积经》中云：“破戒之诸人，虽身著法衣，唐捐信财故，如吞烧铁球。”全知持明无畏洲大师也曾说：“重罪之人呼师救，死时虽供牛马匹，除非十地自在者，切莫指望如我者。”然而，《念处经》中说：“对破戒者供养财食的施主可转生于善趣。”又经中说：“若以后悔心及畏惧心享用信财，也可减轻其异熟果报。”因此说，肆无忌惮地享用黑财（即信财、亡财）是往生极乐世界的一大障碍。

国王、大臣之类等具有势力的人只应合理收取田地赋税，如果不顾王法搜刮民财的话，则如昔日的莲童王子曾经执掌国政六十年，结

果堕入地狱长达六十劫[61]。经中说：搜刮民财的大官员多数将转生到饿鬼、恶龙之中。华智仁波切于《大圆满前行引导文》中也讲述了古代一位名为哦吉的僧财管理员的故事。还有不可胜数诸如此类的实例。

如此思维不与取的过患后，若能做到纵遇命难也不偷盗，则必将生于善趣，成为受用极为富足、拥有国政七宝的国王等，并且无有人能损害他的受用，他可以自由自在地享用，有无量利益。经中也说："何人断偷盗，恒喜于布施，不行窃取者，彼等转善趣。"

非梵行：是指下到梵行居士[62]，上至比丘，对真正的女人或旁生、非人、幼女，以及在非处（口、肛门等）作不净行。本来，十不善业中说是邪淫，而此处称为非梵行是为了便于对一般人阐述，或者是因为嘎单派教言中也如此出现过。对于在家人而言，所谓的邪淫是指本来自己有妻子，同时又对属于他人的女人、别人的妻子作不净行，这对世间俗人来说是极其严重的过患。如《俱舍论》中云："邪淫极受谴责故。"大邪淫是指对母亲、阿罗汉尼、尼姑等作不净行，属于近五无间罪；中邪淫不仅是指对别人的妻子，而且对于自己的妻子在白天、斋戒日、妊娠期间、不愿意的情况下以及于有佛像、佛塔、佛经和上师所在的地方作不净行，罪过也极其严重；小邪淫也有不同程度的许多种类。自己亲自行邪淫或教唆他人行邪淫罪过都是一样。

非梵行的过患：一般而言，对女人行邪淫纯粹是由贪心引起的，但也有对怨敌的女人或为了害别人等以嗔心行邪淫的情况，认为女人如流水任何人均可对其作不净行，或以密法为借口说修密法者可作不净行，是以痴心行邪淫。

根据动机的不同，邪淫的异熟果报将相应堕入三恶趣中，尤其是转生到铁柱山，或者转生在不净淤泥中或转为女人胎中的寄生虫。假设获得人身，也将感受妻子遭他人强抢或妻子不称心意并偷盗，性情恶劣，夫妻双方犹如仇敌相遇一般的果报。如今许多人娶了一位恶劣的妻子，整天吵闹不休，最后不得不离婚、分居等，这都是前世邪淫

[61] 详见《释尊广传·白莲花论》之"不当国王装哑跛"。
[62] 梵行居士：终生正受梵行戒律、戒不净行的近事男。

的果报。其同行等流果：生生世世对女人贪得无厌，喜欢邪淫，或转生为鸡等贪心强烈的旁生。

何人易行邪淫呢？那些无惭无愧、卑鄙下劣、贪不厌足以及往昔曾转生过鱼鸡等的人容易就犯。品质高尚、知惭有愧的人不会行邪淫。

在印度，曾对行邪淫的人处以极为严厉的死刑等，并视其为极度卑鄙恶劣之徒。如今烦恼浊极其炽盛，尤其是诸魔女捉弄人心，一些男人为了女人惨遭财食、性命毁于一旦的痛苦，并且很多出家人也为此而完全失毁了别解脱戒，最终甚至葬送了生身性命，这都是由贪欲引起的。关于此等过患下文中还有广说。

当今处于所谓"随行五毒烦恼、内心昏愦错乱"的时代。所以，真正具足清净戒律的只有极少数高僧大德，而无处不生的破戒邪道却无量无边。这种现象只有到弥勒佛出世时才会隐没，此外谁也无法避免。如法称论师说："邪道无边故，一一难破尽。"

因此，有缘分的人要从自身做起，使获得的人身具有意义。而且，要想往生极乐世界，在家人一定要努力断除邪淫，出家人彻底舍弃非梵行及其同品，这一点十分重要。

如同上述戒杀的功德一样，这里讲述一则邪淫造罪与持戒行善混杂而交替享乐受苦的实例：从前，昼辛吉尊者去地狱境域，走呀走呀，当太阳刚刚升起时，来到一座美妙宫殿。在那里，他看到一名妩媚的天女和一位英俊的男士在共同嬉乐、享受妙欲。他俩也对尊者奉献了饮食，这样共住到黄昏日落。这时，他们说："现在要有大恐怖出现了，您不要呆在这里，请走吧！"尊者想：这是怎么回事呢？于是便走到附近的地方偷偷观看：美妙宫殿以及天女都已杳无踪影，只见那位男士赤身裸体。这时，出现了一个如黑色毒蛇般身体纤长、面目狰狞的女人在他身上缠绕七匝，从漆黑夜晚到黎明之间一直饮着他的脑髓。他感受着这种难以忍受的痛苦与恐怖。旭日东升之时，（这些惨状）全部消失，他又如前一样享受快乐。尊者问："这是什么原因？"他说："我曾是内波城行邪淫的婆罗门，当时嘎达雅那尊者为我宣说了行邪淫的诸多过患，并劝诫我断除邪淫。然而，我只能发誓白天持不邪淫戒，无法做到一整天持戒。所以，如今感受白天享乐、夜晚受苦的果报。您若回到人间，请捎口信给我那日日夜夜行邪淫作不净行的遗子。告诉他：‘你的父亲因以前行非法（邪淫）而转生到了地狱，你当断除此种非法行为、守持戒律，否则下场将与我一样。’”尊者返回人间后将口信转告了他的儿子。[63]

所以，如果能够完全断除邪淫不净行，那么生生世世都获得安乐，现世当中也是受到众人称赞，成为高贵种姓，生生世世喜欢持戒，暂时转生于天界等有无量功德。经中也说：“不去他妻旁，断除邪淫行，知足于自妻，此士转善趣。”

如是在阿弥陀佛及其眷属前，以追悔之心发露忏悔身体所积累的杀生、不与取、非梵行或邪淫三种不善业。所谓的不善业是成熟恶果之因；发露之义是指说出所造的罪业而不隐瞒；所谓的忏悔是使自相续与罪业二者截然分开的意思。

壬二、忏悔四种语恶业

妄语离间绮恶语　发露忏悔语四罪。

妄语：本来没有见到本尊、鬼神等却说已见到了，本来未曾获得证相、授记等却说已获得了，这是上人法妄语，出家人说此妄语破根本戒；对正法、上师、僧人恶语中伤，无理诽谤以及欺骗上师父母等的妄语为大妄语；凡是为了诱惑别人所说的各种欺人之谈，无论是否达到了目的，均属于中妄语；见到了却说没见到等或添枝加叶地说谎言，甚至开玩笑说妄语都是小妄语。自己亲口言说或怂恿别人说妄语罪过都一模一样。

为了利养等，是以贪心说妄语；为害他人，是以嗔心说妄语；自己虽无功德却显出一副让别人感觉是有功德者的这类增上慢的妄语等，是以痴心说妄语。

根据说妄语的动机不同，其异熟果报也分别堕入三恶趣，或者虽

[63] 详见《一切有部毗奈耶皮革事》中亿耳长者子的公案。

然转生为人，但所说的语言连自己的父母也不相信，本想说实话却成了说妄语，口中发出难闻气味，口齿不清、结结巴巴。“见到了却说没见到”一类的妄语者转生为盲人等。不管到哪里总是遇到妄言欺骗者，此人所作所为全是徒劳无益，生生世世喜欢说妄语。如律藏中说：说妄语者如水器中之水倾倒后所剩甚微一般，其功德仅有少分而已；犹如剩余微量之水亦漏到地上一般，其梵净行之诸功德皆漏失无遗；犹如空空的容器倒放一般，梵净行及所有的功德均一败涂地；如同狂象无所不作一样，愚痴说妄语之人无所不说。又云：“说妄语之人，一法亦远离，摧毁后世者，无有不造罪。”

出家人若说妄语也就不算是出家人了。如《因缘品》中云：“无戒说妄语，剃发非沙门，愚昧入贪欲，彼岂为沙门？”在家人说妄语也是同样。对世间法而言，如果一个人不恪守盟誓，自食其言，那么他没有丝毫可信赖的，如同无有环扣的口袋一样[64]，令人厌恶如同不净物一般，不被当成好人如同乌鸦一样，无有实义好似水泡、芭蕉树一般。

说妄语诱骗他众的人们终究不会得逞，最终只能毁灭自己。从前，在玛嘎达地区[65]有一位印染工名叫古热玛，她住在城边的一间树叶茅棚中从事印染工作。一次，她将装有赤黄色染料的器口用树叶盖上后，出去采花了。这时，一只母狐狸来到此处，它踏在染器上，踩塌了盖子(树叶）掉到里面，结果身体被染成了黄色。它来到一处尸林，碰到一只狼，狼羡慕不已，问道：“您是谁呀？”狐狸为自己有这样的毛色而洋洋自得妄言说道：“我是天上的夏绕那野兽。”所有愚昧者就是随声附和。因被妄言所欺，那只狼向所有猛兽们大肆吹捧狐狸，它们也都信以为真，最后所有猛兽全部成了那只狐狸的眷属。狐狸的母亲知晓此事后对它说：“唉，女儿呀！于净水中沐浴后，置身卑位则安乐，劣性以皮生慢者，长此以往定遭殃！”虽然如此劝告，它却执意不听。当它受到狮子的恭敬承侍而骑在狮子背上大声叫喊时，狮子认出它是狐狸，

[64] 藏族人所用的装粮食的口袋，如果不在上面加一环扣则无法放在牲口背上。

[65] 玛嘎达地区：在印度金刚座附近。

心想：这个卑劣之辈竟然让我来驮。于是发出巨吼声。狐狸昏倒坠地。所有猛兽都气愤地说："这只狐狸欺骗了我们。"便将它的毛全部拔掉，使它倍受痛苦。一位天人说："心力未达到，以皮生我慢，安乐不长久，脱毛妄狐败。"以贪嗔之心说妄语者必定落到如此下场。

那么，何人易说妄语呢？不护根门、贪嗔强烈、喜求利养、多嘴如鹦鹉、无有惭愧、草率行事之人好说妄语。

断除妄语的人犹如鲜花和蜂蜜一般令众人舒心悦意，将避免上述妄语的那些过患，获得与之相反的功德。如经中说："一切如意宝中真正的如意宝最稀有；一切灯盏中真正的明灯最殊胜；一切亲友中真实的亲友最可贵。"不说妄语之人暂时（未得果之前）成为众人信任之处，宛如纯金一般，死后转生于天界，正如经中所说："为他利不欺，为己或因惧，不说妄语者，彼士转善趣。"而且断除妄语是究竟获得圆满正等觉谛实语舌相圆满之因。

离间语：是指挑拨他众之间和睦关系的语言。其中大离间语是指破坏僧众和合，即挑拨佛及其眷属之间的关系，与之类似的是挑拨上师高僧大德及其眷属之间的关系；中离间语是指破坏寺庙之间、四位僧人以上八位僧人以下的关系；小离间语是指挑拨离间的人想在关系融洽、友爱和睦的僧俗男女两人以上，或邻里之间、夫妻之间说东道西搬弄是非，使他们产生怨结、发生争斗，制造不和。

自己直接说妄语或通过谄诳手段搞离间以及怂恿别人说离间语等罪过都是相同的。因为意乐是由三毒产生，所以妄语的异熟果报相应堕入三恶趣，即使转生为人，然而他的等流果也是与说妄语相同，自己的眷仆不和，不愿意住于一处，心不稳定，无论前往哪里都是遇到说离间语之人，总是喜欢说离间语。

尽管真正的破和合僧在当今时代不会发生，但与之类似的挑唆师徒、寺院之间的关系在如今却时有发生，这种罪业近似无间罪。昔日，提婆达多破坏僧众和合时，整个三千大千世界的众生相续中都不曾生起善根，这里所说的也与之相似，如《文殊根本续》等中说：若有一个在寺庙、上师之间制造矛盾，犹如搅拌血液之棍子一般的人，死后立即堕入无间地狱中[66]。若挑起僧众发生纠纷，则直至没有缓解之前，当地的所有众生都因生起嗔心而堕入地狱，好似焚焦的大地无法生长苗芽一般，发生纠纷的村落所在地数由旬以内不能生起修持佛法之果。《劝发胜心经》中云："何处有诤及戏论，远离百由旬为佳，何处若有诸烦恼，顷刻亦莫留住此。"

当今时代，大多数人都是信口开河、胡说八道，于在家男女、城乡、邻里、寺庙等之间说来道去，引起纠纷，制造混乱，这简直是在造无间罪以下的恶业，危险性极大。因此，把握住自己的口是一大要点。只有像得地的圣者高僧大德们才不致于被离间语搞破关系，而对于大部分凡夫人来说，很容易因谗言而分道扬镳。这主要是由于（大多数凡夫人）喜新厌旧、轻荡浮薄、杂念纷纷的缘故。如律藏中说："信任陌生人，依止恶劣者，草率舍弃友，愚者三法相。"

如今我们无论是寺庙僧团还是在家夫妇，都是与释迦牟尼佛同一教法相联的兄弟姐妹，尤其是在此极乐法会中结缘的所有众生均是阿弥陀佛的弟子，也是往生极乐世界的道友。所以，不要听信跟随谗言者的谎话而舍离亲密的朋友。律藏中说："不因他语舍友伴，应当观察他人言，欲挑拨者寻时机，是故莫依离间语。"

一般来说，虚伪不实、不知羞耻、阿谀奉承、花言巧语、心灵肮脏、两面三刀的人好说离间语。因此，一刹那也不应与这种人相处。如《因缘品》中云："无信吝啬者，挑拨离间者，智者勿亲近，莫交往恶友。"

很久以前，一头母狮杀了一头母牛后将它的小牛犊与自己的狮子崽一起哺养长大。母狮临终时留下遗言："你们俩是我用同一乳汁喂养的兄弟。在这个世界上，有许多挑拨离间者，所以我死之后，你们谁的话也不要听信。"说完就死了。在那头狮子的后面经常有一只吃剩肉的老狐狸跟着。后来那头狮子每当杀了一头野兽食用时，便想到它的伙伴，于是急忙赶回家里。因此，老狐狸常常吃不到剩下的肉，它非常生气，心想：我吃不到剩肉完全是那头牛造成的，应当将它们俩分开。于是它便到那头牛面前俯耳躺下。

[66] 如云："一口恶食搅乱五脏六腑，一个坏人扰乱村头寨尾。"

牛问："老舅舅啊，你是因风湿或中暑而痛吗？"

狐狸回答："我的身体不痛而是心痛。"

牛又问："那为什么呢？"

狐狸说："狮子要杀你呀！"

牛不相信地说："我们俩有母亲的遗嘱，这不可能是真的，你不要说这种话！"

狐狸说："信不信由你。"

随后它跑到狮子面前也如此说了。

尽管狮子也像牛说的一样说出了狐狸的话，可是它们俩还是心怀疑虑。回到窝里互相打量。以往同在窝里时狮子给牛磨角，牛给狮子梳鬣……亲密无间，互相从未猜疑过。此刻，它们互相打量时都认为狐狸说的是事实。于是牛用角剖开了狮子的肚皮，狮子也杀了牛，它们俩由此毙命。此时一位天人说："依止恶友者，终不得好处，且看狮牛友，被狐离异也。"

品行高尚之人不可能随着谗言跑，挑拨离间者只会自食其果，自取灭亡。从前，有一只小老虎名叫臂贤，一头小狮子名为齿贤，它们俩和睦友爱，形影不离。当时一只老狐狸如上所述一样进行挑拨离间。但是，它们俩情意稳固，没有轻举妄动、鲁莽行事，再三观察后得知老狐狸是在挑拨离间。结果狮子一巴掌拍死了那只狐狸。此时天人说道："狡诈狐狸说妄语，试图分友实惭愧，且看彼因谗言死，密友安乐又欢喜。"[67]

思维此等过患后，若能断除离间语，则生生世世幸遇善友，情意稳固，谁人也无法使之关系破裂，将获得与前述之过患相反的利益。如经中云："恒时若断除，离间拆散友，喜爱调和者，彼人生善趣。"

恶语：是指刺伤、扰乱他人心的语言，即如所谓的"虽无箭尖利刃语，亦能刺入人心间"。若说杀死你、打倒你、消灭你等等各种各样难听的话语；或说"你是狡诈者、盗贼、屠夫"等指责种姓的过失；"你家世恶劣"等指责家族的过失；或者说"你的父辈代代都是如何如何

[67] 详见《四分律》中善牙狮子、善膊虎的公案。

地造罪业”等揭露罪恶；或说“你是破戒者，毁誓言者”等加以谴责；或说“聋子”、“瞎子”等指出别人身体的缺陷；或者说“你的脸简直就像狮子面一样，声音好似狗叫一般”等等取种种恶名，以及无中生有、捏造抹杀都属于粗语。

当然，上师传授窍诀教言时要调伏弟子的相续，所以说粗语是合情合理的。如阿底峡尊者所说：“殊胜上师（或佛法）为揭露罪恶，殊胜窍诀为击中要害。”又如云：“若具悲心无罪过。”倘若不是上师，那么即使别人有错，也不能揭穿，否则会激怒对方，所以不可为之。极重恶语罪是指诋毁佛像佛塔不好，或者对佛菩萨、比丘、沙弥、上师、父母说粗语。此外对破戒比丘、沙弥、在家男女进行恶语中伤，甚至对旁生说是“断角、跛足”等也有很大过患。

自己言说或煽动他人说恶语，果报完全相同。说恶语主要是由嗔心引起的，但也有以其他烦恼而说的。它的异熟果分别堕入三恶趣中，即使得到人身也是听不到一句悦耳之语，恒时心情烦躁，遭受众人嗔恨，经常担惊受怕，犹如野兽忐忑不安，常遇恶友，并且转生到恶劣环境中，生生世世口出恶言。

特别是指责佛像、佛塔，必受果报。从前，一个人对着一尊断了手指的佛像说“断指佛”，话音刚落他自己的手指即刻断了。又有一人对着迦叶佛的遗塔讥讽地说：“这佛塔太大了。”结果他于许多世中转生为侏儒。有许多此类公案。如果说“这位本尊容貌不庄严”，那么就要感受悲惨的恶果。

常说不吉祥语的人对圆满的佛陀也口出不逊：古代，一位名叫金西的医生，他的儿子继承了父业。当时，有一位比丘患了痔疮，请他来检查。看到污秽不堪的情景，他不愿意予以治疗。但是，国王强行命令他去治疗。此时，大慈大悲的导师释迦牟尼佛因怜爱病人也来到了现场。那位医生气冲冲地说：“沙门老爷、仆女之子你过来吧，看看声闻的肛门烂了。”大慈大悲的导师从众敬王时起种姓家族毫无过患瑕疵，他竟然恶言粗语侮辱佛陀说“仆女之子”。七天之后这位医生口吐鲜血死于非命，随后堕入地狱之中。[68]

倘若在大庭广众之中说恶语，则会伤害诸多菩萨，将感受顺现受业：从前，汉地的一位大智士造了一部将僧众喻为毒蛇的论典。一次，他与众多僧人同行至途中时，突然说道："你们快逃避吧！我好像要感受业果了。"刚刚说完，他的两手粘连在头上成了蛇头，双足粘在一起成了蛇尾，全然变成了一条黑黝黝的毒蛇，向林中窜去。

此外，也不能恶语侮辱年老比丘、沙弥：

曾在舍卫城境内，有一头老野牛，它去饮水时陷进淤泥里。舍利子尊者见后将它从泥中拽出，用手把它身上的泥擦得干干净净，并为它宣说三句法语，之后便离开了。老牛在对舍利子尊者生起信心中死去，后来在舍卫城转生为一位婆罗门的儿子，因为业力所感他天生体态如牛，并长有两个咽喉，还能够反刍食物。他长大以后出家，最终获得了阿罗汉果位，即是所称的"牛主尊者"。这是由于：往昔迦叶佛时，他曾是一位博通三藏的出家僧人。一次，看到一位年迈的比丘正慢慢悠悠地进餐时，他说："你像老牛反刍一样。"后来他得知那位老比丘是具功德者（圣者），便诚心忏悔，以至于未堕入地狱。但是，以其恶语等流果而于五百世中转生为牛，如今成为最后有者时也是体态如牛。[69]

在迦叶佛教法中曾经有一位沙弥执事员。一次，诸多比丘对他说："你将少许清油中炒过的锅粑放在臼器里用杵捣碎，然后给我们。"由于那位沙弥当时事务繁忙，于是对他们说："诸位上座，请稍等片刻，我再供养。"那些比丘们却大发雷霆，恶语说道："如果我们可以接触杵臼的话，应该把你放在臼器里面捣碎。"结果他们全部变成了形似杵臼的众生而堕入地狱。释迦牟尼佛在世时曾示现给僧众看，并讲述了此事的来龙去脉。

另有一位通达三藏的比丘以博学多才而自居，他对其他比丘说："你们就像牧童一样。"结果他在五百世转生为牧童。[70]

[68] 详见《根本说一切有部毘奈耶药事》卷2中阿帝耶医王的公案。

[69] 详见《根本说一切有部毘奈耶杂事》《百业经》。

[70] 详见《根本说一切有部毘奈耶药事》卷11。

又有一位年青比丘看到了另一位比丘跳过水沟。当时随口便说：“你好像猴子一样。”由此他在五百世中连续转生为猴子。[71]

从前，一位商人牵着一条狗上路。途中，那条狗偷吃了商人们所带的肉。那些商人们把它的四肢全部砍掉后扔在空旷的荒野中。它感受了异常的痛苦。这是由于：迦叶佛时，它曾是一位声音悦耳动听的年青比丘。当时他对一位声音不好听的老比丘说：“你的声音简直像狗叫一样。”由此他于五百世中连续转生为狗。[72]

一般而言，那些种族高贵、相貌端严、青春美满、地位显赫、财产富足、广闻博学的傲慢之人容易以言语侮辱伤害他人。

往昔，某寺院有位智慧颇高的格西，在辩论过程中无有人能辩胜他。于是他说：“你们真像驴一样。”并作出姿态。他以此恶业死后立即转生为驴头鬼。

再有，安多地方的一位格西是获得文殊菩萨加持的高僧大德。一次，来自某大寺院的一位小僧人与其关于“众生有无新生……”这一问题展开了辩论。当大格西的理证稍有相违时，那位小僧人因此便认为自己智慧不凡，顺口说道：“你真是一无所知，‘三轮[73]’！”以此果报，他即生舌根完全糜烂，最后舌头断掉而命绝身亡。

以贪嗔之心进行辩经，若引起互相生嗔，则罪过十分严重：昔日，大慈大悲的导师释迦牟尼佛在世时，两位比丘开始辩论，最后双方恶语相讥，互不相让。因为年青的比丘对老年比丘说了许多粗言恶语，以至于年老比丘怀恨在心，气愤地回到自己的住处，闭门不出，最终死在那间房屋里并转生为一条毒蛇。当时，世尊吩咐阿难说：“你去告诉那条毒蛇：世尊说，‘蛇呀！你是曾于我教法中出家的，本可获得解脱，但如今你因生嗔心而转为毒蛇，你应向所嗔的这位比丘道歉。如果还继续嗔恨，将堕入地狱之中。’”阿难尊者带着那位年青比丘去敲毒蛇的房门，并一五一十地转告了世尊的话。可是，那条毒蛇喷散嗔恨的毒气后仍不肯出来。世尊又命目犍连尊者去了，他也同样转

[71] 详见《贤愚经》中蜜胜比丘的公案。

[72] 详见《大方便佛报恩经》卷3中均提沙弥的公案。

[73] 三轮：辩论时，对方若理屈词穷，辩者可说“三轮”，指对方完全输了。

述了世尊的话。然而，那条毒蛇只是从铁门缝中伸一下头，就又钻到里面去了，还是不愿出来。此时，舍卫城到处传说着一位比丘因嗔心而转成了毒蛇，致使许多人为了看热闹而聚集在那里。随后，世尊也携眷属来到此处。佛陀严厉呵责了那条毒蛇。它无法堪忍世尊的语言威力，很快便出来了。世尊将毒蛇带到祇陀园。它在众人面前惊恐不已，跑到世尊座下蜷身而居。世尊将它与那位比丘放在一起后，说："你因为以前说了如毒般的嗔怒恶语之业而转生为毒蛇，如果现在仍然造向他人射毒箭的恶业，那么来世你将会怎样呢……"讲述了许多过患。那条蛇知道自己已投生为恶劣的众生后失声痛哭起来。佛陀说："你造恶业时理应啼哭（但那时却未流泪），如今恶果成熟已转为旁生，哭又有什么用呢？快向这位比丘忏悔！这位比丘，你曾经是这条蛇的辩论对手，无疑也应顶礼（忏悔）。"那位比丘向毒蛇顶礼，那条毒蛇也礼拜了比丘。在场的所有人都惊奇不已，更加对佛陀生起信心，对因果生起诚信。世尊也依此因缘而传授佛法，令许多人获得功德（得果位）。那条毒蛇也在对佛陀生起信心中死去，后来转生到三十三天。

如此具足戒律、精通三藏的比丘，尚且由于嗔心、恶语而转生为毒蛇，那么像我们这些毫无功德的在家男女们将会如何呢？因为当时正值大慈大悲的导师在世、业果迅速便可成熟的缘故，恶业瞬间即可得以清净。如今在这佛法末期，积累恶业之力与往昔截然不同，所以在尚未受完果报之前不可能值遇佛陀那样的导师。

当今具诤时嗔恨浊十分猖獗，从出家人到在家人以贪嗔偏袒之心评论教法宗派的好坏或者为了地位、名声、财产、受用等这些无有丝毫实义或者蝇头小利的事，始终怀着如毒般的恶心，恶语好似毒箭一般从口中射出，由此导致暴发激烈的争吵纠纷甚至国破家亡，这是在造死后立即堕入地狱的罪业。如颂云："在家众为受争论，出家者为想争论。"《俱舍论》中也宣说了受、想是争论之根本、轮回之因。因此，无论是依靠佛法说粗语，还是为世间轮回琐事出恶言、恶语，都是嗔恨、争斗的根源。所以，我们思维以上的公案后应当倍加警惕。最初互相说恶语，一旦生起嗔心就要立刻改变，否则将于多生累世堕入地狱以及转生为毒蛇。

此外，取恶名的罪过也极为严重：往昔，迦叶佛时，一位名叫西哦色嘉通晓三藏的比丘，出言不逊给诸多圣者比丘起“犹如马头”等许多恶名。结果他从人寿二万岁时死去，转生为庞大鲸鱼、身上具有马头等十八个头像的旁生，到人寿百岁时释迦牟尼佛出世之间一直感受痛苦。[74]

本来，人人都有一个固定的名字代表他自己，如果不叫人本身的名字，而取一些“豁嘴”、“歪鼻”之类的恶名，都是在积累堕入恶趣的罪业。昔日，释迦族五百女子的丈夫被暴军斩尽杀绝，她们都成了寡妇。后来帕吉波国王的军队又将她们的手脚全部砍断，结果她们死去。这是由于：她们曾是迦叶佛教法中的五百僧人，当时，给诸比丘取“断足”、“断臂”等恶名，以此恶业在许多生世中堕入地狱，又于五百世中被砍断手脚而亡。[75] 无论是取什么恶名都会感受五百次那样的等流果报。如若对比丘沙弥等取恶名，其异熟果将堕入地狱。

此外，若对父母口出恶言，果报也极为严重：从前，边地具石境内的力部施主有一个儿子名叫珠辛吉。他要前往大海岛屿取宝时，他的母亲极力阻止，但他却不听。最后母亲伤心地哭了。他气急败坏地说：“我要前去取宝，你却说不吉祥的话，愿你见地狱！”用牧区的话就是怒骂“下地狱吧！”这样口出粗语后他便一走了之。途中在一家旅店住宿，因业力所感商人们全部走了，珠辛吉睡得太沉，诸商人也把他给忘了。等他醒来时所有的商人都已无影无踪。知道只剩下他和两头驴留在空无一人的海边上以后，他十分惊慌，马上将两头驴连在一起，驱赶着它们向前行进。这时，狂风大作，路途完全被沙子遮住，根本不知往哪里走。然而，那两头驴很聪明，它们凭着嗅觉闻气味缓缓地向前行进。珠辛吉因为又慌又急，于是用鞭子猛力抽打它们，希望加快速度。结果两头驴也因神志不清而迷路了。他们来到另一个空旷的地方，两头驴已精疲力竭、口干舌燥，伸出舌头呼呼地喘气。见此情景，

[74] 详见《根本说一切有部毘奈耶》卷9中劫比罗的公案。

[75] 详见《根本说一切有部毘奈耶杂事》卷9中五百释女的公案。

珠辛吉生起了恻隐之心，便将它们留在原地，他到处漂荡，最后到了十分恐怖的饿鬼城市……后来又在十二年间以他原来的那一身份不断流落于地狱之处，受尽了饥寒交迫、口干舌燥的无量痛苦。

甚至对旁生也不能恶语指责：久远以前，一位施主有一个耕种的仆人和两头牛。一次，牛去田里时，仆人扔一节木头砸断了一头牛的角，就称它为“断角”。又有一头牛跑到地里时，他抛镰刀砍掉了它的尾巴，称它为“断尾”。那位主人本来答应将女儿嫁给那个仆人，后来没有履行诺言。仆人对主人怀恨在心，他把两头牛拴在一棵枯树上，用鞭子抽打，然后置之不理。初劫时旁生会说话，它们说：“以前你从来也不用鞭子打我们俩，而且给我们喂草、喂水，就像父母一样慈爱、保护，现在为什么这样虐待我们？我俩犯了什么错？”

仆人说：“虽然你们是无辜的，但你们的主人欺骗了我。”

牛问：“那么，你为何不禀告国王呢？”仆人回答：“我没有证人。”

牛说：“你向国王禀告，我们可以作你的证人。如果国王问：‘你有证人吗？’你就说：‘有牛们作证。’如若国王说：‘牛们怎么能作证呢？’你就回答：‘我们把它们拴在岩石下，如果我的话是真的，那么就告诉它们：‘不吃草不饮水。’这时，我们也不吃不喝，直到国王相信为止。”

于是仆人就这样向国王禀告了。国王说：“那么，就这样做来看吧。”此刻，断尾的牛突然想到仆人喊自己“断尾”的恶名，于是记恨起来，它说：“我不愿意作证，不用说是草，就是石头我也要吃。”其余的牛说：“这位仆人对我们犹如父母般慈爱，我们不能骗他，应当为他作证。”它说：“尽管这是事实，但因他经常叫我断尾，所以我不愿意为他作证。”

其余牛对仆人说：“你（用绳子）把这头断尾牛的鼻子穿透后系在我们的牛角上，如果它吃草的话，我们的牛角便向上抬起，那时你就说：‘大家看啊！它们所指示的太阳也在为我作证呢。’这样将得胜。”

仆人将断尾牛的鼻子穿透。

那牛喊道：“你们看呀，这个人还在加害我。”

其余的牛说：“他不是加害你，而是在给你打扮呢，你不要出声，静静地待着吧！”

国王进行审判时，牛们如此为他辩护，结果他大获全胜，如愿娶到了主人的女儿。这说明：虽然是旁生，但如果慈爱它们，它们也知道报恩；如若口出恶语伤害它们，那么从今世起它们也会报仇。即使未能报仇，也会发恶愿于生生世世中不断陷害报复。

此外，在一个僻静的山村，住着一个赶车的人，他有名叫“嘎雪”、“萨热”的两头牛，后来它俩各自生了一头小牛犊。因为嘎雪所生的小牛犊的牛角连在一起，所以为它取名“嘎雪连角”；因为萨热的小牛犊是歪嘴而给它取名“萨热歪嘴”。这两头小牛犊逐渐长成了大牛。一次，车夫们聚集一起谈论牛的好坏。那两头牛的主人胸有成竹地说：“我的这两头牛十分出色。”他们协商决定：以五百两黄金做赌注，让牛们在艰险难行的路上拉着装有大批货物的车进行比赛。那些人也下了赌金。主人让两头牛拉着车，他自己一边驱赶一边喊：“嘎雪连角快跑！萨热歪嘴快走！”可是它们却毫不情愿。于是他用针扎它们。这时，其他人说：“你输了，不要害死牛啊，快把赌钱给了。”结果他损失了五百两黄金。他为了惩罚那两头牛，数数鞭打它们并在烈日炎炎下将它们拴在枯树上。

那两头牛以人语说道：“你为何要这般惩治我俩呢？我们犯了什么罪？”

他（怒不可遏地）说：“你们俩明明知道，却故意让我输了钱，因此处罚你们！”

它们俩说：“那是你自己的口业所造成的。本来我们俩的名字叫‘萨热’‘嘎雪’，可你却喊我们‘连角’‘歪嘴’这样难听的名字，所以你才输了。但是，现在你选一条更为难行的道路，在马车上装上原来两倍多的货物，下原先两倍的赌金，直呼我们的名字，再进行一次比赛，我们会让你赢得赌金。”

他按照它们所说的去做了，然后一边赶它们一边喊：“嘎雪快跑，萨热快跑呀！”那两头牛竭尽全力很快将货物顺利送到平原上，最后他赢得了一千两赌金。[76]

可见，无论是对人还是对旁生都不能说难听刺耳的恶语。如律藏中说：“故当说柔语，莫言不悦语，若说悦耳语，成善无罪业。”

那么，何人易说恶语呢？那些恶口如蛇舌、心狠残暴、暴躁易怒、不护根门、无有惭愧、性情恶劣之人好说恶语。

有些人天生除了说恶语以外似乎不会说话一样，这也经常会伤害不熟悉的人。多数恶人故意说恶语刺伤他人的心。如《因缘品》中云：“天生一出言，便说恶语者，犹如利斧头，将砍断自己。”邬金莲师曾说：“恶人之语如毒树，触于何处断一节。”经中云：“为恶语垢所制服，无论何者无安乐，犹如狮蛇极凶残，恶语之人无善趣。”《报恩经》中说：“炽热诸铁轮，恒旋头顶上，其苦非难忍，（倘若说恶语，果报更难忍，）永莫说恶语。”又如颂云：“炽热诸铁轮，恒旋头顶上，其苦非难忍，（倘若说恶语，果报更难忍，）于圣莫说恶。”

想到此等过患后，如果能够断除恶语，那么不会转生于恶趣之中，并且经常听到悦耳之语，受到众人恭敬，亲朋好友众多，一切事业自然成办，即使沦为一无所有的乞丐，也会赢得诸人喜欢，永无死于恶性（无有善法）中的顾虑。如经云：“断除诸傲慢，恶语伤感情，何者说柔语，彼士转善趣。”又说：“圣者断恶语，恒说柔和语，极喜美语者，近住于涅槃。”

绮语：主要是指未经观察、信口雌黄的无关语。如世尊曾说：“详察细审而言说，未经观察切莫说。”如果要开口讲话必须要深思熟虑之后再出言。如果没有进行观察顺口就说，那么很可能造成前言不搭后语，成为绮语。如在大众场合中，不作详察，随口乱说，将会伤害许多人而成为绮语、恶语。如谚语所说：“口中若出言，当视他人脸。”

特别是在闻法期间如若胡言乱语，以及诵仪轨或念咒语间隔时东拉西扯，则罪过极为严重。如今，僧团总的僧规及瑜伽自宗的法规有些十分涣散、松懈，有些人甚至在念诵仪轨的同时废话连篇，在僧众行列中与兴趣相投的道友们互相打闹、交头接耳；还到了中间念咒时，

[76] 详见《四分律》卷11中婆罗门牛的公案。

便取出一个如黑肠子般的鼻烟壶开始吸烟，或者喝茶、闲聊等作种种非法行。如若一边漫不经心地诵咒一边夹杂闲言碎语，同时口饮茶水，则其罪过与舍法罪一样重。此外，念咒时讲述故事，谈论历代王朝、军事战争、抢劫商业的状况，议论女人的好坏，评价财物的贤劣以及古今中外、沟头沟尾等形形色色的无稽之谈，这是所谓的“乱言之口如恶库，信口胡说争讼因”。依此可产生贪嗔的分别念，进而断送自他念经的善法，因此（在念经时说绮语）过失相当严重。

一般而言，那些不知羞耻、懈怠懒惰、放逸散漫、贪嗔强烈、如鹦鹉般喜欢言谈、口心不调顺的人爱说绮语。如果与这种人交往相处，必将断掉善根，被引入恶趣之中。如《入行论》中云：“伴愚必然生，自赞毁他过，好谈世间乐，无义不善事。”人们常说：“一切语言均是由欲望而说。”所以，这类绮语大多数完全是自赞毁他的语言。喜欢说绮语的人增长强烈贪嗔、极为怠惰等许多不善业。《宝积经》中也宣说了说绮语的极多过患。邬金莲花生大士也曾经说过：“杂有绮语诵一月，不如禁语诵一日。”

绮语也是依赖于贪嗔痴而产生的，所以它的异熟果报将分别堕入三恶趣。即使转生为人，也将为诸人不喜，如疯子般言繁语杂，心烦意乱，谁也不相信他的话，世世代代中爱说绮语。

如果断除绮语，那么生生世世生于贵族之家，受到众人拥戴，语言前后连贯，语言不会出现过错，能言善辩并与正法毫不相违，所说之语相合众人心意犹如蜂蜜一般……有不可思议的利益。经中也说“设若能断除，无义诸绮语，恒时讲正法，彼士转善趣。”

如是（在阿弥陀佛及其眷属前）发露忏悔口中所造的妄语、离间语、恶语、绮语四种不善业。

壬三、忏悔三种意恶业

贪心害心与邪见　发露忏悔意三罪。

贪心：是指贪图他人丰富的财物、强大的势力、勇士的魄力、智者的辩才、美丽的容貌等，并想：若有办法让我拥有这一切那该多好啊！

大贪心是贪图上师僧团的财产，其过患特别严重。大部分商人等为了谋得利润而对寺庙僧众共同拥有的财物产生贪心，其过患如强夺偷盗时所讲的一样。许多人贪图买到上师们手中的马牛等信财亡财并想从中获取利润，其罪过也非常大。假设获得了少许利润也犹如饮毒一般。邬金莲师说："上师财如哈拉毒，谁若享用则丧命。"甚至，如果看到别人有一尊佛像或优质的物品，便将它拿在手中从头到尾瞧个不停，摸来摸去，企图得到。暗想：唉，若我能拥有这样的物品该多么好啊！这也属于贪心。

一般来说，那些恬不知耻、贪得无厌犹如饿狗之人易生贪心，这主要是由欲望引起的，但是也有诸如贪求敌人之财等以嗔心引起的。依靠贪心也会导致害心、杀生、不与取等恶业的出现。

其异熟果报将堕入三恶趣中。即便幸得人身，也是相貌丑陋，贫穷可怜，虽有财富也易毁尽，由于贪欲作障而使心中所愿无一实现，生于恶境，常常成为具贪心者。尤其是对有福德之人的财富生起贪心，如果依此产生害心，则其结果将如往昔的顶生国王一样，他已获得了与帝释天王平起平坐的权势，后来还妄想拥有一切，最终天界的福德也殆尽了……有许多这类公案。

不以自己拥有的财产为满足，还贪图他人之财，依此使自己的财产也会失毁：很久以前，一只狐狸在溪水边寻得一块肉。这时，它看见水里的鱼儿在游动，便想先去吃鱼，于是它放下那块肉跑去吃鱼，结果鱼钻到了水底，那块肉也被乌鸦叼走了，最后它什么也没有得到。

本来，如果自己没有积累的福德力，那么对心中所想、眼睛所见的事物都生起贪心又有何用呢？因为眼福不浅而无所不见，心似损耗鬼而无所不求，由于自己耗尽福德终将一无所获。所以，自己有多少财物都知足。无有贪心之人即使如乞丐一般穷得身无分文，然而精神方面却十分富足；不知满足具贪心者尽管物质极为富裕，但精神却极为贫乏。如《亲友书》中云："佛说一切财产中，知足乃为最殊胜，是故应当常知足，知足无财真富翁。"

贪心过患极其严重，若能断除贪心，则转生为人时，财物富足稳固，谁也不会对其产生丝毫抢夺之心，转于天界也成为不同其他天人的富裕者。如经中说："城邑或静处，他人所属物，不生贪心者，彼士转善趣。"

害心：是指对于与自己关系不好的敌人，即使不是敌人但由于心怀恶意的缘故而对他人拥有的财产、受用、名誉、地位等生起难以堪忍的嫉妒心，并想：倘若能够加害此人那该多好啊！这个人遇到不幸该多好啊！居心不良。最为严重的害心是对于严厉的对境佛菩萨以及自己的上师、父母怀有恶毒之心。乃至对于包括旁生在内的有情，如果存心加害，则过患都非常严重。特别是不了知密宗金刚乘甚深行为之义而对加害自己或施主等的怨敌魔障根本生不起刹那悲心，从开始就企图消灭他们，一直怀着嗔心害心。但他们却美其名曰：这是密宗的降伏事业。实际上这绝对是恶意恶语。

那些无有惭愧、疑虑种种、心胸狭窄、心灵肮脏、胸中充满恶意之毒水的人们容易生起害心。

害心是由三毒产生，主要是由嗔心引起，其异熟果报必将堕入三恶趣中，这是不言而喻的。即使侥幸获得人身，也是相貌丑陋、愚昧无知，身心常为种种痛苦所逼，受到众人憎恨，转生于空旷恐怖、边鄙野蛮、时有争论的环境中，经常惨遭礌石兵刃等横死，生生世世唯起害心，无有生起慈心的机缘。

事实上，如果对方没有违缘障碍，那么自己如何生恶心也不能达到任何目的，而只会耗尽自己的福德。试图依靠恶咒等彻底消灭对方时，如果遇到个别无有福德、势单力薄者，有可能勉强对付，但也将是两败俱伤，自己得不到一点利益，既损害了今世又摧毁了来世的解脱道。如《入行论》中云："纵令敌不喜，汝有何可乐，唯盼敌受苦，不成损他因。"

有些人虽然言行上不能够伤害对方，但心中总是想：对方若人财两空、牲畜皆亡该多好啊！可是，连让一个虱子叮咬对方的事也未办到，结果自己却堕入地狱。也有些人不只是对敌人而是对所有的人都是语言白如牛奶（甜言蜜语）、内心黑如墨汁（心地恶毒）（即所谓的口蜜腹剑），这也属于害心，将成为地狱的坠石，也有成为鬼魔种姓的。

当自己所怀有恶意的怨敌出现不乐意之事时，则说："我实在高兴，真是佛的加持，我心满意足了，他本该如此。"如此随喜者，反倒他自己真的得到"佛的加持"了吧。因为对方惨遭不幸，自己如果幸灾乐祸，则与亲自造罪的过失相同。所谓"害心是地狱的使者"，这种生害心者死后将如投石般立即堕入地狱。在地狱沸腾的铜液里炖煮时，你若高兴尔时该高兴，你若心安尔时该心安呀！如《入行论》中说："汝愿纵得偿，他苦汝何乐？若谓满我愿，招祸岂过此？"

曾有这样一则实例：古代，在一深山中住有师徒二人，另有一个与他们不和的上师。一天，上师对侍者小僧人说："煮上好茶！今天我听到了一个好消息。"小僧人问："听到了什么？"上师说："与我们俩不好的某某上师有女人了。"小僧人说："噢，上师呀，这有什么值得高兴的呢？我还以为您面见本尊得到授记了呢。"帕单巴尊者听到此事后说："幸灾乐祸的那个上师比破戒造罪的那位上师罪过还大。"这就是所谓的"恶心武器伤自己"。

往昔有一个人配制毒药，企图害他人，结果误入自己口中而一命呜呼。

另曾有父子两人，老父亲躺下时，有一只蚊子落在他的秃顶上叮咬。儿子想：我的老父还没有死之前，它为何要咬他？打死它！于是扔了一块木板，结果没有打到蚊子反而给父亲的脑袋开了瓢，老人就此丧命。

此外，从前，舍卫城的施主们供养僧众斋食时，首先供养僧众，之后再布施乞丐。有一次，一个国王种姓的小乞丐和一个婆罗门种姓的小乞丐前去乞讨，婆罗门种姓的那个小孩没有掌握好时间，（在供僧之前）去了，结果什么也未得到。国王种姓的那位小乞丐在僧众享用后去要的，所以获得了许多饮食。国王种姓的小孩问婆罗门的儿子："你讨到东西了吗？"他因未得到任何饮食而气愤不已，说道："我如果有权力，一定砍掉所有这些比丘的头。"他生起如此恶毒之心。国王种姓的小孩说："我若掌握大权，一定每天以百味甘美饮食供奉佛陀及其眷属。"他生起这样善妙的心。他们俩说完话便各自到树下，都睡着了。从某处疾驰而来的一辆马车辗在婆罗门小孩的脖子上，他的头断了。他因害心的果报立即成熟而丧了命。当时舍卫城的一位大商主过世了，他膝下无子。家人们商量决定若有一位具大福德之人就请到家中。人们便四处寻找，发现了国王种姓的小孩正在一棵树下躺着，其他所有的树荫已消失，但他所在的那棵树的荫影仍在他上面而没有消失。于是他们断定那是一位具广大福德之人，选中他作为商主。后来他供养佛陀及其眷属斋食，在佛前求法最后获得了解脱。所以，这是他善良之心的果报立即成熟的原因。[77]

因此，一切善恶主要依赖自己的心，我们务必舍弃恶心劣意，生起慈心善意，否则，存有恶心者非但不能往生极乐世界，甚至连善趣也无法获得。如《入行论》云："博施诸佛子，若人生恶心，佛言彼堕狱，长如心数劫。"又："谁制烧铁地？女众从何出？佛说彼一切，皆由恶心造。"《念处经》中说："心为敌中敌，心外无他敌，如燧木自焚，心为自心毁。"可见，乃至地狱燃烧的铁地以上都是由害心所产生的。因而，我们必须彻底断除害心。

如果断除害心，那么今生也会安乐富足，谁也不能令其生畏，使众人舒心悦意，心情恒时欢喜。如《因缘品》中云："具有害心人之中，当住无有害心处，具害心中无害心，奇哉此人极安乐。"又说："何人无害心，怜悯众有情，慈爱诸含生，彼永不生怨。"死后也将感受天界的大福报。如经中说："慈心不损恼，无有害心者，不伤诸有情，彼士转善趣。"

邪见：是指对真理的颠倒认识。大邪见即：说业因果不实有、前后世不存在、三宝不真实，认为行善作恶都一样，或误认为父母杀害众生是为了积善根，宰杀旁生作供施等，视损害为正法等奉持边地邪道的宗派。与之类似的还有：口口声声说"饮酒吸烟等有什么过失，杀生没有那样的罪过……"诋毁因果，尽管一善未作，唯造恶业，却认为不会堕入恶趣，肯定能得人身，这是因果邪见。或者说："僧众无有本尊，本尊无有加持力……"侮辱三宝的威望，这种邪见与外道

[77] 详见《法句譬喻经》卷1中二商人的公案。

相同。同样，视上师僧人为有过失者也属于大邪见之类。一切众生从自性方面来说都具有如来藏，对自己的孩子也毫无慈悲心者在鹞鹰、豺狼等旁生中也没有，将任何众生都看成低劣者（与外道）一样，视正法为非法、非法为正法等均是邪见。

如颂云："十不善中邪见重。"所以，从产生不信因果的邪见开始直到尚未生起诚信因果的正见之前，以往的一切善根后来不会生起，断绝善根之人不能恢复如初，因此罪业极为严重。

那些不知羞耻、愚昧无知、从无始以来经常转生于无暇边鄙之处、为恶友所欺、无有信心、满腹怀疑之人易生邪见。

邪见的意乐是由三毒产生，但主要来源于愚痴。根据意乐强弱不同，其异熟果报分别堕入三恶趣之中，尤其是堕入无间地狱而需要感受其余地狱的所有痛苦。之后接连不断转为旁生，即使幸得人身也因往昔不善业的等流果而空耗，世世代代转生为邪见者等等，其过患无法想象。具邪见之人的善根也将成为痛苦之因。如龙树菩萨说："若欲趋善趣，当修习正见，邪见者行善，其果亦难忍。"

如果亲近不信因果的恶友或虽信因果却不懂因果道理的人，那么自己也会染上生起邪见等过患。如《因缘品》中云："若将纯净吉祥草，系于腐烂之鱼上，彼草亦会变腐烂，依止恶友亦复然。"倘若依止诚信业果、喜善警恶、了知业因果道理之人，则自己也会转变成具有正见者。如《因缘品》中云："若人将紫梗树叶，置于汉香香囊中，树叶亦发出香气，依止善友亦复然。"《宝积经》中也说："依止说法善知识，切莫依止诸恶友，具足净戒及多闻，当知胜义唯一门。"

有些愚痴恶劣的弟子尽管依止了一位贤善殊胜的上师，却对上师无有恭敬诚信之心，也未能正确理解教言，表面上装模作样，仅仅修行了少许法便自吹自擂，但实际上却在散漫、懈怠中虚度人生，结果任何功德也未获得，居然说："某位恶上师欺骗了我，正法也不深奥。"最终以邪见死去而堕入恶趣。

还有些在家人尽力作消灾延寿、顶礼转经、净除罪障等佛事，希望今生幸福安乐。然而，因往昔所积恶业力感召而屡遭病痛、失败等厄运。于是便说："我们竟然落到了这种地步，因果不真实，三宝无加持，别人唯造恶业却享受快乐。"生起邪见。

事实并不是这样，广行善法之人今生遭受痛苦是由于：因果真实不虚而使以往所造恶业在现今成熟，此后可得尽除，如今所造善根，后世必将成熟，绝不会虚耗，正因为三宝具有加持力才使往昔的恶业迅速现前。即所谓的"大福者临趋善趣，痛苦犹如燃烈火"；有些人虽然积累了滔天大罪，今生却越来越幸福快乐，但这并不妙，这是因为往昔的点滴善果于现世中成熟，之后便彻底耗尽，如今所造的恶业必将于后世中成熟，以致永无解脱之时，这就是所谓的"重罪者临堕地狱，福德犹如降大雨"。此类实例如下：

从前，札珠城市（尼洪国家）的国王俄扎雅那之子名为具髻，他继承王位后把两个恶臣纳入朝中，而将两位法臣摈除朝外。之后以非法治国，致使整个国家转入邪道。父王俄扎雅那于佛陀前出家，最后获得了阿罗汉果位。然后他返回札珠城市，准备制止太子及群臣非法执政的恶行。由于奸臣们从中挑拨致使具髻杀害了父王。因为他的父王是阿罗汉，所以他造了两种无间罪。当时，嘎达雅那尊者也在当地，他预言："从现在算起到第七天时，札珠城市将被土埋没，具髻国王及其眷属将堕入无间地狱。"随后，第一天狂风四起，将尘石一扫而空，第二天降下花雨，第三天降下衣雨，第四天降下银雨，第五天降下金雨，第六天普降各种珍宝雨。到了第七天，漫天降落土雨，尽管国王等众人企图逃跑，但因非人挡住了去路而未能跑掉，结果所有的人全部被土压死，之后堕入无间地狱中。[78]

可见，今生行善之人感受痛苦、罪业深重之人享受少分安乐，这都是可能的。因此，我们不应对因果生起邪见，诸如阿罗汉等高僧大德们之中也有临终感受痛苦的。

也有自己因前世恶业而于今生中起邪见的公案：往昔，边地给鬲国王有名为"战哦"、"炯几"的两个儿子，他们成了常断见者。后来国王将他俩委托胜光王抚养。他们舍弃了邪见，于佛陀前出家，最后

[78] 详见《杂宝藏经》卷10之《优陀羡王缘》。

获得了阿罗汉果位。这是由于：他们曾是迦叶佛教法中精通三藏的两位出家人，以此业力所感今于释迦牟尼佛教法中获得阿罗汉果位。同时转生于边地成为邪见者是因为：在迦叶佛时，他们二位前往某边地，无有教言却大胆包天擅自修行。本来没有证悟却自以为证悟了，从而生起增上慢。因临终时没有获得任何功德而心生邪见，口口声声地说："迦叶佛的教法不真实，因果不存在，我们俩没能解脱。同样，其他人也绝不会有解脱。"说完便死去了。以此邪见他们于多生累劫中堕入恶趣，并于许多世中生于边地，在此之前连三宝之声也未曾听过。

思维此邪见的过患后，如果能够做到纵遇命难也不起邪见的话，那么生生世世不会堕入恶趣。在家男女们也是同样，即便不能够彻底断恶行善，但是对于微乎其微的小事也不能说"仅此无关利害"而起邪见。业因果毫厘不爽。因此，认为因果的确存在而诚信因果，这一点至关重要，这也是所谓的世间正见。不要认为一滴水无有任何用处，如果逐渐积累则最终必将充满大的水器；如若认为小小的火星没有什么危害而不加警惕，则可能焚烧大山。通过这些真实不虚的比喻我们就能懂得（因果无欺的道理）。如《因缘品》中也说："虽造微小罪，来世受痛苦，虽积微小福，来世得安乐。"龙树菩萨说："世间之正见，谁人若具足，彼于千劫中，不会堕恶趣。"

无有邪见、诚信因果之人，因细致取舍善恶、如理行持，而于生生世世中心相续充满善业的良好习气，此人对一分戒律也极为重视，恒时喜欢出家，具有视诸上师为真佛的清净心，喜爱恭敬善知识，懂得哪怕仅闻一句佛法也有巨大意义，因此常爱闻法，诸鬼神也欢喜赞叹此人，经常生于正法兴盛、善友云聚的环境，暂时转于天界获得吉祥圆满的增上生福德，究竟往生清净刹土等利益无量。经中也说："业及业异熟，诚信此二者，受持正见者，彼士转善趣。"

（在阿弥陀佛及其眷属前）发露忏悔自己生起或令他人生起以及随喜他人生起贪心、害心、邪见这三种意不善业。

辛二、分五（忏悔身语意严重之恶业）

一、忏悔五无间罪；
二、忏悔近无间罪；
三、忏悔舍法罪；
四、忏悔诽谤菩萨罪；
五、忏悔恶见罪。

壬一、忏悔五无间罪

杀师父母阿罗汉，
恶心损害佛身体，
发露忏悔无间罪。

现在分别忏悔极重罪业，首先忏悔五无间罪。一般来说，五无间罪是指如前所说的（杀父、杀母、杀罗汉、恶心出佛身血），再加上破坏僧众和合。但是，此处按照《祖法金藏论》中所说，是指杀害父母、堪布、阿阇黎等具法眼之诸智者，不经中阴直堕地狱。（此论说杀上师也属于无间罪。）杀害父亲、母亲，或者杀害传授别解脱、菩萨、密乘等法的阿阇黎，以及杀害声闻、缘觉、阿罗汉，恶心弄伤佛的色身，自己亲自造或教唆他人以及随喜他人造过这些罪业，死后都将不经他世立即堕入无间地狱。因此，诚心诚意发露忏悔这五种无间罪业。

（下面对此五无间罪稍加解释）：破坏僧众和合便中断了法轮（损害佛法）；佛陀是三界的皈依处，损伤佛身也就损害法身的所依——殊胜色身之中的化身（损害佛陀）；阿罗汉是断尽三界烦恼的殊胜僧众（杀罗汉即损害僧众）。损害这些也就是损害了三宝的缘故成为无间罪，如往昔的提婆达多一样，我们这些人从无始以来也可能造过无间罪。

杀害上师：对自己来说，传授别解脱、菩萨、密乘法的堪布、阿阇黎等上师的恩德已胜过真佛，不用说是杀害，就是侮辱上师或一刹那对上师生起邪见恶心等，也将堕入地狱。甚至仅仅稍稍生起“我已胜过上师”的分别念，罪过也相当严重，例如：涅嘉那革玛绕仅仅认为自己的智慧较上师略胜一筹，即生便遭到七次危及生命的违缘。

大成就者黑行与一位弟子一同渡海，那位弟子心想：“就功德而言，上师的确殊胜，但从资具方面来说，我要富有些。”仅以此念便使船沉入了水中。

此外，一位舍事者的上师有一个弟子。一次，这位弟子在稠人广众中传法时，他的上师也来到当场并顶礼。弟子明明看见了上师，但在大庭广众之下不方便给上师还礼。众人散去后，他迎接上师并顶礼其足。上师问：“刚才我顶礼时，你为什么不起身呢？”他紧张地妄言禀道：“我没有看见您。”刚刚说完，他的双眼便落到了地上。

有许多此类公案。

不必说是广泛授予灌顶、传承、教言的上师，甚至对从字面上讲解的阿阇黎、获得四句传承的上师也应恭恭敬敬。相反，若违背师教，则过患极大。如续部中说：“闻一偈颂者，若不当作师，百世转为狗，成为具痣者。”依止上师、堪布、阿阇黎后，无论他好坏，都不能违背其教言。续中说：“依止上师后，无论其好否，岂能违教言？彼若失此印，堕金刚地狱。”又云：“纵然无功德，依师若舍弃，侮辱诸上师，诽谤三世佛，其罪说不尽。”这其中宣说了（违师言教的）许多过患。因此，违背上师、堪布、阿阇黎（之教言）罪过极其严重。

杀害父母：（在历史上有许多杀害父母的事例，）曾有一位施主之子杀了自己的母亲，未生怨王杀害了他的父亲。父母双亲在今生今世对自己恩重如山，自己的善妙身体也是由他们的因缘而形成的，因此父母是严厉的对境。对于出家人来说，父母等同于堪布阿阇黎，如果未经父母允许则不可以出家。

往昔，有一位小驼背阿罗汉因业力所感于六天中断了斋饭。阿难与目犍连两位大尊者为他化缘的斋食被狗和乌鸦抢走，也未能解决他的那份斋饭。第七天，舍利子尊者化到了一钵斋饭给他。这时，大地突然裂开，所有的食物全部落到地下。舍利子尊者以神变取出交给他，可是又被风吹散了，丝毫也无法享用。舍利子说：“现在看来他没有进食的缘分了，给他水喝吧。”尊者供水给他，当时诸非人向水中洒入灰尘，结果水变成了灰汤。小驼背阿罗汉喝了灰汤，最后因饥饿而圆寂。这是因为：在很久以前，有母子二人（相依为命）。一次，儿子外出时，母亲对许多比丘供养了斋食。儿子回来后得知此事，因为他是一个吝啬之徒而对此忍无可忍。他将母亲关在一间空屋里作为惩罚，七天之中置之不理。母亲饥饿难忍，有气无力地说：“儿呀，给我一点食物吃吧！”儿子气急败坏地说：“你将自己的那份食物给了比丘们，现在还给你什么，你吃灰去吧！”最后母亲饿死了。以此业果他连续不断地堕入恶趣之中，并于数世中饥饿而死。如今获得阿罗汉果位时，这位最后有者也因饥饿而亡，且临终时还需要食用灰尘。[79]

殴打父母的罪过也如此严重：从前，有位商主名叫匝哦之女，他将几天中做买卖攒得的收入供养母亲。在他即将启程去海岛取宝时，母亲劝他不要去，他执意不听。母亲一边哭一边拽着他的脚。他气愤地说：“我要去大海取宝，你竟然说此不吉利的话。”同时用脚狠狠地踢母亲的头。然后一走了之。以此业报在海上船只毁坏，他独自一人幸免于难，到处漂泊，因以往供养母亲几次银币之业而于数千年中享受天人的安乐。后来又被业风驱赶到了南方一处，他走进一座三层门的铁室内，看到那儿有一个人的头上旋绕着一个燃火的巨大铁轮，脑浆脓血四处飞溅。匝哦之女问：“你造了什么业而落到这种下场的？”那人说：“我因曾损害过我的母亲而感受此果报。”他回想起自己也曾损害母亲，即刻铁轮落到了自己的头上，感受痛苦。[80]

甚至仅仅生起殴打父母之心也需要感受这样的果报：大阿罗汉目犍连也被裸体外道徒数数殴打，身体被摧残得简直成了苇草一样。本来，他具有仅用一个脚拇趾便可动摇天界尊胜宫的神变，可是在当时由于往昔的业力所压，就连变化想也想不起来，更不必说大显神变了。那么，目犍连尊者因造了什么业而惨遭如此痛苦的呢？从前，一对婆

[79] 此例于《百业经》第三十一公案中有详述。

[80] 详见《杂宝藏经》中慈童女的公案。

罗门夫妇有一个儿子，他娶了个媳妇。那个媳妇从中挑拨致使他对自己的父母也变得冷漠无情。一次，他看见父母二人坐在一起，非常生气，恶言说道："真该将你们整个身体摧残成苇草一样。"以生此恶心之业，他在五百世中被人打死，如今这是最后的余业。[81]

此外，也不能侮辱父母或从其身体上跨过等：曾有位叫仁慈供施的商主，因从自己母亲的头上跨过之业，而即生堕入孤独地狱，并且头上转着兵器铁轮，感受难忍之苦。

若指使父母做事也将感受果报：昔日，释迦美女耶输陀罗怀其子罗睺罗长达六年之久，生产时感受了难以忍受的痛苦。这也是因为：从前，母女二人携带一桶酸奶赶路，女儿不愿意背奶桶，于是对母亲说："阿妈，你背这个吧，我要去方便一下。"在遥远的途中一直让母亲背着奶桶。这就是此业的等流果。[82]

由此可见，父母是多么严厉的对境。譬如，若用世间的财物、辛勤劳作报答父母的恩德，那么儿子将父母扛在双肩上于百年之中转绕四大部洲，也报答不了父母之恩，以遍满大地的七宝供养也无以报答恩德。倘若让父母信仰佛法、受持戒律、生起智慧等以及趋入佛门，则可回报父母的恩德。而以狩猎、盗窃的赃物，信财、亡财等邪财奉养父母，非但不能报恩，反而是让他们积累地狱之业。

另外，对于破戒的父母也应恭敬承侍：往昔，一位施主的儿子是通晓三藏的比丘。后来他的父亲也出家为僧众做事，十分辛苦。一次他对儿子说："我累得精疲力竭了，你应恭敬侍奉我。"儿子说："本师讲过：'狮子一样的人不能承侍狐狸一样的人'。"父亲说："儿子，谁如狮子，谁又像狐狸呀？"儿子说："爸爸，我具足戒律犹如狮子一般，你是破戒之人就像狐狸一样。"父亲说道："儿呀，像狐狸一样的我能生出如狮子般的你吗？"正在这时，世尊赞叹父母说道："父母是利益的恩田，无论何时理应恭敬、令生欢喜。何人若令父母欢喜、真实供养抚恤父母，将受到梵天、阿阇黎的供养等。"如此赞叹了许多（恭

[81] 详见《根本说一切有部毗奈耶杂事》卷18。

[82] 详见《佛本行集经》卷55。

敬承侍父母的功德）。又说：“智者以饮食，衣物及卧具，孝敬父母亲，今世无灾难，死后趋善趣，获得诸安乐。”

年轻人如果孝敬父母与长者，就是在积累福德；如若凌辱他们，就是在耗尽福德：从前，被称为和气四瑞的羊角鸟、山兔、猴子、大象，按照长幼辈分，其中年龄最小的是大象。所以它对其余三者恭敬侍奉，途经艰险难行之路时，它们都骑在大象背上过路。羊角鸟是它们中最年长的，其余三位对它都是毕恭毕敬。必须像它们那样恭敬老者。邬金莲师也曾说过：“勿令老者忧，当以恭敬护。”

因此说，念念不忘父母、上师等的深恩厚德是正士的品质。如《世间正士庄严》的法规论中云：“承侍应敬者，尤悯无怙众，不忘报恩德，乃是圣者行。”

知恩图报的正人君子，甚至转为旁生也不忘报恩：昔日，一位比丘的床榻下，一只老鼠带来许多食物贮存在那里。那位比丘享用这些食物便不需要去化缘。世尊说：“那位比丘的前世是那只老鼠的父亲，老鼠因孝敬父亲而带食物给他的。”

对父母、上师等恩将仇报，即是所谓的“以石击打大恩人”。如《佛本生传》中记载：往昔，释迦牟尼佛转生为人熊时，救了一个定死无疑的猎人的性命。然而，那个猎人却出卖了人熊，使它惨遭杀害。当他接受自己的那份熊肉时，以无欺因果之力，他的手断落到地上……

不知报恩的人比老狗还下劣，如果给狗食物，那么它永远也不会忘记。律藏中说：“不知报恩之诸人，视其比犬更恶劣，犬亦知晓感激人，如蛇之人放毒气。”不念上师、父母恩德的修行人，护法也成了魔。如邬金莲师说：“不念父母师恩时，本尊护法现魔相。”[83]

在如今的恶世，有些卑劣之人仅仅在人前顾及面子、害怕羞耻，虽然没有直接杀害父母，但是他们在父母尚有劳动能力期间，把他们当成奴隶一样，指使他们做事。所有的美食暖衣，儿子、媳妇享用，父母双亲食不果腹、衣不蔽体。父母到了年迈不能做事的时候，宰杀

[83] 如《二规教言论》中云：“父母上师长老等，利己人前不报恩，诸天护法耻笑彼，失却助伴如僵尸。”

老牲畜，驱赶老父母，这是卑鄙之人的做法，结果把生身父母撵到城郊或寺庙附近，使他们流浪乞讨，最后饿死冻死。而他们自己却在父母所立的家业上坐享其成，毫无羞耻，没有一点悲心，真好似罗刹一般。即使未将父母逐出门外，也是以恶言粗语、残羹剩饭虐待他们，令其备受痛苦，没有比子孙虐待父母更严重的罪业了。

因老年人心力脆弱，如果（儿女）促成他们死亡，与自己亲手杀害父母一模一样。等到老人死去以后，再为了避免别人讥笑而供养跛牛、瘦羊、布匹、哈达作佛事也无有任何利益。儿子、儿媳等人从今生起会经常遭受种种不幸，死后将如坠石般立即堕入地狱。

当然，作为父母，也不应多嘴，而要常念观音心咒。身为儿女，如果不与父母顶撞，也不怀歹意在衣食行为上虐待双亲而恭敬承侍孝敬奉养父母，则今生来世都将吉祥顺遂。从前，有母女二人一同过河，母亲想：女儿若得解脱，我被水冲走也可以；女儿也对母亲如是生起爱心，结果两人都被水冲走了，（因她们互相生起了善心，）死后转生到梵天界。

因此，以前犯了如此过错之人，必须从即日起尽力忏悔，改过自新。

壬二、忏悔近无间罪

杀害比丘与沙弥，
污尼毁像塔寺等，
发露忏悔近无间。

近似于无间罪之业：即杀害具戒的比丘或沙弥，玷污沙弥尼、比丘尼等持戒的尼姑毁其戒律，以及毁坏、焚烧画像、塑像等佛像或绘画塑造的佛塔和经堂等殿堂，这些是五种近无间罪。（在阿弥陀佛及其眷属前）发露忏悔亲自所造、令他人造的所有极为严重的近无间罪。

本论上下文中有与其他经论中的说法不同之处，在此并没有直接列举不易出现的罪业而只是列举了容易就犯的。一般而言，如《俱舍论》中说的：“染污母亦无学尼，杀定菩萨有学圣，夺僧合食毁佛塔，此等即近无间罪。”

杀害比丘沙弥：清净的比丘、沙弥是佛教的根本，如若杀害他们则毁坏了法与僧二者。如世尊曾说：“佛教胜宝灯，即是圣法器，苦行著袈裟，释迦子比丘。”即使损害戒律不清净的比丘，过患也很严重，因为现在的出家人无论如何鄙劣，但在胜解佛[84]出世时都会证得果位。佛经云：“诸在家人如狗尸一样，破戒之出家人犹如大象尸体一般。”破戒者也能胜过一切外道沙门。《地藏十轮经》中云：“瞻匐波花虽枯萎，亦胜其余诸花朵，破戒僧人纵行恶，亦能胜过诸外道。”

不仅如此，甚至也不能对沙弥、比丘生起恶心。经中说：“任何众生若对身著袈裟之比丘生恶心，则彼于三世诸佛、缘觉、阿罗汉生恶心，于三世圣者生恶心故将成熟无量罪业之果报。”

仅仅轻蔑、损坏法衣也不可以，如若对其（法衣）恭敬则获得福德。《地藏经》中云：“一切智者极赞颂，此大仙人（佛陀）胜幢衣，何人于彼作供养，定脱三有诸束缚。”从前，在一片森林中有一头狮子名叫尊固，它那金黄色的皮毛极其漂亮，并对众生非常仁慈。一天，一个猎人看到它后，暗想：我如果把这头狮子杀了，将它的皮献给国王，一定会得到重赏。于是他剃掉头发、穿上法衣（冒充出家人），他将弓箭藏在腋下，向狮子所在的方向走去。趁着狮子正在熟睡之时，用毒箭射中了它。狮子惊醒后扑到猎人身上，当它发现猎人身着法衣后生起诚信。心想：我若加害此人，就是对三世诸圣者生恶心。随后自己死去了。初劫时连旁生也不加害仅持出家形象者。[85]

如果毁坏佛像、佛经、佛塔，则毁者自己造了近似无间罪的严重恶业，但对佛教却无大妨害。（而损害比丘沙弥则不同，）比丘、沙弥无论好坏，都必定会受持少许佛法，因此，达官显贵等和僧众打官司，或对他们身体进行惩罚迫害等，是直接毁坏佛教。往昔印度法律规定：出家人如何触犯王法也只被称为“童子得断[86]”而不受治裁，也不会遭到任何谴责。

[84] 胜解佛：贤劫千佛中最后一佛。

[85] 详见《大方便佛报恩经》。

[86] 童子得断：如孩童违犯法律也不会受到国法的惩罚。

（不仅如此，甚至损害居士也有极大的过失：）从前，一个人因殴打了一位居士而于多生累世中转为身体庞大的旁生，当它到水里时被所有水生动物吃食，来到河边时被猛兽所吞食，到虚空中时则被一切非人用兵器将其碎尸万段，感受如是痛苦。

叙述杀害比丘、沙弥等过患的公案也有许多。

污尼：哪怕是具足一分戒律也属于证法，等同于包括天人在内的众生所供养的佛塔。所以，如果毁坏受了比丘尼、沙弥尼、女居士及持八关斋戒的女众之戒律，就是在玷污佛教，此人也断绝了解脱道。如谚语所说："以黑毒之斧，损坏金佛塔。"实际上，在此五浊恶世，对一日持一分戒律制造违缘的罪过，比百年之中阻止他人供施的罪过还大。如《宝积经》中云："何人以信心，百年作布施，何者一日持，净戒较其胜。"

毁佛像：诸经续中多处宣说了一切有为善法中塑佛像、造佛塔、印佛经的功德极大，倘若毁坏这些，罪过较功德更大。《白莲花经》中云："何人若于墙壁上，自绘抑或令他画，百种福饰圆满身，彼等皆获菩提果。"佛像是工巧的化身。《宝积经》中又云："佛陀幻化多种像，为利有情行善法。"《耳饰经》中说："末法五百世，我现文字相，观想彼为吾，尔时当恭敬。"这说明经典的文字既是色身也是法身舍利。因此，如果毁坏或贩卖经典的话，罪过极为严重。

对于恶趣罪业深重的有情来说，连生起"这是佛像"念头的机会也没有。如今我们能够心里浮现或者亲眼目睹佛像，这也是往昔积累福德的结果。当获得大资粮道时，佛像也直接见为殊胜化身。如《宝性论》中云："如琉璃净地，现天王身影，众生净心地，现能王身影。"

所以，我们思维佛的功德，佛像的原料无论是好是坏，都不要想成是物质所造的，而要作真佛想。如《亲友书》中说："佛像纵然以木雕，无论如何智者供。"如若毁坏上师高僧大德像等，罪过也同样严重。

毁佛塔：佛塔是佛陀的意所依，如果建造，则功德无量；倘若损毁，则过患无穷。想到这一点，甚至对别人建造藏青稞许等大大小小的佛塔，都不能妄加评价它美不美观等，更何况是毁坏呢？如颂云："善意将鞋垫，置于能仁顶，他人扔掉彼，二者得王位。”即是所谓的“依一塔小像，三人得成佛[87]”。曾有一头浑身是泥的猪在一佛塔上蹭泥，恰巧补合了一处裂缝，依此它死后便转生到天界中。有许许多多此类公案。

若转绕佛塔也有诸多功德。如律藏中说：“任何智者以净心，向此佛塔迈一步，上品纯金一千两，供塔之德不可比。”经中说：在佛塔上供养装饰品、鲜花、酥油灯，以及清扫、涂妙香、刷白漆等也有无量功德。

如若重新修复破损的佛塔也有巨大功德，如颂云：“何人见佛塔，即当重修复，尔后获大力，身壮无畏惧。”如果毁坏佛像、佛塔，或塑造佛像、建造佛塔尺寸不足，用烟熏黑、跨越等轻蔑行为都将堕入恶趣，即使转生为人也是身材矮小、诸根残缺不全、身色丑陋、愚笨无能等。

毁坏佛堂：所谓的佛堂是指三宝所依存在之处或僧众聚会的经堂，不用说是毁坏，就是在里面睡觉、丢口水、鼻涕、茶渣以及放屁等也将堕入恶趣。在经堂内，也不能坐污秽的坐垫。

昔日，世尊去广严城化缘时，看见一个背部色如黑瓷罐般的人，世尊说：“此人曾是迦叶佛教法中的一位出家人，当时他在僧众经堂里铺坐肮脏的敷具[88]，以此业力于五百世中成为背黑黝黝的人。”

僧护尊者在地狱中所看到的形如墙壁、形如柱子的地狱众生，也是曾在经堂的墙壁上吐痰，在柱子上涂唾液、鼻涕以及因倚靠而弄脏墙壁柱子等的果报。[89]

若拿取建造三宝所依或殿堂的物资，造成殿堂因原料不足而缩小面积等，也是与毁坏（三宝所依或经堂）的罪过相同。此处虽然没有列举关于此等过患的诸多公案，但是我们在明确了知损坏佛塔的这些过患后，务必要小心提防，对以前所造的此类罪业在即日尽力忏悔，这一点十分重要。

---

[87] 此义于《大圆满前行引导文》有广述。

[88] 敷具：比丘十三种资生具之一，僧人使用经堂时需铺设的坐垫。长三肘宽二肘六指。

[89] 详见《佛说因缘僧护经》。

壬三、忏悔舍法罪

三宝殿经所依等，
以彼作证违誓等，
发露忏悔舍法罪。

此类舍法罪是指以殊胜的对境三宝、庙宇殿堂、经典论典三所依等作证，说绮语时也是随便发誓、赌咒，打官司、做生意等时明明盟誓，尔后却故意自食其言。甚至仅仅说天尊为证，也要塑造其身像，否则便已舍弃了这些本尊。（在阿弥陀佛及其眷属前）发露忏悔所造的所有舍法罪业。

如今有些人，连做一个小泥塔和刻印一句观音心咒的能力也不具备，竟然口口声声以《甘珠尔》、《丹珠尔》作证而发誓，这些人到底在想什么？大多数人以开玩笑的方式发大誓，结果福德在口中耗尽。如邬金莲师说："劣者自食其誓时，灭福损失庄稼也。"如今的人们为了一件区区小事也作大量盟誓，这都是不顾盟誓、言而无信的征相。如果誓言确凿可靠，那么何须作许多盟誓呢？

自食其言的增上果成熟于外境上：土地贫瘠，食物无营养，恒常遭受四大的灾难。成熟于自身：福力薄弱。所以，我们一定要倍加警惕，以免因自食其言毁坏善根。本颂中的"等"字所包括的真正舍法罪前文中也稍微讲解了。

依止了一位无有智慧、具偏袒心的上师后以贪嗔之心扰乱佛教，仅仅表面上听闻一点点法，便自以为是大修行者、受持宗派者而生起我慢，便说"我通过观察认为这一点合理、这一点不合理"，犹如盲人评说色法的贤劣一般对新旧宗派的见解、教规进行取舍破立，致使众多愚人跟在他们后面跑，随声附和，令别人舍弃正法比自己同时造五无间罪还严重。因此，我们这些孤陋寡闻、偏执一方的人，小心谨慎至关重要。如《经庄严论》中云："随闻具智慧，若谤所闻法，异相无量身，愚者何定为？"又说："尽解直声义，生慢失智慧，舍弃诸善说，毁自嗔法障。"

纵然所有的法并不能都与自己的心适应，但是修持自己感兴趣的法也是自己有缘之法，结果也会有所收益。对其余所有法也要尽力结上一个缘。珠巴根拉大师曾说：“我遇各种胜法理，每一窍诀皆结缘。”即使不能如此，也不要妄加褒贬，沉默不语、平等对待无有罪过。世尊说：“住于中间者，舍法我未说。”又《经庄严论》中云：“意过自性恶，于色不应嗔，况于怀疑法，故中立无过。”

因为众生有不可思议的根基、种性，所以大慈大悲的佛陀也宣说了不可思议的法门。这所有的法门从不同侧面讲都是真实不虚的，不管是从直接还是间接的角度来看，无一不是获得解脱之道。同样，随行佛陀的高僧大德所著的一切善说也是如此。因此，不能视为有好有坏，而要认识到这是不可思议的。经中说：“于所宣深法，纵未生信心，亦莫诋毁之，念法不可思。”如萨迦班智达曾说过：“一无所知的愚者若一言不发，则对佛法损害不大。”

尤其是当今时代邪见、贪嗔恶浊泛滥，公平正直的智者极为罕见，即使是清净宗派的智者们进行庸俗的辩论也将成为嗔恨之因，何况是那些冒充成就者的愚人呢？《龙王鼓音颂》中说：“品质恶劣者，为邪见所毁，粗暴生嗔时，沉默获安乐。”又云：“愚者宣讲法，摧毁诸善根，摄受多众生，将于地狱炖。”

此外，末法时代许多出家人诽谤正法，从而以舍法罪堕入大地狱中，于数劫感受痛苦，又于多生转为面目不正、聋盲者、无舌者、丑陋者、驼背者、无颈者、跛足者、声音如狗叫者，恒为饥渴所逼，身体枯瘦、嘴巴糜烂、众人不喜等众生。

特别是，评价大圆满、大手印见修的是非，犹如用一拃来衡量虚空一样，甚至连这些话语被风吹到的地方都要十分戒备。如《宝性论》中云：“何人若嗔法，彼岂得解脱？”其中宣说了谤法的许多过患。《等虚空边续》中说：“密中之胜密，何人若诽谤，则弃佛胜密，永离解脱道。”《深智圆满续》中说：“违背了义罪业者，定堕地狱诚可悲。”《护意续》中云：“若谤普贤此密意，乃至虚空存在间，死后堕入金刚狱。”《降哲续》中说：“佛教末世时，惑苦极炽盛，纵厌轮回法，行法入佛门，然受劣宗染，偏袒执佛法，增上邪念诤，因烦恼嫉妒，以法造舍法，偏执经律藏，赞自贬他法，慢言纯诽谤，精华密乘法，造彼舍法罪，浊世修行者，如覆口沙箱，堕金刚无间，地狱等恶道。”没有理解佛法要点而舍法的人很难摆脱轮回。如经中说：“不知微妙法，愚者长流转。”诸如此类的所有经续注疏中宣说了舍法的无量过患。在印度藏地关于此类公案虽然为数不少，但此处恐繁不述。

在家人不要听到别人的一种说法便评价佛法的好坏、正法吉不吉祥（有无加持）等等，否则，仅仅在口头上也会造舍法罪，危险性极大。所以，我们从今以后必须倍加谨慎，对以前所造的此等罪业以强烈的追悔心来忏悔，争取得以清净。

壬四、忏悔诽谤菩萨罪

诽谤诸菩萨之罪，
较杀三界有情重，
发露忏悔无义罪。

忏悔诽谤菩萨的罪过，前面已讲了杀害一个众生罪过有多严重，这里说，以恶心诽谤诸位菩萨（的罪过）比同一时间杀害三界一切有情的罪过还要严重，因为菩萨是成佛之因，相当于是一切众生的父母。经中也说：“若以嗔心反对菩萨，则比将一切众生关入牢狱罪过还大；若诋毁菩萨，则比杀南赡部洲众生之罪还重；若生起嗔心而詈骂大乘胜解行菩萨或说不悦耳之语，则比毁坏尽恒河沙数佛塔之罪还严重。”又说：“若诋毁菩萨，比杀害一切众生并夺去彼等所有财物之罪还大。”因此，（在阿弥陀佛及其眷属前）发露忏悔毫无意义中所造的这些弥天大罪。

如同谚语所说：“不知盗贼、菩萨在何处。”绝不能从外表形象上估计人的好坏而随口诽谤，我们根本不了解（凡夫或圣者）真实的情况是怎样，含而不露的瑜伽士们就像灰盖着的火坑一样。如《学集论》中云：“彼若未断定，轻蔑诸菩萨，如灰覆之火，其于地狱焚。”获得（生死）自在的菩萨们可以投生为固定、不定的种种形象而利益有情。所以，大菩萨甚至在乞丐、屠夫、旁生等当中也有，那么出家人中一定会有。

本来，藏地雪域是观世音菩萨的所化刹土，多数人都是信奉大乘佛法的。《宝箧经》中说：“凡是会念观音心咒之人均是大乘种性。”出家人中几乎没有未发菩提心的，因此，若不指责任何人而观清净心，则无有罪过而且是圆满一切的根本。

如果自己有信心，那么即使是低劣的对境（也可依其获成就），犹如老妇人依靠狗牙而成佛一样。如寂天菩萨说：“生佛既同体，何不敬众生？”比如，如果将一个假人[90]执著为人，则真的会显现它跑来的情景。同样，如若将任何人都看成坏人，则见佛也有过失；如果将任何人均看作好人，那么对于屠夫也会看成有功德之人。这完全与各自的心清不清净有关。所以，我们要对一切众生都有贤善之念。从前，萨迦法王根嘎酿波[91]看到许多小僧人脱掉法衣在溪水边耍箭术时，他说：“诸位僧人穿上法衣，我这个老居士要向您们顶礼。”

我们怎能像分辨小麦青稞的优劣那样来判断这是好人那是坏人呢？世尊曾说：“除非我与同我者，无人能量他人心，若量则犯大罪过。”（大多数凡夫人）自相续中有十分明显的过失看不见而去观察他人相续中隐蔽的过错，真成了疯子一样。如至尊弥勒菩萨说：“于色不应嗔，况于怀疑法？”

隐瞒自己的一切过失而指责他人的错误，会受到天人等诸众的耻笑。《宝积经》中云：“覆藏自过失，观察他罪过，此二如毒火，智者舍此过。”又说：“何人观察菩萨过，当知此乃疯狂者。”

自己的过失纵然如高山也难见，他人的过失仅如芥子也易见。如《因缘品》中云：“自他过相比，犹如扬糠秕，易见他人过，难睹自过失。”又云：“莫察他人过，已作抑未作，而当察自己，合理不合理。”

如今是许多边地野蛮人冒充成就者利用种种手段来欺骗众生的时代，因此见到贤善之士不要立即草率信仰，看到卑劣之人也不应鲁莽诋毁，而要保持中立态度，不置可否。如果依止一位相识已久、具有

[90] 假人：由土石堆积而成。

[91] 根嘎酿波：意译庆喜藏（1092－1158）。款•却杰波之子，生于后藏，为萨迦五祖之初祖，二十岁即住持萨迦寺。

信乐、诚实可靠、戒律清净的出家人，那么不仅自己不会上当受骗而且他也不会有所改变。假使最初以信心求得法要结上了法缘，就说明已经依止了上师，以后即使见对方有过失也不能诋毁诽谤。否则会自食其果堕入地狱。阿底峡尊者说:“切莫诽谤一切人，于谁生信当依彼。”《入行论》中云:“有情种种心，佛亦难尽悦，何况劣如我?”

浊世的人们极为刚强难化，有些上师无法令一些地方的人或个别人心生欢喜，结果这些人便诽谤上师，其他人则如山兔惊传“嘎拉”声[92]一样随声而转，我们不要随波逐流。当今时代多数人所说所传的若真实可靠的话，这个世界则已濒临毁灭了，如同往昔大慈大悲的导师在世时的恶魔提婆达多一样，断了善缘的人们如果遇到一个迎合各自心理、无视因果的骗子，则拜他为师；如若有一位如法者，则视其为魔，因为担心他（如法者）有损于自己的世间八法而对其进行詈骂诽谤、歪曲事实、败坏其名、扰乱其心从而将此人驱逐出境，例如，在匝达地方人们都长有一个脚，若有一个双足的人到那里，当地的人都讥笑说:“这是非人，长着两只脚。”莲师曾经说过:“成就智者流浪他乡时，出现虚伪骗子欺惑人，不见持净戒者功德时，出现诡诈之人骗众生。”《金鬘公主传记》中也有如是记载。所以，我们万万不可听到别人诋毁说是坏人便盲目跟从，这样会导致自己的天尊也遭到边地外道的诽谤。如果跟着毫无根据的道听途说后面跑，则将毁坏自他。

尽管自己亲眼见到是有错、卑下的人也不能轻蔑诽谤，往昔在印度有许多大菩萨以乞丐身份而居的实例。

阿底峡尊者初来藏地时，一位伏藏大师前去谒见尊者，当时尊者住所的门口有一个白发苍苍拄着拐杖的老妇人。因为那位伏藏大师的排场很讲究，所以他的眷属僧人们用石头棍棒驱赶路上的人们，那位老妇人来不及躲避而被打倒在地。后来那位伏藏大师圆寂后往生到铜色吉祥山。当时一位女子挡住他，不让进入持明者的行列中。他问:“你是谁呀？为何阻拦我？”女子答道:“我是空行母益西措嘉，阿

[92] 山兔惊传“嘎拉”声：从前有一只山兔忽然听到树上的果实落到水中发出“嘎拉”的声音，惊慌逃窜，奔走相告，说“嘎拉”来了，比喻无端自相惊扰。

底峡尊者到藏地弘扬佛法时，我为了防止他出违缘而在他的门口守护，你们当时轻蔑了我，因此我现在阻拦你。”

唐东加波尊者的传记中也叙述了他曾依止了许多化现为屠夫、寡妇等的上师。

法王松赞干布前去朝拜尼泊尔的三大佛塔[93]时，途中看到一位乞丐比丘脱下破烂的衣衫，在烈日下抓虱子。国王想到这是一位比丘，便从坐骑上下来向他顶礼。那位比丘心想：我实在很了不起，这些大国王们也向我顶礼。国王知晓他心中所想，说道：“我是尊敬诚信释迦佛的律藏法门，你没有什么可傲慢的。”那位比丘是一位隐蔽的大成就者，因此他示现神变将三大佛塔置于手指尖上。国王说：“这没有什么大惊小怪的。”边说边打开发髻显露出阿弥陀佛的身像给他看。比丘说：“这也没有什么稀奇古怪的。”他取过一把利刃，用力剖开腹部，示现出胜乐金刚的坛城……经中也说：“丑陋愚笨无利养，纵然理应轻蔑责，人之界行难知故，切莫鲁莽指责彼。”

不仅对人不能妄自衡量，甚至对旁生也很难以测度：从前，一位蒙古格西对他的一位弟子说：“你去五台山拜见文殊菩萨吧，我无法饶益你了。”于是那位弟子去了五台山，结果什么也没见到。返回途中去了峨眉山，看到一间大房子里许多汉人在吃饭，便去乞讨，那些人谁也没有给他。他稍坐片刻，这时里面有一位官员打手势叫他过去。他踌躇不定地来到官员面前。那位官员把所有的剩饭都给了他，并且问道：“你从何处来，要到哪里去？”他原原本本地讲述了事情的经过。官员交给他一封信说：“你返回家乡途经一座名雅杰的大城市，那里有一名叫达西者，请你把这封信转交给他。”说完又赠送了路粮。他带着那封信到了雅杰城市，到处询问达西住在哪里。但谁都不知道。再三追根问底，还是没有人知晓。另有一个人说：“这里有一头老猪名叫达西，它十分慈悯众生，除此之外再没有叫达西的了。”他让那人指点了老猪所在的位置，心想：现在没有指望将这封信交给任何人，只好交给那头猪了。于是来到那头猪的面前，将信扔到它的跟前。老

[93] 三大佛塔：香根塔、夏绒卡绣塔、施身虎塔。

猪用鼻子拆开信，稍微看一下就死去了。他感到莫名其妙，立即看信的内容，信上写道：“达西菩萨亲启，你自此依旁生形象度化众生的事业暂时已圆满，现在应前去东方以其他行境利众！文殊。”他意识到了那位官员就是文殊菩萨，马上返回去谒见，结果原地已一无所有。但是这位上师最后也获得了成就。诸如此类的公案不在少数。

此外，评说上师智慧的深浅、见解的高低等也诋毁了法与人二者，说这些出家人如何如何等从总体上诋毁罪过更大。往昔，目犍连尊者去地狱时看到一个身形是人、身高达数由旬的众生，它的舌头也伸出一由旬，上面有许多牛被驱赶着在耕犁，它感受着无量的痛苦。尊者观察这是什么业力所致，结果只是知道许多世代中它不断转生于地狱，而根本无法知晓这到底是什么业力，于是便去请问世尊。世尊说：“那是由于它对迦叶佛的诸僧众说：‘这些破戒者，戒律不清净者……’从总体上诽谤僧众的结果。这是五百世果报的最后一次，许多佛出世时仍然不得解脱。”

因此，欲求解脱之人务必要警惕诽谤罪，以前不慎之中所造的诽谤罪在即日必须忏悔。

壬五、忏悔恶见罪

闻善功德恶过患，
地狱痛苦寿量等，
认为不实仅说法，
此罪重于五无间，
发露忏悔无解罪。

上文中所讲的听到阿弥陀佛名号的利益、以少分供品供养而最后获得佛果等善法的功德；因为诽谤菩萨或对其生起刹那恶心而堕入地狱等恶业的过患；例如在这个世界上，甚至同一时间用三百短矛猛刺一个人的痛苦，也无法形容所有地狱中痛苦最轻的复活地狱中的一分痛苦，下面所有地狱的痛苦越来越大，无间地狱的痛苦是其他地狱痛苦的总和也无法比喻等等地狱痛苦的诸多特点；人间五十年是四大天王天界的一天，四大天王天界的五百年是复活地狱的一天，复活地狱的众生寿量为五百年等，如（《俱舍论》中）云：“复活地狱等六狱，日渐等于欲天寿。”以此计算，极热地狱寿量长达半个中劫等地狱寿量等以及因各自业力所说的地狱寿量。虽然听闻了上述这些善不善业因果法门，反而认为这是不真实的，只不过是一种表面的说法、传说而已，对因果产生邪见，这是比造五无间罪还严重的恶业，因为五无间罪有忏悔的机会，而这种恶业断绝了善根，乃至在没有对因果生起诚信之前进行忏悔也无有恢复的机会，将于许多阿僧祇劫中不能从恶趣中解脱。（在阿弥陀佛及其眷属前）发露忏悔无有解脱的滔天大罪。《涅槃经》《解脱经》等佛经中宣说了具邪见者永远不能从恶趣中解脱。

对那些从外道或边地野蛮者等转生于这个世间的人们如何宣说善恶因果，他们也不生信心。善于口头传法、表面听闻的法油子及行为偏于见解方面的人们也轻视因果，他们说：“此别解脱是声闻的行为，我们金刚乘的做法不必受这样的局限，烦恼就是道智，能束缚的东西不成立，若证悟了见解则没有因果相，我在入定中得知行善无利作恶无害呀……”这也属于此类邪见罪。

当然，如果证悟了究竟的见解，那的确是这样。然而，任何佛经中从未说过见行互相脱离可以获得解脱。如《妙臂续》中说：“佛陀我说别解脱，一切清净戒律中，在家咒士除相轨，其余皆当实行持。”必须按照佛陀所说的去做，否则若无有特殊的必要（而舍别解脱戒），则会失毁誓言。续中云：“破誓瑜伽者，多出行违缘。”《密集续》中云：“外护声闻行，内喜密乘义。”邬金莲师也曾说过：“外表应当实践经部仪，细致取舍因果有必要。”《胜乐续》中云：“不具见之行，不具行之见，此二密宗魔，堕入无间狱。”作为初学者，地道功德的长进必须依靠取舍因果。因此，一定要细致取舍因果。

即便是自己已经不会被因果之过患所染[94]，但在没有特殊必要的情况下，于他人面前也应当如理取舍，我们要认真思维这些道理。从

[94] 意思是说：完全达到了超越因果规律限制的境界。

前，一位上师宣说了吃肉的诸多过患，之后，弟子就没有再供养他肉食，上师说："拿肉来！"弟子说："您已宣讲了食肉有如此多的过患，现在还要享用吗？"上师说："那只是说法而已，实际上怎么能完全做到呢？快拿肉来吧！"如果只是口头上能说会道而对因果不屑一顾，那么就与这则公案中的上师一样了。

此外，往昔死相比丘和具棘沙弥生起恶见说："未持过午不食、不触火、不砍树等戒律有谁堕地狱了？制定这些戒律有何必要呢？真不知道这个佛陀在说些什么。"也有如此胡说八道者。如果自己实在做不到，还是沉默不语为佳，否则，将断绝善根，危险性极大。

在家男女们也是同样，听闻甚深的因果法门时不要说："这些上师都是能说会道，想说什么就说什么，就像昔日一位上师说法时一位老妇人开玩笑的例子一样[95]，这些道理不可能真实，即使是实实在在的，我们也全然不理解。"也有这般轻视因果、断了缘分的下劣人；或者说："他们能做到这样，我们怎能忍受得了如此的痛苦呢？"而懈怠度日；或者说："实际上，如果一分善法真有这样的功德，那么一切众生成佛有何困难？倘若一分罪业真有那样的过患，那么谁也无法获得解脱了。"也有如此自相续仅有的一分善根完全断尽今后也无有生起善根机会的人。佛经说："业及业果不可思议。"假设因果是以我们愚痴的心能了知的一个法，那为何还说是因果甚深法呢？

事实上，愚昧无知的人对世间上十分明显的财物，也很难辨别其好坏，就更不可能了知极其细微隐蔽的业因果了！我们如果承认自己是圆满正等觉佛的追随者就必须对佛语坚信不疑。如颂云："孔雀羽绚丽，亦为因差异，遍知力知彼，否则不可知。"因果是以圆满正等觉所具有的十力中知处非处之力彻见并以狮吼巨声宣说的，因此不可能有欺惑。又如《弥陀经》中云："是故诸智者，坚信佛陀语，以佛

[95] 此公案：昔日，一位上师对一个老妇女说："你到山上大声念诵观音心咒，那些花草都会和你一起念，其功德无量。"到了吃饭时，上师又说："因农民种地杀生无数，这一粒青稞就是一只小虫，吃糌粑简直就是在吃虫粉，罪过无边啊！"老妇人笑着说："上师啊，听您老人家讲善法的功德时，不用说您就连我也觉得能解脱；一听到您讲造恶业的过患时，不用说我，就是上师您解脱也似乎有困难。"

智为证，口上赞佛知。”所以，我们不应怀疑佛陀的智慧。口口声声说对佛有信心而不注重因果、喜欢恶业的那些人纯粹是在说妄语。如果真有信心定会重视因果，因为佛的一切教言中根本没有比取舍因果更殊胜的修法根本。如果自己诚信佛语而不努力，那么佛陀也无法强制性引导他。如佛在经中说：“吾为汝说解脱法，当知解脱依自己。”《入行论》中云：“饶益众有情，无量佛已逝，然我因昔过，未得佛化育。”可见，一切信心中再没有比诚信因果不虚、欢喜细致取舍善恶的信心更殊胜的了。佛在经中说：“文殊，何为信力？具信心者，对一切佛法真正信仰、信受、诚信、不疑乃信心。坚信业及业之异熟。”譬如，就算是世间上一位诚实老人的语言也是真实可靠的，那么无有妄语遍知佛陀的教言怎么会欺惑我们呢？

在世间上，播下种子后，辛勤耕耘，它定会生出果实。同样，善恶因果也必定真实不虚。想到这一点而对因果坚信不疑至为重要。倘若不诚信因果，也就是不相信佛及佛语，在世界上不可能有比这更严重的罪业。因此，必须忏悔以往所造的此类罪业。如今处于邪见恶浊猖獗的时代，所以今后务必要倍加小心提防。

庚二、分三（忏悔佛制罪）

一、忏悔别解脱堕罪；
二、忏悔破菩萨戒堕罪；
三、忏悔失毁密宗誓言罪。

辛一、忏悔别解脱堕罪

十三僧残四他胜，
堕罪恶作向彼悔，
发露忏悔五堕罪[96]。

[96] 五堕罪：律藏所说比丘、比丘尼的五类犯戒罪目，区别为五篇；梵语音译为波罗夷、僧

现在讲述佛制罪，首先是别解脱佛制堕罪：即四他胜、十三僧残、三十舍堕、九十单堕、四向彼悔、一百一十二种恶作罪。作为比丘，如若违犯这五种佛制堕罪中的其中一条，则是破别解脱戒，以此将堕入极热地狱至复活地狱之间感受痛苦。所以，在（阿弥陀佛及其眷属前）诚心发露忏悔破别解脱戒的罪业。

对于诸位出家人，详细的学处在他论中有讲解，而对在家男女们不必广讲。如果不让已受了比丘、沙弥戒的出家人学习戒律学处，则他们很容易变成屠夫等造罪之人。佛在经中说："为不知学处的人传戒，犹如放纵醉象任其为所欲为一般。"因此，出家人必须精勤学习学处。如颂云："永遮破戒者，享用经堂等。"失毁戒律之人今生也不能加入僧众的行列，更何况说往生极乐世界呢？《念处经》中云："戒律始终善，赞颂具戒士，破戒之诸人，如同旁生畜。"又说："谁披戒律衣，彼为著装者，何人舍戒律，裸体如畜生。"

思维持戒功德及破戒过患后，应该努力恢复戒律、守持戒律。

辛二、忏悔破菩萨戒堕罪

四恶法罪十八堕，发露忏破菩萨戒。

菩萨堕罪，即妄言欺骗上师、堪布、阿阇黎等，令修本尊、诵咒语、求戒律等行善法的人产生怀疑或生后悔之心，诽谤高僧大德，依靠经商等各种谄诳手段欺骗众生，这四种黑法可导致忘失菩提心等严重过患，因此必须予以舍弃，而修学相反的四种白法。

（下面介绍二十种菩萨根本堕罪：）

一、掠夺三宝财物；二、舍弃正法；三、殴打抢劫比丘、沙弥；四、造五无间罪；五、心生邪见。这是国王菩萨易犯的五种根本堕罪。（在这五种堕罪中）前四者的基础上再加上用武力等摧毁城市、地区、村落、附属地方，这是大臣菩萨容易就犯的五种根本堕罪。

一、对智慧尚未成熟者宣说空性令对方心生畏惧；二、令别人退

伽婆尸沙、波夷提、提舍尼、突吉罗。意译为他胜、僧残、堕罪、向彼悔、恶作。

失大乘发心而趋入小乘；三、令他人舍别解脱戒而趋入大乘；四、言说此声缘道不能断除烦恼，自己受持或使他人受持此观点；五、以嫉妒心赞自毁他；六、为获名闻利养而宣称自己已证悟空性；七、令比丘受惩罚并暗取贿赂；八、拿取修禅者的受用施与求学者促成对方舍弃修行。这是普通菩萨易犯的八种根本堕罪，加上前面的十种共十八种，再加上舍弃愿、行菩提心两种，总共有二十种根本堕罪，（在阿弥陀佛及其眷属前）发露忏悔违犯菩萨戒任何一条的罪业。

《入行论》中云："犹如最胜冶金料，垢身得此将转成，无价之宝佛陀身，故应坚持菩提心。"如果护持菩提心戒律（菩萨戒），则将获得佛果。《入行论》中又云："故如所立誓，我当恭敬行，今后若不勉，定当趋下流。"想到不护持戒律必将不断流转恶趣中这一点以后，必须精勤忏悔，认真持戒。

辛三、忏悔失毁密宗誓言罪

十四根本八粗支，发露忏破誓言罪。

密宗的誓言（三昧耶戒）包括十四种根本戒及八种支分戒。诸无上续部共同承认的十四根本戒：

一、詈骂（诽谤）金刚上师阿阇黎；二、违越佛教言；三、损害金刚道友；四、舍弃菩提心；五、故意出精；六、诋毁他宗；七、对非法器宣说极密法；八、视五蕴为痛苦；九、怀疑自性清净之法；十、本有能力而不降伏十大应诛[97]；十一、以寻思分别视离戏法性为有相；十二、舍弃堪为法器之弟子；十三、应时亦不享用誓言物；十四、舍弃智慧女性。

八种支分戒：一、依止不合格的明妃；二、会供时进行争吵；三、依自力从不符合续部中所说法相的明妃体内摄取甘露；四、对堪为法器者不宣说密法；五、对以信心求法者宣说他法；六、于不信密乘者

[97] 十大应诛：又名十逆怨贼。佛教密乘所说应杀不赦的十恶怨敌：毁灭佛教、摧残三宝、劫夺僧财、谩骂大乘、坑害上师、挑拨金刚兄弟、障难修行绝无慈悲、背弃誓戒和颠倒业果。

中住七日；七、无有证悟智慧而自诩为密咒士；八、对非法器宣说密法。

（在阿弥陀佛及其眷属前）发露忏悔失毁密宗金刚乘誓言的所有罪业。

如果没有忏悔（所失毁的三昧耶戒），则将堕入金刚大地狱之中；倘若忏悔旧罪、防止新犯，则将迅速获得佛果。如续（《功德藏》）云："入密士夫之去处，恶趣（指地狱）佛外无三处。"

虽然三种戒律全部受了，但如果其中一分学处也没有守护，仅是精进地忏悔，那只不过不会感受破戒的严重果报。可是，以受戒的果报有希望脱离轮回，却无有速得解脱的希望。只要是具足三种戒律之人就必须像饲养马牛羊三种牲畜一样分别护持，如若违犯了也需要依各自的仪轨（要求）进行忏悔。仅仅获得了灌顶不能推卸责任，如果灌顶自身的誓言尚且不清净，又怎么能救护下面的堕罪呢？当然，从本体上来说三戒可以转依，但并非是指初学者相续中包括三戒中细微单个佛制罪在内全部混为一谈，这些要点很难以理解。因此，三戒分开守护极为重要，因为需要根据自相续的烦恼分别念分别加以对治。

庚三、忏悔未认识之自性罪

未受戒律造恶业，非梵行及饮酒等，
一切自性之罪过，发露忏悔未知罪。

在家男女们如果没有受戒则不会有佛制罪。然而，所造的不善业却不可胜数。非梵行、饮酒、杀生、偷盗、抢夺等以及吸鼻烟、抽草烟等，凡是以烦恼心引起的所有自性罪，在家出家任何人造了都有罪过。虽然造罪者是在不知道它是罪业的情况下造的，但也必然要感受果报。如《因缘品》中云："愚者若未知，造作诸罪业，一旦果成熟，各自受其苦。"因此，（在阿弥陀佛及其眷属前）发露忏悔未认识的此等自性罪。（古大德）说：想到异熟果报的痛苦后仅仅口中也不敢言说，所以这种恶业称为"罪"。

非梵行：尽管非梵行的过患无量无边，但概括而言，如《月灯经》

中云：“为贪诸愚者，依靠腐女身，将成劣众生，彼堕恶趣中。极大怖畏之绳索，乃为难忍女人索，是故诸佛皆未赞，依止贪欲及女人。”《念处经》中说：“女人祸害根，毁坏现后世，若欲利己者，当舍一切女。”如果依止了好似能迅速散布毒气之毒蛇一样的女人，则是摧毁今生来世一切的祸根。

一般来说，虽然对于在家居士禁止邪淫而不遮止与自己的妻子行淫。但是，依靠女人是引起贪心的恶业，也是轮回胜义不善业[98]之因。如龙树菩萨说：“贪嗔痴及彼，所生业不善，无有贪嗔痴，及彼生业善。”不能单单以身语所造之业安立为究竟的善恶业，而应根据动机确定。如经中说：“为贪所缚者，不知理非理。”

具有强烈贪心者造无间罪也满不在乎：以前，舍卫城的一位施主有一个行邪淫的儿子。母亲为了保护他而将门扣上了。他喊道：“妈妈，开门啊！我要去方便。”母亲知道他要去行邪淫，拒绝开门。他大声吼道：“妈，你要再不开门，我就杀死你。”母亲说：“儿呀，我宁可死，也不忍心听到自己的儿子因祸害之根邪淫而丧命的消息。”具有贪欲者无所不作，他不顾来世，用宝剑砍断了母亲的头，之后跑到女人那里。他因造了滔天大罪而瑟瑟发抖。这时，那个女人说：“你不要害怕，这里没有别人。”为了讨那女人欢喜，他说：“为了你，我把自己的母亲都杀了。”那个女人听了这话，心想：这个人实在太恶劣了。于是她一边逃跑一边大喊：“强盗来了。”他也被这嘈嘈嚷嚷声吓跑了，结果一无所得。他是因贪爱女人而造无间罪的。[99]

《喜者婆罗门经》中说：“佩带装饰他人妻，犹如烈焰当舍弃，获得自妻应满足，邪淫如毒切莫行。”在家男子不满足于自己的妻子而暗中与他人妻子行邪淫，这是十分严重的罪业。

此处将邪淫用“非梵行”一词。包括梵净行居士在内，如果仅仅以贪心眼看女人也犯戒，那更何况说是依止（真正作不净行）呢？如续云：“宁可燃铁片，蒙蔽自双目，不可失正念，眼看女人面。”此

[98] 轮回胜义不善业：《俱舍论》中说，轮回的本性称为胜义不善。

[99] 详见《根本说一切有部毗奈耶出家事》《出曜经》。

外还有许多教证。

饮酒：对于出家人，即使是病人，喝草尖露珠许的酒也不开许，并且它是肆意失毁一切戒律的根本。酒醉如泥者连自己的生命都无法保护，怎么能护持戒律呢？因此，佛在经中说：“饮酒者非吾后学。”邬金莲师也曾说：“身著狗皮戴草帽，携带兵器与棍棒，宣说断空之劣法，饮酒同时讲法者，毁灭佛法之五相。”这里将在家人饮酒也安立为自性罪，是因为世尊禁止释迦族的病人喝酒并说：“承认我是导师之人，草尖许的酒也不能喝。”在家男女应当重视本师释迦牟尼佛的教言。佛经中说：“在家人饮酒是身恶行，若常多饮酒，不断熏习，则堕恶趣。”大部分声闻乘也随此教证而承认饮酒是自性罪。布施酒也是不可以的。如经中云：“极其喜好饮酒人，无法利己令他乐，酒使迷惑面丑陋，如哈拉毒切莫饮。”我们以理证智慧观察也容易看出饮酒的过失。

（一般而言，）饮酒主要是以大贪心而饮用，也有以傲慢、嗔心、愚痴而饮的。如果以这样的恶心饮用，那当然是罪业，如前文中所引用龙猛菩萨的教证一样[100]。

依靠饮酒也会导致自食其言、言而无信、说妄语、绮语、杀生、不净行等许多不善业的出现。世尊曾说：“酒乃诸罪之根本。”如有一则实例：从前，一位僧人住山修行，这时一个女人牵着一只山羊、带着一瓶酒来到他面前。她说：“你或者杀这只山羊，或者喝这瓶酒，或者与我作不净行。”僧人思维再三，认为饮这瓶酒好一些。于是他喝了那瓶酒，结果神志迷乱，最后既杀了生也作了不净行。[101]

昔日，宗喀巴大师在世时，上方有一个卖酒的女人给寺庙的僧人们卖了许多酒，也让他们饮酒，以至于她在即生中身体变成了人身量大的恶蝎，径直穿入一块房屋大的岩石中。从外面听的时候，里面传出嚎陶大哭的声音。有一只老鹰每天用翎羽拂拭那块磐石。众弟子问宗喀巴大师：“这是什么原因？”大师说：“那个女人许多世中让别人饮酒，凡是喝过她酒的人都以饮酒罪业转为蝎子崽并吃着母蝎，它

[100] “贪嗔痴所生，乃为不善业，无有贪嗔痴，所生为善业。”

[101] 详见《大方便佛报恩经》中迦叶佛时代一居士的公案。

们自己也互相啖食，接连不断如是转生、吃食等，每一天都要感受诸多生死之苦，直到那只鹰鹫用羽毛拂尽那块岩石，又再度堕入地狱。”

有些佛经中说饮酒只是佛制罪。对此，世亲论师认为：在家人如果不是以强烈的贪执而喝少量酒，也无有罪过，就像普通的饮食一样。当然，如若以猛烈的贪心过量饮用，则会导致争吵、战争、灾难的发生等，其罪业之大，无需再言。

吸鼻烟（抽烟）也是同样，世尊曾概括一切所断而说：“凡能产生罪业之行，必须完全舍弃。”吸烟者显然违背了此教言。许多伏藏品以及玛吉拉准的授记等中都说吸烟过患极大。（烟草）是由恶因——魔女经血的种子产生，由不净恶劣的物质组合而成，最后魔女发了许多恶愿[102]，由此形成了这种低劣物，可以产生极为强烈的贪心和诸多罪业，并且会激怒诸天龙等众生，因此我们必须将吸烟视为罪业。

关于饮酒、吸烟较广的过患可从其他经论中得知。此外，吃葱蒜步入佛教徒行列或经堂中等也属于此类罪过。

总而言之，在今生来世中对自他完全有利无害的一切事，谁做也无有罪过；有害无利的方面，掺杂贪嗔痴三毒的一切事都是罪业。所以，无论在家人还是出家人如果忏悔曾经造过的罪业，今后警惕以免重犯则全部可包括在这其中。

庚四、忏悔未知就犯之佛制罪

虽受皈戒灌顶等，不知守戒护誓言，
发露忏悔佛制罪。

虽然受了皈依戒、灌顶密宗戒等，但只是如放生牛羊一样全然不顾，受皈依戒后纵遇命难也不舍三宝等共同五戒，皈依佛后不寻其他天尊等各自破立的九种学处，以及获得灌顶后甚至连梦中也不能违背上师言教等有诸多总的誓言、分别的誓言。（如每一灌顶后）立誓：“主

[102] 魔女所发恶愿：诸如，愿所有吸烟的人全部堕地狱，凡吸烟者皆成瘾，如果我所发的恶愿成熟的话，愿此劣物立即开花结果。

尊如何教，一切我当行。”（在阿弥陀佛及其眷属前）发露忏悔一分戒律也不知道护持的此等佛制罪。

如今虽然存在少许教法，但因为魔业极其猖獗，人们对于法师讲经说法犹如病人前放食物一般丝毫不感兴趣，证法隐没的迹象也已出现：即使是四续部灌顶也只是被视为摸顶一样当成儿戏，真可谓“求法纵多守护少，发誓容易实践难”。

本来，讲经说法是宣讲因果、戒律的取舍法，可（有些人）不求法，在对戒律一无所知的情况下受了许多戒后便置之不理，这当然有一分受戒的功德，但因为失毁誓言暂时必定要堕入恶趣。如颂云：“佛陀之学处，不勤堕恶趣。”在家男女也必须了知应护的戒律而精勤守持，这一点十分重要。世尊曾说：“浊世的修行人，犹如口朝下的沙箱般堕入恶趣。”所说的密意也在于此。因此，凡是受了戒都有一分要守护的戒律，不但要知道求戒更要懂得守戒。我们现在认清了自他的一切罪业，虽然从法性意义上来说无有所忏悔的，但在世俗谛如幻的境界中作忏悔而求得暂时往生极乐世界、究竟获得佛果，如此发菩提心是至高无上的现行对治力。

己二、以厌患对治力忏罪

若无悔心忏不净，昔所造罪如服毒，
以大惭畏悔忏罪。

如果不具备猛烈的追悔心，单单口头上忏悔，罪业不能得以清净。因此，心里观想：往昔所造的罪业，就像健康人中了毒一样。我已造了如此卑鄙之恶业，从自己方面应当深感惭愧，在世间上赤身裸体、吃不净粪并不可耻，而获得珍宝人身后无所顾忌地造此肮脏的罪业，真是很惭愧。如《亲友书》中云：“谁以宝饰之金器，清除肮脏呕吐物，转生为人造罪业，与之相比更愚蠢。”《本生传》中说：“纵然未见中造罪，亦如服毒岂安乐，天众以及瑜伽士，清净之眼定现见。”想到佛菩萨一定会了知并羞辱我，心生畏惧，想到那堕入恶趣的异熟果报而十分害怕，以至于茶不思、饭不想，几乎癫疯昏倒等，以如此强烈的追悔心来忏悔，务必做到昔日未生怨王杀害父亲生起后悔心那样。

己三、以返回对治力忏罪

后无戒心罪不净，
发誓此后遇命难，
亦不造作不善业。

犹如用妙药清毒疗病必须要做到日后不再服毒一样，虽然以追悔心作了忏悔，但如果日后无有稳固的戒心，则罪业也不能得以清净。所以，我们应当发誓：从即日起直至未获菩提果间，纵然遇到生命危险也不造罪业。例如：从今以后，如果不小心禁毒，一次疗愈也无济于事。《入行论》中云："获断恶之心，说为戒度圆。"如果立誓不造罪业，唯一行善，那么即使未成办大善事，但是心的善法极为广大，因此这一点相当重要。如若无有戒罪之心，即便身语没有造罪，但内心所造的罪业极为严重。如颂云："善业或恶业，皆由心所积。"

己四、以所依对治力忏罪

阿弥陀佛及佛子，
加持净化我相续。

如果从自己的角度以悔心、戒心来忏悔，则必须以猛烈的恭敬心、虔信心祈祷"阿弥陀佛及其眷属佛子定要如同擦拭镜子般完全净化自他相续，赐予加持"。

如果依靠四种对治力来忏悔，则无论多么严重的罪业都必定能得以清净，因为罪业不成实有并且是有为法。如古大德所说："罪业虽无德，忏净乃罪德。"《别解脱经》中云："罪性本无有，为利诸有情，忏悔四根本，五无间邪行。"屡屡造罪之人如果再再忏悔，则无始以来的一切罪业都能够清净，诚心忏悔一次也可净除千劫中所造的罪业。

如《金光经》中云：“何人千劫中，若造严重罪，一次极力忏，诸罪得清净。”《弥勒狮吼请问经》中也说：“无知所造罪，一切当忏悔，智者若忏罪，不与业同住。”

凡夫愚者明明知道造了罪却不知忏悔，反而视其为功德，如此一来，即使是微不足道的罪业，也会把他引入恶趣，比如很小的铁球也会沉入水底；智者不慎造了罪业，追悔莫及并知道忏悔，所以不会堕入恶趣，好似铁球被打成薄片则不会沉入水底一样。尤其这里所讲的是与菩提心相联的忏悔对治法，所以即便是造了无间罪也可压制或减轻。如《毗奈耶经》中云：“造作难忍极重罪，谴责自己（修菩提心）将减轻，猛厉忏悔戒重犯，定能彻底根除彼。”《入行论》中云：“以是善行恒微弱，罪恶力大极难挡，舍此圆满菩提心，何有余善能胜彼。”往昔的未生怨王、乐行王、指鬘王等最初也是因放逸无度、烦恼粗重而造了严重罪业，但后来认真忏悔，最终也现见了真谛。如《广戒经》中说：“何者造罪业，善业可遮彼，如离云日月，照耀此世间。”不造罪业以及虽造罪业却能精勤忏悔的这两种人，佛说都是正士[103]。因此说，如果没有净除这些罪障则是现见清净刹土的大障碍。

思维此等道理后实修。即先诵《三十五佛忏悔文》一遍，《总忏文》一遍，再诵：“父母为主我等众……加持净化我相续。”一边顶礼，一边观想四种对治力。之后坐下念诵净戒咒七遍：“嗡阿么嘎西啦、桑吧扃桑吧扃、吧扃吧扃、玛哈谢达萨哆，班玛布部柯达布杂、达扃达扃、萨门达、啊哇罗格叠吽帕的所哈。”再诵：“具足无垢戒，受持清净戒，持无慢心戒，愿戒度圆满”一遍，接着念诵“断除一切损害他，梦中亦不生恶念，恒时不离菩提心，愿戒圆满诸吉祥”一遍。如是忏悔后观想：皈依境的诸尊众安慰说“你们的罪业已清净”，并且身体发光照射我们，最后一切罪障清净无余。

[103] 《地藏十轮经》中云：“于我法中有二种人名无所犯，一者禀性专精本来不犯；二者犯已惭愧，发露忏悔，此二种人于我法中名为勇健得清净者。”

戊四、分四（对治嫉妒之随喜支）

一、随喜之功德；
二、随喜有漏无漏善根；
三、分别随喜大乘善根；
四、随喜特殊十善业。

己一、随喜之功德

闻听他人行善时，
若舍嫉妒不喜心，
诚心欢悦作随喜，
佛说同获彼福德。

首先宣说随喜的功德：耳闻目睹他人闻思修行、塑佛像、印佛经、造佛塔、上供下施等行持善法时，如果能够舍弃心胸狭窄、无法容忍、担心别人善根胜过自己的“嫉妒心”，以及暗想我一定要达到像他那样的竞争心、不欢喜心，而想：我真高兴，他做了这样的善事实在稀奇。如果自己能够诚心诚意欢悦随喜，佛说对方亲自行持，自己观想去做，结果自己也可同样获得他的福德。这是不需要任何人力、物力、财力仅以分别心便可获得广大福德的极妙方便法。我们应当为自己不能成办善法而感到后悔，对他人行善感到欣喜。

昔日，胜光国王供养佛陀及其眷属时，一个流浪的乞女欢欣喜悦作随喜。佛陀问胜光王：“如果有一个福德超过你的人，那么可以将此善根回向给她吗？”胜光王回答：“可以回向于她。”最后佛陀念诵那个乞女的名字作了回向。《汇集经》中云：“三千须弥可称量，随喜善根无法量。”

己二、随喜有漏无漏善根

故于圣者及凡夫，
所作诸善皆随喜。

因为随喜有如此广大的功德，所以我们对于圣者以及凡夫所做的一切善事都应随喜。具体而言，即对于小乘声闻缘觉圣者们积累资粮、断除所断、修证智慧。达到有余涅槃境界时广利有情的善根；大乘诸圣者菩萨于许多大劫中积累资粮觉悟解脱的功德等五道十地所摄的一切功德和圆满二利的一切无漏善法；关于异生，正如所谓“分别趋异道，故名为异生（凡夫）”，对于因为不同业惑而趋入不同六道，加行道者以下已入解脱道和未入道的凡夫人所行大大小小有漏的善法，都应当随喜。

己三、分别随喜大乘善根

于发无上菩提心，
广利有情皆随喜。

我们应当随喜诸佛最初发无上殊胜菩提心，以清净殊胜意乐于诸多大劫中以六度万行成熟众生的相续，最后究竟圆满、成熟、清净三功德，现前了圆满正等觉果位。之后示现十二相等不断广泛饶益俱胝那由他刹土中的众生，此理正如《经庄严论》等及经藏《本生传》所述那样。

佛陀即使转为旁生身时也无不利益有情，诸如（我等大师释迦牟尼佛）转生为乌龟时解救众多商人摆脱海中危难[104]；转为如河达鱼时遣除人们的疾病和瘟疫[105]；成为狮子时救护商人，使他们免遭毒蛇之难等[106]；成为金色鹅王令梵施国王及其眷属趋入佛门[107]等许多此类公案。

[104] 详见《根本说一切有部毘奈耶药事》卷 15 中龟王的公案。
[105] 详见《菩萨本行经》卷 3 中跋弥王的公案。
[106] 详见《根本说一切有部毘奈耶药事》卷 15 中狮子王的公案。
[107] 详见《根本说一切有部毘奈耶破僧事》卷 19 中满面鹅王的公案。

成佛以后也是以种种形象利益众生：例如，金地领域的嘎谢国王准备消灭胜光王时，本师（世尊）化现为转轮王，目犍连尊者化现为大臣，调伏了嘎谢国王及其眷属。[108]

如若对诸如此类无量无边的善根生起欢喜心，（则获得无边的功德。）如经云："佛德不可思，正法不可思，圣僧不可思，若信不可思，果报不可思。"在凡夫地时也可利益众生，如对众生生起一刹那的饶益心，想方设法使他人心生欢喜，令一个众生的心转向正法，成办一分善业也回向有情等等，总而言之，无有自私自利之心所做的一切善事都是利益众生。

己四、随喜特殊十善业

断十不善行十善，
救护他命发布施，
守持戒律说实语，
化怨言语直柔和，
少欲言说具义语，
修持慈悲行正法，
于彼善法皆随喜。

共同十善业中，首先是三种身善业：一般来说，如果发誓断除十不善业，则是十善业，然而此处指的是特殊十善业。

救护他命：关于救护遭受猎杀、必死无疑的野兽、牲畜、犯人等其他有情生命的功德，前面虽然已经宣说过，但在这里进一步举例说明：

从前，舍卫城一位富裕施主生了一个具相的儿子。亲朋好友们在河边欢聚一堂举行宴会，由于那个小孩极其标致，大家相互传来递去，结果不慎将孩子掉到水里，被水冲走了。因为他福德广大没有淹死，被一条大鱼吞下去后就生存在鱼腹中。在那条河的下游有一位施主膝下无子。一天，他撒网捕捞到了那条大鱼，剖开鱼腹时，发现里面有

[108] 详见《贤愚经》卷7中金地王的公案。

一位相貌庄严的孩童，他非常高兴，于是精心抚养。孩子长大后出家，最终获得了阿罗汉果位。诸比丘请问世尊：“这是什么原因？”世尊说：“昔日，拘留孙佛宣说了断杀的诸多功德，当时一位施主听后受了不杀生戒，以此生生世世中相貌端严，今世中虽然进入了鲸鱼口中，也免遭一死。又因曾供养拘留孙佛一枚金币，致使无论生于何处均成为富裕之人，如今出家而获得阿罗汉果位。”[109]

此外，一位施主有一座妙宝塔，他没有儿子。一天他对着宝塔说：“如果不赐给我一个儿子，我就毁掉你。”塔中的天尊听后惊恐万分，将此事告诉了多闻天子（请求帮助）。多闻天子也无法使施主生子，便去求助于帝释天。帝释天对一位临终的天人说：“请你投生到那位施主家中。”那位天人说：“我想获得出家身份，如果投生在他家，出家就会出现违缘，这可不行。”帝释天又说：“你大可放心转生到他家，若有违缘我会帮助你。”于是那位天人转为施主的儿子。长大后想要出家，父母却不同意。他想：我如果不能出家，那么获得人身也无意义，不如死了好。于是就去跳河，没想到被水冲到上方，没有淹死。他又跳到兵器、烈火中，以及从悬崖顶纵身跳入深渊，都没能够死掉。最后他想：这个胜光王是位暴君，十分残忍，我应违犯王法。他到舍卫城的居民家中行窃，结果被他们捉住交给国王。国王命人向他身上乱箭齐射，但所有的利箭全部返回，一支也没有射中。国王吃惊非小，向他赔礼道歉，并且亲自开许他出家，最终他获得了阿罗汉果位。这是由于他转生为梵施国王的一位大臣时曾搭救了一个被判处死刑的人，从而于五百世中任何怖畏也不能损害他。[110]

此外，大菩萨（指释迦牟尼佛）转生为人熊时救护了一个濒临死亡的猎人性命。[111]

当他转为根达野兽时，梵施国王对一猎人说：“如果得不到那个野兽的皮，就将你们所有的猎人全部杀掉。”一个猎人为了寻找根达野兽而漂泊到干燥的荒野中，濒临死亡。根达野兽发现后生起悲心，用净水、

[109] 详见《贤愚经》卷5中重姓比丘的公案。

[110] 详见《贤愚经》卷1中恒伽达的公案。

[111] 详见《佛说护国尊者所问大乘经》卷2。

水果救活了他，并剥下自己的皮交给他。诸如此类的公案有许多。

如果我们能够做到纵遇命难也不杀生而救护众生，则可获得天人一样的寿命。《念处经》中云："一切戒律中，转善趣之因，即此施命戒。"

布施：如米拉日巴尊者说："当取出口中之食而做布施。"甚至小到施给身为旁生的鸡、狗一个小小食团，大到诸如善义王子和新巴商主取得如意宝后施与南赡部洲的众生从而遣除了他们的贫穷；给孤独施主供养佛陀及其眷属花园；睁眼国王布施双目；救众王子布施财产、太子、王妃等。倘若能如此勤于布施，今生来世中将获得广大受用，不受贫苦，不会转生于饿鬼界，究竟获证佛果。

持戒：守护戒律是指甚至都不以贪心眼看、手触女人。例如，声闻大迦叶尊者转生为婆罗门之子涅珠达之时，萨迦贤比丘尼（金色比丘尼）当时是萨迦婆罗门的女儿。他们二人奉父母之命，在不情愿之中被强迫结为夫妻。十二年当中朝夕相处，但彼此之间甚至连贪爱之心也从未生过，更何况说真正作不净行呢？他们是了知持戒功德与贪欲过患的正士。所以，尽管父母让他们同床共寝，但他们却没有这样，而是一个人睡的时候另一个人站着，轮流而睡。一次，萨迦贤入睡时手臂露到外面，一条蛇缠绕住她的手臂。涅珠达见此情景，便用一把扇子的柄端向上挑那条蛇，结果惊醒了萨迦贤。她说："怎么，你碰我了吗？"涅珠达连忙回答："不是我碰你，因为你的手臂被蛇缠住了，为了保护你，就用扇柄碰了一下。"萨迦贤说："被毒蛇缠住倒没什么，绝不能让男人触碰。"他们二位就是这样坚持守戒的。后来涅珠达成了佛陀的法太子大迦叶尊者时，萨迦贤就是阿罗汉女金色比丘尼[112]。世间上也有如是持戒的高尚之人。

因此，我们应当欣乐随喜并且自己也争取这样持戒。在家人要以自己的妻子为满足，断除邪淫。出家以后，以贪心欢喜女人等不守戒律的人，不仅不能称得上佛陀的追随者，简直就像黄豺狼一样。如颂云："伪装释迦子，犹如黄豺狼。"

[112] 详见《根本说一切有部苾刍尼毘奈耶》卷1中迦摄波、妙贤的公案。

（反之，持戒的功德也相当大。）经中说：在其他清净刹土千百劫中持梵净行戒，也不如现在仅仅一上午持不害众生等一分戒律的功德大。在如今浊世、佛法即将隐没之际，一天中守持断杀生等一分戒律的功德比恒河沙数劫之中供养俱胝那由他佛陀的功德还大。因此，我们对一分学处也不要轻视，而应守护。别人的相续中具有一分善法我们也应生欢喜心。

在家男女们甚至受持斋戒也有极大功德。如果严格守护八关斋戒则转生于天界等，详细的功德可以从其他经论中得知。

如果破一分戒律也要感受苦乐交替的果报："从前，一位贫穷婆罗门看见给孤独施主屡屡供斋给受长净斋戒的出家人及在家人后，他自己也受持了长净斋戒。其间，有一天他到了一个山村，夜幕降临后借宿在一位婆罗门家中。那家人请他用餐。他说："我受了八关斋戒，午后不能进食。"主人说："你如果不吃就不要住在我们家。"他听后十分害怕，就进餐了，结果破了斋戒，本来他死后可转生于三十三天，因破了一分斋戒而转生到四大天王的天界中，被取恶名为"破斋戒天子"，因受用及威光也逊色于其他天人而感到羞愧难当。

另有一位业障深重的老妇人，受了三天斋戒，一天吃了少量食物，一天喝了水，一天认真地守护斋戒。她死后没有转生到三恶趣中而转成了一名国王的太子，因一日进餐（毁戒）而致面目丑陋，因饮水而致心绪起伏不定犹如疯子。因此我们应努力护持净戒。

说实语：若开玩笑也能断除妄语，尽量言说真实语，则意义极大。如《因缘品》中云："实语如甘露，实语乃无上，住于实义法，佛说为诚实。"诚实的人宛如纯金一般是众人信任、欢喜之处。

化怨：不是为了地位、财食而作中间调解人，而是以好心好意化解怨恨、平息战争和冲突等诸多不善业，因此这是随喜的一大要诀。《念处经》中云："亲朋与好友，相互不和睦，何人极调解，转生于天界。"

柔和正直语：不怀有贪嗔之心，言说温和调柔的正直语。心语温和的人是具有大乘种姓功德的人，也是难能可贵、令人欢喜之处。如律藏中说："兔角极难得，龟毛亦难得，妓女独处难，说直语难得。"

此教证也可加在上面的真实语中。所以，我们恒时要尽可能断除歪曲的话语。

说具义语：我们应该唯一言说安慰忧愁者、令他人对解脱起信心以及使所化众生趋入正法等具有意义的语言。无著菩萨说：“多言可生不善业，纵然未生虚度日，除非定利自他语，精进禁语极重要。”因此，平时要策励于闻思、念诵上。

少欲：就是所谓的“有福不求亦得财，无福希求亦难得”。因此，不要有了不知足还特意去寻求，要做到随遇而安、知足少欲。如《因缘品》中云：“一人纵然有，等同雪山金，亦不满足彼，当了悟知足。”享受着所拥有受用之安乐的人很多，而享受知足少欲之安乐的人却罕见。如寂天菩萨说：“享知足乐者，天王亦难得。”所以，以自己的财产为满足不希求他财是善法。

曾有这样一则公案：一位富翁供养了世尊百味甘美的拉德（食品名）饮食。一个乞丐向世尊索要。世尊说：“你先说‘不要’再给你。”那人说：“不要。”世尊把所有的拉德食品全给了他。给孤独施主看见后，心想：绝不能断了世尊的斋食，若有拉德食品世尊会享用吧。于是他便用千两黄金从那个乞丐手中买下拉德食品，重新供养世尊。并请问世尊：“这是什么原因？”世尊说：“这位乞丐许多世中始终贪著他人财物，没有知足的时候，从来没说过‘不要’，因此经常沦为乞丐，现今仅说了声‘不要’便立即获得受用。未来山部佛出世时方播下解脱的种子。”

做到有吃有穿就心满意足，这一点无论对于在家人还是出家人都至关重要。

修慈悲心：即使对杀害自己父亲的怨敌，也无有陷害之心，而观想：若一切众生都具足安乐，那我多么高兴啊！他们若能摆脱痛苦该多好啊！只是修一次这样的慈心与悲心，其善根也是不可思议的。经中说：“生一慈悯心，较施诸众胜。”《因缘品》中云：“每月千供施，连续百年者，不及慈众生，十六分之一。每月千供施，连续百年者，不及悯众生，十六分之一。”

行正法：如若诚信业因果，奉行、修持正法，则今生后世都会安乐。世尊曾说：“修法之士得安乐。”正法无有主人犹如流水一般。所以对因果有诚信的人，以正法为满足，对因果无诚信的人则好似饿鬼一样，正法也无法满足他。如此，我们一定要欣乐随喜他相续中的一切善法。

戊五、对治舍法之请转法轮支

十方浩瀚世界中，
圆满正觉后不久，
我于彼等前祈请，
迅速广转妙法轮，
佛以神通知彼义。

如同梵天供养金轮、帝释供养右旋海螺祈请圆满正等觉世尊（转妙法轮）那样，自己也可观想：在十方浩瀚无垠的所有世界中现前圆满正等觉不久、未说正法而安住的诸佛菩萨、上师善知识面前，自身幻化为数多身体，手持法轮、海螺等吉祥供物，为饶益众生，祈祷劝请他们迅速转深广妙法轮，他们以神通了知此事后欣然应允。倘若能够这样观想，则与亲自去求法无有差别。这是以心观想（意念）。如果身语能真实做到，那么在具教法、证法功德住世的上师们面前请求四句以上法义也可使众多有情获得善妙法雨，并且可净除自己的舍法业障，生生世世不离三宝光明，永远也不会转生在暗劫中。

戊六、对治邪见之请不涅槃支

于佛菩萨持教师，
诸欲涅槃彼等前，
祈请住世不涅槃。

就像昔日铁匠之子珍达祈请世尊住世，结果世尊住世延长三个月那样，自己也可观想：在有意要趋入涅槃的诸佛菩萨、持教善知识前，诚心祈请他们为利众生于无数劫中不入涅槃而住世。他们也明知并欣然应允。（他们示现涅槃有三种原因：）如果没有所化众生，则如无有水器不能显现月影一样，佛陀的色身也就自然融入法界之中；诸佛菩萨圣者们如若住世时间过长，众生则会有他们将恒久住世之想，导致对修法产生懈怠心理，因此为了使众生生起厌离心而示现涅槃；也有因末法时期刚强难化的众生邪行种种，暂时无法调伏他们而心生厌烦趋入涅槃的。得地以上的圣者们如果愿意，那么想住世多久就能住多久。因此，我们不能生起诸佛寿命有长短的邪见。倘若自己所造的一切善根为高僧大德们长久住世作回向也同样（可达到效果），并可清净自己寿命之障等，功德极大。

戊七、分二（对治怀疑之回向支）

一、为众生获得究竟佛果作回向；
二、为成办暂时利益作回向。

己一、为众生获得究竟佛果作回向

以此为主三世善，
回向一切诸有情，
愿皆速得无上果，
根除三界之轮回。

所要回向的是什么呢？观想以自己现在正在成办的善事为主，过去、未来三世所积的一切善资粮。回向于谁呢？回向于一切众生，这是以大悲心缘利他（而回向）。为何目的而回向呢？愿一切有情都迅速获得无上菩提圆满正等觉的果位后连众生之名也无有，犹如抖空口袋一样彻底根除三界轮回，使之成空，这是以大智慧缘佛果而回向，这与《现观庄严论》中所说的“发心为利他，求正等菩提”之义相同。

尽管回向的方法有许多，但观想“诸佛佛子如何回向，我也如是回向”的方法最佳。哪怕是小小的善根，如若作回向则一切众生也都可获得，这是因为佛陀的威德力、法性的谛实力与自己增上意乐的善心力所致。如果将凡夫人的有漏善根执为我所而不作回向，那么就会被嗔心等所摧毁；倘若为自他获得佛果而作回向，则因为法界无有空尽的缘故，如同水滴（落入大海中）的比喻一样，不需要担心它有朝一日会耗尽，这是为究竟利益作回向。

己二、为成办暂时利益作回向

愿善我今速成熟，
遣除十八种横死，
身康力壮韶华丰，
如夏恒河无尽财，
无魔怨害享正法，
如法成就诸所愿，
弘法利生大益成，
使此人身具意义。

菩萨所行之事发愿作为成办暂时利他之因：以如此广大发心而回向的善根不等到来世，要依此身份成办自他二利，所以愿此善根在现世中迅速成熟于自身，从而遣除十八种横死，使寿命长如日月；无有病魔等损害，（健康）如金刚岩；风华正茂、青春美满如尽情绽放的莲花；身强力壮如天子；无穷无尽的财富犹如夏季的恒河水一般不断增长。如《入行论》中云：“贪金涣散人，脱苦遥无期。”

通过善根的加持而使自己既没有过分积累、守护、增长（财产）的散乱以及欢喜天子魔等障碍正法，也没有因未偿清宿债的怨敌、强盗之危害而心生嗔恨。愿我们依靠善根力，不加勤作、自由自在地享受正法。如果短命、多病、无财以及遭受魔怨损害等，就会成为利他事业的违缘，身体、受用富足时应发愿像文殊菩萨、普贤菩萨等那样（上供下施），菩萨若有受用则用于布施等，以四摄广利有情，而与普通人拥有财富截然不同。如《经庄严论》（唐译文）中云：“悲施财三果，悲者恒增长，爱生及摄生，资生复三乐[113]。”如此一来，一切愿望都符合正法、无有障碍、称心如意地实现，依照《普贤行愿品》等经论中所说那样发愿受持教法和证法。

佛教如意宝是通过讲修而发挥作用的。因为佛教是利乐有情的根本，依之可成办众生暂时、究竟的广大利益，由此使所获得的珍宝人身不会虚度而具有大义。《俱舍论》中说：“佛之妙法有二种，教法证法之体性，持教法者唯讲经，持证法者唯修行。”唯有进行传讲、听闻、弘扬教法和观修、行持、领悟证法才真正是佛教后学者应做之事。其他的规章制度、资具福分（建筑设施、敲鼓吹螺）等无论多么完善丰富也不是真正的佛教。

（如今有些人）根本不知道什么是讲修的佛法，只是以贪嗔偏袒之心，犹如转轮子般没完没了地做许多冠冕堂皇的散乱事，并声称这就是佛教的所为。但事实并非如此，例如，狮子会被腹内的寄生虫所毁，佛教也是同样（会被佛教徒所灭）。如世尊曾说：“我此甚深教，余者不可毁，非我似我（持我教之人）毁。”一般来说，承担弘扬佛法讲修大业的人主要是诸位法太子——高僧大德善知识，但凡是佛陀的后学者都应根据各自的能力受持佛法（、弘扬佛法）。从广义来说，了知一句法义也是教法，思维一句法义仅仅生起一刹那善心也是证法。在如今佛教濒临隐没之时，仅以此弘法利生，也使自己的人生过得有意义。

在家男女们不要认为：我们怎么能负起弘法的重担呢？如藏族的谚语说：“凡子降生后，当做佛法事。”所以，尽管自己做不到广泛弘扬讲修佛法，但也完全可以作为弘扬佛法的顺缘，诸如奉劝别人学习论典，为求学者、闭关者提供口粮，想方设法让别人听闻一堂佛法，承侍、供养、协助讲经说法的诸位上师，自己也诚信佛法，断恶行善。

[113] 无著菩萨释曰：“悲施财三果悲者恒增长者。谓菩萨大悲能增长三种果。一者增悲。由修习故能令自体增长。二者增施。由悲自在故能令施得增长，三者增财，由施自在故能令财得增长。爱生及摄生资生复三乐者。从是三果复生三乐，一者从悲为因生爱生乐，二者从施为因生摄生乐，三者从财为因生资生乐。已说大悲增果。”

如果能做到这一分也可称为弘扬佛法，虽然没有大名气也同样是在弘法利生。

本来，所谓的“佛法完全隐没”是指在某地区城市中，既无有了知一句正法之人又无有生起一刹那善心之人的时刻。如果哪里有这样（知法义、起善心）的人，应当说那里有佛法。

因此，在当今的浊世，通达正法的人们要以殊胜清净之心传讲、弘扬佛法。如论中云：“他人行劣事，我岂能如此？”续中也说：“于此末法恶世中，佛陀难行我行持，菩萨难行我行持。”能传讲、听闻、弘扬佛法的人，诚如《念处经》中所说：“听闻正法后，广弘之智者，远离诸老死，转生无上处[114]。”

如果因为对佛法有吝啬心或由于懈怠而不为他人宣说，则将于生生世世中成为愚笨迟钝之人：一个名叫拉灿丹（即周利槃特）的人在一个月中研学，结果一句偈颂也不懂，这是由于他曾在迦叶佛教法中转生为一位通达三藏的比丘，当时因吝啬而不为他人说法的业障所致。[115]

如是对此积累资粮法——七支供，从即日起就必须精进修持。如若自己想行善并且具足顺缘时不立即行持而一拖再拖，那么善心犹如闪电一般稍纵即逝。相反，罪业力量强大，长久串习，持续而存，由此就会随着罪业转。如律藏中说：“应当速行善，制止罪业心，福德若耗尽，意将喜罪业。”当下，我们务必要身体力行积资净罪。虽然造了如山王般的罪业却不曾作一次忏悔，不曾积累芝麻许的善业却奢望将来得财得利，这是世间在家常人的观念。

实际上，我们死后很难从遗产、子孙等处获得法利，看看如今的子孙们，在父母活着的时候尚且以向他们的眼中洒灰的暴行来虐待，死后很难尽心尽力为他们作超度佛事。而自己所造下的罪业却一直在前面等候着我们。如果在如今无需指望别人的时候尽力积资净障，胸有成竹而死，那么则死后既不须要做七期（七七四十九天的）佛事，

[114] 无上处：指清净刹土。

[115] 详见《法句譬喻经·爱身品》中摩诃卢比丘的公案。

也不必心惊胆战地畏惧罪业在前面等着自己，而是如同已从熊熊烈火的宅院中解脱出来一样，心中无怨无悔，无所畏惧。一边心里观想以上引导的所有意义，一边双手合掌，同时口中缓慢念诵“闻听他人行善时……使此人身具意义”一遍。

已获趋极乐刹胜人身，欢喜积累白法资粮者，
愿不沉迷劣缘轮回事，恒时精进行法祈加持。

丁三、发菩提心

往生极乐世界的助缘第三因——发殊胜菩提心，在本颂中并没有单独宣说，但它可以包括在前面的回向支中，或者在前文“加行发心殊胜”中也已概括地讲述了。如果想要实际修行，就在前方虚空中观想：自己于现前安住的阿弥陀佛等诸佛菩萨金刚持上师尊众前受持大乘菩萨戒。念诵皈依发心偈“乃至菩提果，皈依诸如来，正法菩萨众，如是亦皈依。如昔诸善逝，先发菩提心，复此循序住，菩萨诸学处”三遍，或者诵“诸佛正法贤圣三宝尊，从今直至菩提永皈依，我以所修施等诸资粮，为利有情故愿大觉成”，再念诵“菩提心妙宝，未生者当生，已生勿退失，展转益增长”。如果每天都这样受菩萨戒，则可通过修炼，生起、增上菩提心，而且可以积累不可思议的福德。如《慧海请问经》中云：“以诸十方妙珍宝，供养无数俱胝佛，生起一次菩提心，前者不可比此福……”《华严经》《入行论》等经论中也宣说了发心的众多功德。

如果我们以贤善意乐、发菩提心来修炼自心，那么即使因业力所感堕入恶趣，也会因发心的善业力而不会产生邪念，并且依靠恶趣的身份也能净除业障。如大慈大悲导师的本生传中所记载的那样。又如颂云：“业之异熟不可思，大悲主亦转旁生。”

本来，对于声闻阿罗汉乘坐的马车，世尊甚至用脚接触也不应理，（何况真实拉马车？）而对于初发菩提心（菩萨所乘）的马车，世尊

以头牵引也未尝不可，因为菩提心是成佛之因。（佛经中说：）与受了声闻自宗的别解脱戒而获得解脱相比，受菩萨戒后毁戒而堕入恶趣更为殊胜。此刹土中的诸位菩萨发愿往生极乐世界并实现所愿。因此，我们平时励力发心极为重要。

自利声缘亦无此胜心，不思自利愚者岂知晓？
成办二利圆满正觉因，祈愿修习利他菩提心。

现在宣讲往生极乐世界的第四因——发愿回向，也就是将一切善根回向众生，愿自他一切有情往生极乐世界。

丁四、分四（发清净愿）

一、思维自身而发愿；
二、思维刹土功德而发愿；
三、思维主尊功德而发愿；
四、发愿自己最终成佛。

戊一、分三

一、发愿临终面见佛菩萨；
二、发愿死时断除对轮回之贪执；
三、发愿往生极乐世界；
四、发愿往生后所获之功德。

己一、发愿临终面见佛菩萨

与我结缘众，
愿临命终时，
化身无量光，
比丘僧眷绕，

亲临吾等前，
见彼心欢悦，
无有死亡苦。

据历史记载：乔美仁波切的母亲、仆眷、门犬等也随他一同往生极乐世界，我们也应力求做到这样。往生极乐世界如果只是带贤善的（亲友等）而舍弃恶劣的（仇敌等），那是贪嗔之心。因此，我们应当这样发愿：凡是与我有法缘、财缘等善缘或以抢夺、摧毁、病魔等陷害自己的怨敌等结恶缘的一切父母众生，当他们即将步入后世之时，在奄奄一息的弥留之际，也就是说，诸如由于得了不治之症而使身体有气无力，无有食欲，被褥衣服等如何也不舒服，而出现如坠入坑中或被重物所压般的沉重感；双目模模糊糊，看不清色法；耳朵听不到声音；感受生命几乎要中断的剧烈痛苦。这时，作恶之人会出现罪业的景象，行善之士会出现善妙的景象。罪业深重的人心识迷乱，几乎发疯，语无伦次，甚至身不由己瘫在屎尿之中等外相全部现前，体内四大隐没次第逐渐出现。此刻，若是现在修持往生极乐世界四因的人，就一定可以见到化身阿弥陀佛由比丘僧众眷属所围绕亲自降临到自己面前虚空的彩虹光芒中。并且，祈愿在此极乐法会中结缘之人为主的一切众生也清净恶业的迷乱显现，面见阿弥陀佛及其眷属。亲见佛尊颜后依靠如今修持的善习力，犹如儿子熟悉母亲一般认出，满心欢喜，于安乐、明清、喜悦的状态中死亡，解脱于光明中而无有丝毫死亡的痛苦。

临终时如果遇到一位上师，该是何等的喜悦，如若面见阿弥陀佛，那无以言表的欢喜之情就更不用说了。我们现在的什么善习、恶习临终时都会回想起，因此平时串习此往生极乐世界之四种因至关重要。如《养生篇》[116]云：“一切众生之功过，皆以串习为根本，习惯悉皆依自己，是故串习德最胜。”

从前，在北方的牧民中，一位宰杀过许多旱獭的人临死时口中喊着：“请杀掉这些旱獭，快把它们赶走！”另有一个猎人在喊着“给我拿火枪来，这些鹿子要杀我”的惨叫声中死去；一个喜欢吸鼻烟的人作

[116] 《养生篇》：古印度龙树所撰，劝诫首陀罗种姓、讲述世道的一部论著名。

吸鼻烟的姿势而死；一个裁缝作缝纫的姿势而死；一位商人说“拿账本来”，他边数帐边死去了；竹青寺的一位老僧人平时常念施水仪轨，因此念诵着施水咒“桑巴局……”而逝；一位法相师边说“给，杰达秋坚[117]”边作辩论手势而圆寂等等。耳闻目睹的此类实例不胜枚举，因此我们要养成（随时随地祈祷观想阿弥陀佛）的良好习惯。

所谓的死苦，对于舍弃今世的高僧大德而言，只有断尽寿命的痛苦而无有其他苦恼。而对于罪业深重的人来说，（那就是苦不堪言了，）诸如：感受气息分解的痛苦；显现迷乱习气的痛苦；虽畏惧死亡却无法再继续生存，虽然对亲朋好友、财物依依不舍，但他们也不能跟随自己等离开今世的痛苦；如同要赴刑场的囚犯一样畏惧来世的痛苦；因下等人事后追悔，对自己以前未取舍善恶极端后悔，以至于手指抓胸、嚎啕大哭、泪水盈眶、满心报怨，却必须感受孑然一身、赤身裸体、赤手空拳地离开人世的痛苦。关于诸如此类的无量痛苦在《教王经》等佛经中有宣说。《入行论》中云：“因忧眼红肿，面颊泪双垂，亲友已绝望，吾见阎魔使。忆罪怀忧苦，闻声惧堕狱，狂乱秽覆身，届时复何如？”至尊米拉日巴也曾说：“若见罪人之死亡，开示因果善知识。”

愿八大菩萨，神力临空中，
指示极乐道，接引得往生。

所以，在危在旦夕之时，即将出现中阴的恐怖景象之际，祈愿文殊菩萨等八大菩萨以神变力降临在自前的虚空中，一边以悦耳的音声说“善男子善来”，一边指示通往极乐世界的道路，并在五彩缤纷的虹光中伴随着乐器妙音在前方领路，自己不须见到中阴而被接引到极乐世界。宗喀巴大师说的“愿我一旦命终时，明现佛陀无量光，如海眷众所围绕，信悲遍满我相续。愿现中阴境即时，八大佛子示正道，往生乐刹以化身，接引不净刹土众……”也与此相同。《弥陀经》中说：“其人临命终时，阿弥陀佛与诸圣众，现在其前，是人终时心不颠倒，即得往生阿弥陀佛极乐国土。”《普贤行愿品》中也说：“愿我临欲

[117] “给，杰达秋坚”：给，是拟声词；杰达秋坚，辩论时开头语，义为诸法由……生。

命终时，尽除一切诸障碍，面见彼佛阿弥陀，即得往生安乐刹。”又《宝箧经》中说：“凡听闻六字真言‘嗡嘛呢叭咪吽’者，命终时由十二佛陀、八大菩萨所引路而往生极乐世界。”我们必须认识到这是阿弥陀佛的发心力、发愿力与自己积资净障、恭敬诚信力所致。

己二、分二（发愿死时断除对轮回之贪执）

一、对轮回之痛苦生起厌离心；
二、断除贪执。

庚一、对轮回之痛苦生起厌离心

恶趣苦难忍，人天乐无常，
愿生畏彼心。无始至今生，
漫长漂轮回，愿生厌离心。

发愿死后断除往生极乐世界之障——对轮回的贪执，首先思维诸多危害之苦：我们如果对此三界轮回详加观察就会发现，它无有丝毫可贪恋的地方，八热地狱烧煮之苦，八寒地狱严寒之苦，孤独地狱近边地狱刹那生死、砍杀断割等苦都极难忍受。

往昔，阿难尊者的两个外甥不修善法，懈怠度日。这时，目犍连将他俩带到地狱。他们见后惊恐万分，生起了出离心，上午想起地狱，午饭难以下咽，下午回忆地狱，所吃的食物会全部呕出。于是他们勇猛精进，最终获得了阿罗汉果位。

《亲友书》中云：“即便见闻地狱图，忆念读诵或造形，亦能生起怖畏心，何况真受异熟果？”仅仅是看见地狱的图案或听到地狱的痛苦也会生起恐怖，何况说亲身感受呢？

饿鬼界也有许多不同种类的痛苦，最主要就是饥渴之苦。

昔日，昼辛吉尊者去饿鬼界时，到了一座饿鬼大城市，因为口干舌燥，于是便问：“这里有水吗？”结果聚来了成千上万身如柴烬一般的饿鬼，它们围着昼辛吉吵吵嚷嚷地说：“给我们水吧！”昼辛吉说：“我也渴得要死，怎么给你们水啊？”饿鬼们说：“我们自从转生到这里已过了十二年，期间不用说是喝水，甚至连水的名字也没听过，今天才从你口中听到。”这是由于：它们曾经转生为诸多吝啬的富人时，不上供下施还以傲慢心讥讽他人，以致转生于此。[118]

所有饿鬼共同的痛苦，例如冬季太阳也寒气逼人、夏季月亮也十分炙热等四季颠倒现象，诸如此类的痛苦不可计数。

佛在经中说“当视忆旁生”。我们通过耳闻目睹，就完全能够知道所有旁生都在感受着被人役使、互相啖食等等痛苦，生存在海中或山里的旁生自食己肉，小旁生在大旁生身上筑窝并吃着它们等有许多痛苦。总体来说，旁生恒时遭受愚痴的痛苦。

如果仅仅听到三恶趣痛苦的声音也会觉得难以忍受，那么真正感受时就更无法忍耐了。如果连即生中微不足道的寒热饥渴也忍受不了，就像活鱼落在热沙中一样，那么怎么能忍受得了长达数劫的恶趣痛苦呢？在此之前，我们曾经无数次转生在三恶趣中，从今以后一定要想方设法、精进努力，争取不堕入恶趣中，要生起像阿难的两个外甥那样的出离心。

即使获得善趣天、人的果报也摆脱不了痛苦。所谓的天人死堕之苦是指天人七天之前出现死相，（他们以天眼通）见到自己（死后）堕入恶趣，结果临终前七天中所感受的痛苦比以前数劫中享受的安乐还多；人类则有生死变异、爱别离、怨憎会、疾病、战争、饥荒等苦，这一点是显而易见的。人间、天境的众生由于迷乱而将痛苦执为安乐，其实所有表面上的幸福快乐就好似春天的阳焰一样瞬间即逝，绝对不离无常痛苦的本性。如《亲友书》中云：“帝释堪称世间供，以业感召亦堕地，纵然曾为转轮王，于轮回中复成仆。”思维此等道理，我们犹如乞丐果腹般的（安乐）有什么恒久性呢？

总而言之，如《念处经》中说：“地狱有情受狱火，饿鬼感受饥饿苦，旁生感受互食苦，人间感受短命苦，非天感受争斗苦，天境感受放逸苦。

[118] 详见《根本說一切有部毘奈耶皮革事》中亿耳长者子的公案。

轮回犹如针之尖，何时亦无有安乐。”认识到轮回善趣恶趣一切处都如同罗刹洲及无解脱的牢狱一般，而祈愿对轮回生起畏惧之心。了知轮回的痛苦与极乐世界的安乐二者的差别犹如火坑与凉室之间的差别一样以后，就要进行选择。思维漫长的轮回痛苦，从无有初始的轮回开始，迄今为止在此轮回中感受的漫长痛苦，如果一个具有宿命通的人观察，真的会口吐鲜血。也就是说，转生在地狱中所喝的铜汁铁水，转为饿鬼所食的脓液、不净物，成为旁生所饮的乳汁、互相吸食的血液，成为人因哀伤所流的泪水、从母亲体内吸吮的乳汁等如若积聚一处，则比（四大）海洋的水还多；乃至转为蝼蚁以上散落的头颅、手脚、死后散失的骨架等若积聚一处，则会比须弥山还高。热扎[119]回忆起往世后，他作了一首悲哀忏文，其中说道：“骨肉若集等须弥，脓血若集如大海，宿业若积说不尽，辗转生死三界中，仍造无义唐捐事。”

此外，《亲友书》、《念处经》以及引导文中也广述了轮回的过患。如果能够阅览，则可从中了知。

举例来说，华杰比丘到了垂暮之年，仍旧十分懈怠，不能勤修善法。为了使他生起厌离之心，目犍连尊者将他带到海边。在那里有一座坚硬如石的骨架大山，高达七百由旬，已将太阳遮蔽，山的阴影映在大海中使海面成了漆黑一片。他们二位爬上这座山，越过山谷般的肋骨中间。这时，华杰比丘问目犍连尊者：“这座山是怎么形成的？”尊者说：“此山是你前世的骨架。”接着详细讲述起来：“远古时代，你曾是一位名叫法胜的国王。当时，一个人违犯了法律，大臣们将此事呈禀国王。国王正在忙着打牌玩乐琐事，就顺口说：‘依照我的法律处治吧！’众臣对照国法发现此人应处以死刑，于是就处死了他。国王打完牌后问属下：‘那个人犯了什么罪，如何处治的？’大臣们禀道：‘按陛下的旨意，已依法处死。’国王听后追悔莫及，说道：‘我杀了人，成了昏君，以后不想再执政了。’之后便流浪在山中。以此杀人之业，他死后在这个海中转为一条大鲸鱼，身体长达七百由旬。

[119] 热札：曾为一比丘时，因破密乘戒而堕落，后来得到解脱。此人在《莲花生大师传记》中有广说。

一旦它闭嘴入睡，就长达一百年不醒。当它苏醒时，万分饥饿，因而张开大口，结果海水流入它的口中也好似奔流的海洋一般。凡是造了恶业的大臣等众人都在它的身体中间转为小鲸鱼或寄生虫，并以它的体肉为食，它因此疼痛难忍，于是便在水晶山上蹭来蹭去，结果杀死了身上所有的含生，使海洋一百闻距以内的海水变成血红一片。那条鲸鱼千百年来不断感受这样的痛苦。死后尸体被海浪冲到这里，被烈日晒干，经过雨水淋湿，体肉全部掉尽，剩下的骨架就成了这座山。”[120]

如果杀一个人也要感受这样的痛苦，那么以杀数多人之业而长期堕在地狱（所要感受的痛苦）就更不用说了。

愿我们对有如此漫长痛苦的轮回发自内心生起厌离。如今已获得了人身，并了知正法，此时此刻自己能够认清轮回，应当潇洒地说：“轮回，你安闲而住吧，从今以后我不再陪你，而要前往极乐世界。”必须向轮回挥手告别，否则，过去如水滴般的罪恶将来也要感受如海洋般的痛苦。

庚二、断除贪执

设使人转人，受生老病死，
浊世违缘多，人天之安乐，
犹如杂毒食，愿毫无贪求。

尽管大多数人希求人生的安乐，但实际上也无有利益。即使可以从人转生为人，然而也要感受最初出生、中间衰老、末了病痛、最终死亡的无量痛苦，这些道理在前文中已经讲述过。富裕者有谋财、守财、毁财等痛苦；贫穷者有无财、绝望、寻求的痛苦；高官有贪求高位、担忧下台的痛苦等等。无论转生为哪种人都无有安乐可言。

尤其是当今正值浊世，一切变化无常犹如野马翻身[121]一样时间不定，遇到的常常是不行正法之人。例如，夕阳西下时猫头鹰会到处乱

[120] 详见《贤愚经》中福增比丘的公案。
[121] 野马翻身：因野马翻身十分迅速以此来比喻浊世一切变化无常。

跑。同样，佛教接近隐没时，罪孽深重的丑陋人降生于世，饥馑、疾疫、刀兵的邪教日趋猖獗，安乐、幸福、正法的佛教日渐隐没。诚如邬金莲师说：“空中出现噩星时，偏执宗派起争论，地山发出恶声时，边地刀兵遍中土（藏地），不闻了义真教时，一地兴起一凶魔。”又说：“骤然改变装束时，边地众人皆入藏，饥疫刀兵泛滥时，众生唯有依靠山。”又说：“众生乱行罪业时，出现地震降雷雨，佛教寺宇内争时，边地军队入中土。边地汉人遍境时，藏地毫无自由也……”所指的就是时浊。此外，五毒十分粗大即烦恼浊；人寿短暂不定故为寿浊；具有严重邪见等为见浊；众生相续难以调化称为众生浊。在五浊更为猖獗的此时，无论考虑哪方面都只是生厌烦之处。

特别是（如今）处于佛教浊、众生浊之时，修法会遇到重重违缘，诚如（莲师）所说：“恶魔黑教兴盛时，修持正法违缘多。”阿底峡尊者也曾说过：“魔类擅长谄诳术，以财诱惑大贪者，以假法骗修行人，以自诩诱净戒者，以我慢欺有智者；以歌舞诱散乱者，以韶华诱诸多人，以妙饰诱众多人，以恶友故骗多人……”

思维这些道理，似乎在如今这样的恶世中获得人身还不如贤劫时转为旁生。因此，我们务必要小心谨慎。

也许有人认为这种说法太过分了，不至于这么严重吧。

可是只说好话怎么能治病救人呢？看看这个时代，所有凡愚将痛苦执为安乐。如果稍微说一点真理，那么具有缘分者很容易对轮回生起厌离心。可见，人天的幸福安乐也像杂毒的食物一般，苦乐混杂在一起无法分开。所以，但愿我们对此没有丝毫的贪求，现在就完全放下。

食财亲友朋，
无常如梦幻，
愿毫无贪恋。

其实，现在我们的家宅好似虫穴一般，按理来说没有什么舍不得的，可是恶业深重的人却像猪狗贪著不净物一样紧紧抓着不放。这些人真是可怜！我们看看大慈大悲导师释迦牟尼佛曾经如丢唾液般舍弃了王位的一切荣华富贵而成佛、邬金莲师也是放弃了继承父王恩扎布德的王位而获得金刚持果位等等前辈大德的行为吧！古代，新龙的一位长官害怕受害而抛弃家室迁往他乡。想到恶世诸如此类的痛苦及后世的痛苦，还有什么割舍不下的呢？请诸位深思。

此外，如果贪恋亲友们，则（死后）将在他们中转成魔鬼等，因此万万不要贪执解脱的怨敌（指亲友）。

倘若贪著饮食则（死后也会一直贪执着。）有关公案如下：

据说，雅多的寺庙中有一个老僧人，秋天时，他买了一腿肉，舍不得吃，一直藏在柴房里。他死后，其余的财产食物全部被布施了。可是每到晚上，人们就能看到有一腿肉被狗群追着在寺院里到处奔跑，之后又回到那位老僧人家里。当时正在闭关的华智仁波切说："看来那里贮存着一腿肉，你们把它拿来烧焦烟作佛事。"这样一来也就相安无事了。

另有一个小孩夭折之后，一位具证上师为他作超度佛事时，这个小孩的神识一直往酥油桶里跑。上师对（眷属）说："看看桶里有什么？"原来有一个别人给他（小孩）的烧饼，当上师把烧饼用来烧焦烟作回向以后，才超度了他。

贪著财产受用的相关公案：

往昔，鹿野苑有一位富裕施主，他通过做大量生意而赚得了七个金瓶，由于吝啬而将七个金瓶埋在地下。他死后转生为一条毒蛇守护着那些金瓶。最终那城市已空。那条蛇经历了许许多多次的死亡，又再度转生为蛇并缠绕在那些金瓶上，数万年之中不断转为金瓶旁边的蛇。终于有一天，它知道了自己因为贪著金子以至于投生为恶劣之身，由此生起厌离之心。于是它隐藏在路边的草丛中喊一个过路的人。那个人四处观瞧却什么也没发现。那条蛇又喊："到我跟前来！"那人（发现了它，）说："你是毒蛇，会害我的，我不敢过去。"毒蛇说："我要是想害你，你不过来，我也能害你。"那人战战兢兢地过去了。毒蛇对他说："我这儿有七个金瓶，请您带去供养僧众。"那人便将蛇装在箱子里带到僧众面前。用那些金子购买了鲜花和饮食而供养僧众，那条蛇也高高兴兴地抬起头来看，并且听闻了佛法。它死后转生到三十三天。那条蛇即是舍利子尊者的前世;那个人即是世尊的前世。[122]

一位比丘贪著自己的钵盂，死后在钵中转生为一条蛇，眷属将此钵供养世尊。世尊擦拭钵盂时，里面的蛇嗔恼万分，蹿入森林里，口中燃起嗔恨之火将森林焚尽；它的神识被地狱烈火燃烧；那位比丘的尸体在尸陀林里被焚烧。由于贪执一个资具而于一日内燃起了三次大火。

据说，一位比丘贪著自己的一颗精美松耳石，死后转生为一只青蛙。它的四肢紧紧抱着那颗松耳石不让人取，死也不放。人们只好将它四脚朝天，向它身上倒开水，才拿到了那颗松耳石。

从前，哲蚌寺的一位僧人把自己所拥有的许多银币藏在墙缝里，他死后转生为一只蜘蛛在银子上走来走去，并发出“瑟瑟”声。隔壁的僧人们听到声音后，便去查看，（发现了银币和蜘蛛。）他们将银币和罪业深重的蜘蛛带到绕多上师前。上师说：“将它们交给某位屠夫[123]。”那位屠夫一口吃了那只蜘蛛，弹一声响指将它超度了。

一位比丘因贪著法衣而转生成蛇。

萨巴施主的妻子长得十分漂亮，她与其他商人一起去海洲取宝时命绝身亡，死后因贪执自己肉身的美色而转为一条蛇，在她尸体的口鼻中钻来钻去。这是目犍连尊者亲眼所见的。贪执充满业惑不净物幻身的漂亮外皮有什么用呢？其实身体就像涂着美色的不净物或用绫罗绸缎包裹的荆棘一样。[124]

一个牧童因贪著石簧[125]，死后在床下转生成一条石簧蛇。

一位老人因贪著打火器[126]，死后转成一只乌龟（形似打火器），铁的两端分别刺入头部、尾部。

有许多类似的公案。

贪著家畜死后转生为家畜之中的公案也为数不少：

[122] 详见《贤愚经》卷3。

[123] 屠夫：他是佛菩萨所化现的。

[124] 详见《贤愚经》卷4。

[125] 石簧：投石簧，蜂蝗石子带。毛绳中间成一小兜，放入石子，双折抡舞，乘势松其一端，将石抛出的工具。

[126] 打火器：古代藏族所用的一种点火的工具，包括（火绒、火石、火镰）一般系于腰间的小袋子。

从前舍卫城的一位贫穷施主因为贪著一头有背伤的牛，死后转生为牛背伤口中的一只小虫，随即便蚀食（伤口中的脓血）。每天它都要经历七次生死。

贪执财产受用是痛苦的根源，甚至在今生中也会遭殃：昔日世尊和阿难尊者去化缘，在路上看到了一个金瓶。世尊说："这是一条毒蛇，它很快会散布毒气。"说完就离开了。正在那里割草的一位老人听到这话后想：应当去看看那条蛇在哪里。于是便去观瞧，结果看见了一个金瓶。他想：比丘们的毒蛇这么好看啊，被这样的蛇所缠也心甘情愿。于是他把金瓶带回家里。胜光王听说此事后开始追查，那位老人密而不说，差点儿被判处死刑[127]。《因缘品》中也说："愚者为财毁，不寻求来世，毁愿以贪欲，亦可毁自他。"又说："如同手持黑蛇腰，将毁彼等非法者。"

贪执知心朋友们也是如此：往昔，一人与他人的妻子行邪淫，结果被那个女人的丈夫杀死了。他的神识因贪恋那个女人而转生到她的胎中。经中说有些贪恋女人的人死后将转生为女人腹中的寄生虫。也有许多在好友中转生为恶魔。

除了善知识以外，轮回中没有助伴。律藏中说："出生独自生，死亦独自死，独自受痛苦，轮回无友伴。"又云："若未见凡愚，将恒时安乐。"因此，我们应当如尸体般舍弃好似怨敌一样的凡愚恶友。

身体、受用、眷属、亲朋好友全部被无常的四边所毁灭。无常四边是指生际必死，积际必尽，聚际必散，高际必堕。例如，胜光王是世间第五大王，也是佛教中的大施主。最后他因王位被太子篡夺而到处漂泊。路上，他饥饿难忍，便讨了一把萝卜来吃，又喝了冷水，结果消化不良而昏倒在路上，来来往往奔驰的马车溅得尘土飞扬，他的口中灌满了灰尘，最终呃逆而死。[128]

明年的此时自他所有人在何处谁也不知道，因此我们必须思维诸法无常、不定的道理。如寂天菩萨说："一切皆无常，谁贪无常法。"

[127] 详见《十诵律》卷15。

[128] 详见《根本说一切有部毘奈耶杂事》卷7。

不仅无常总有一天会到来，而且暂时的这些显现也无有实质，如梦如幻。经中说：“三有众生如梦境……”龙树菩萨也曾说：“如是无常与无我，无依无怙无存处，轮回无实如芭蕉，人君汝心当厌离。”

思维此等道理后，但愿我们对任何事物都毫无贪执之心，从现在起就全然放下。

故乡属地宅，
犹如梦境宅，
愿知不成实。

如果贪恋自己的故乡、归自己所属的领域，则将来会在这些地方转为小虫以上的含生。如若贪恋家宅，则如下面公案：往昔一个吝啬的老妇女由于吝啬而极为贪执财物及家室，她死后转为自家的一条母狗，它旧习复苏，日日夜夜担心有盗贼来，因此围着家宅保护。如今的大多数聪明的家犬肯定是自己父母家人等吝啬者的转世。所以，愿我们了知这些都如梦中的境域、家宅一样实际不成实有。可见，一切显现都是为愚痴无明大睡眠所遮的梦境。因此，具有智慧的人们对于无而明现的万事万物通过遣除四边执的理智去观察就会认识到一切皆无实义，从而远离贪执，这是解脱道的殊胜要诀。如龙树菩萨曾说：“如同某位绘画师，描绘恐怖罗刹像，彼像令自生畏惧，轮回愚人亦复然。”三界轮回的一切显现的的确确无实有、是空性。自己如果心里常常思维“是无实、是空性”，对断除实执或多或少会有帮助，甚至对此仅生起（可能是无实空性的合理）怀疑也有很大的利益。如圣天论师说：“薄福于此法，都不生疑惑，若谁略生疑，亦能坏三有。”

从现在开始我们就必须断除对任何事物的强烈贪执之心。经常串习并观想：我什么也不贪恋，一切都没有什么必要，这些无有恒常、无有稳固、无有实质、诱骗凡夫的虚幻法有什么用处呢？现在内心执著实有并贪执这些法，仅说临终时不贪著，则没有任何利益。

梦境中的神识要比白天的神识清晰。进一步说，中阴的神识要比临终的神识清明九倍，因此瞬间忆念立刻就会投生为低劣之身等。从即日起就要放下一切，专心意念观想往生极乐世界，在有生之年一直念念不忘，这一点相当重要，这也是往生（破瓦）法。对于我们这些没有修行境界的人来说，除此之外再没有能断绝中阴的其他教言了。或者说，尽管有（其他教言）但如果不实修，则临终结生的教言也无有比这更殊胜的。

己三、发愿往生极乐世界

无解轮回海，如罪犯脱狱，
愿义无反顾，趋往极乐刹。

如是断绝贪执而往生极乐世界之理：对暂时难以解脱用否定词，愿罪业深重的人离开漫长无有解脱之期犹如鲸鱼所居处——恐怖大海般的轮回，就像重罪的囚犯从牢狱中解脱出来一样，义无反顾地趋向西方极乐世界。逃脱监狱的囚犯因畏惧刑法、牢狱的痛苦而不愿回头看一眼。同样，如果想到上述轮回的过患则也不愿意再回顾。

所谓的回顾，是指贪恋世间的资具等。例如，曾有一位上师，他在前往清净刹土时听到僧人们在弹奏他那精美的乐器，于是他回头一看，结果投生为恶魔。

愿断诸贪执，如鹫脱网罗，
瞬间便越过，向西方空中，
无量世界刹，诣至极乐国。

所以，愿我们彻底断绝一切贪执后，犹如鹰鹫从网罗中解脱出来，又如鹅王飞翔或白绫被风吹动一样，中阴神识如急掣之风一般，向西方的虚空中瞬间便越过无量世间界，到达极乐刹土。譬如，虽然徒步行路十分遥远，但是内心刹那便可意念。同样，无有阻碍的中阴意生身被善业之风所吹，以愿力相迎，再加上信心欢喜心的推动，无需经过长途跋涉的艰辛（顷刻就可往生到极乐世界）。

己四（发愿往生后所获之功德）分五：一、愿获得妙相随好身；二、愿断除疑障；三、愿得授记闻佛法；四、愿赴其他清净刹；五、愿游不清净刹土。

庚一、愿获得妙相随好身

愿面见彼刹，住世无量光，
净除诸罪障。四生中最胜，
莲花蕊中生，愿得化身生，
刹那身圆满，愿获相随好。

愿刚一往生到极乐刹土便立即面见于彼刹中住世的阿弥陀佛尊颜，如同昔日珍珠鬘公主朝拜世尊的画像结果摧毁了见断[129]一样，净除恶趣之因等一地的所有罪障。

如果依靠现在这个凡夫身份修持往生极乐世界的四因，即生不需要得地。《宝性论》等论中说：死时若是大资粮道者，则面见佛陀尊颜、闻佛语后得见道。佛经中也说："即使以愿力和善业力得以往生极乐世界，但罪业深重者，于八万年期间，听闻阿弥陀佛宣讲正法，却不解其义，仅能见佛光，而不得亲见佛真身，也得不到佛光照射。尔后净除罪障，方能见其颜、知法义、得授记。"这里所讲的和下文中"于莲花中降生后不得面见佛陀"等道理，可以证明凡夫能往生极乐世界的说法。《佛说大阿弥陀经》中说："我作佛时，十方无央数世界诸天人民，闻我名号，烧香散花然灯悬缯，饭食沙门起立塔寺，斋戒清净益作诸善，一心系念于我，虽止于一昼夜不绝，亦必生我刹，不得是愿终不作佛。我作佛时，十方无央数世界诸天人民，至心信乐欲生我刹，十声念我名号必遂来生，惟除五逆诽谤正法，不得是愿终不作佛。"这是阿弥陀佛的发愿力所致。若是罪障深重者及有怀疑者，则不得面见阿弥陀佛，当面见佛陀时就会净除业障。

化生、胎生、湿生、卵生四生之中最殊胜的是化生，因为对自己及父母无害的缘故。化生也有许多种，其中在莲花中化生最为殊胜。因此，愿我们在珍宝莲花的花蕊中仅以意幻便得以化生。如同在中阴界时想要入胎投生即能入胎一样，专心希求于极乐世界莲花中化生，这一点极其重要。化生不需要像胎生那样漫长，刹那间整个身体全部

[129] 见断：证得见道时所断除之障碍。

圆满，但愿获得具足妙相随好的殊胜身体。

庚二、愿断除疑障

因疑不往生，于五百年中，
虽具乐受用，听闻佛语声，
然花不绽放，延误见佛颜，
愿我无此过，往生花即开。

此外，智慧浅薄、具有贪执、寻思、分别之人会想：到底能不能往生呢？即怀有疑虑、三心二意的人尽管以修持（往生极乐世界）四因之力可以往生彼刹，但因为怀疑之障将于五百年中住在莲花里，并且认为（莲花）是一个乐园和无量宫，虽然具足安乐受用而无有粗大的痛苦，可实际上这里（莲花中）也是一个珍宝牢狱。虽说能够听到佛的法语声，而在此期间莲花不绽放，因此有既延误面见阿弥陀佛和诸菩萨的尊颜又延误听闻浩瀚妙法及修持广大善行等的过失。倘若自己、他人毫无怀疑地修持四因，则不可能出现此类过患。愿自他不出现这类过失，往生极乐世界后，莲花立即开放，面见阿弥陀佛具足妙相随好的尊颜。经中说："弥勒菩萨请问世尊：'我见彼刹有些众生住于莲花中，有些于莲花上金刚跏趺而坐，其因为何？'世尊答言：'前者怀有疑心修持善法发愿往生，后者无有怀疑修持善法故……'宣说了诸多喻义。这种过失也是由于对佛语不诚信而导致的，具有坚定信心的人不会出现此类过失。

因此，（我们平时）也要这样发愿：愿我们诚信佛语。一般来说，佛语有了义、不了义的各种差别，然而，如果寻思观察此等往生法门了义、不了义则不能获得成就。如颂云："分别观察寻思者，彼将远离诸悉地。"纵有虚空成为有实法、日月坠于地上的可能，但阿弥陀佛的愿力及佛语何时也不可能欺惑我们。对于佛陀智慧力所洞悉之义，声闻、缘觉阿罗汉也不能了知。虽然我们自己不知道能否往生极乐世界等，可是佛陀不可能不知晓，因此我们应以佛陀的遍知智慧作证，遣除犹豫不决的心理而修持往生极乐世界的四因。如寂天菩萨说："牟尼无欺言，奉行必获益。"

佛陀宣说极乐刹土庄严时，阿难尊者说："世尊，我对彼刹无有疑惑、怀疑、犹豫，我为了遣除未来众生之疑惑、怀疑、犹豫而向如来请问此义。"对此我们应当诚信。

愿见无量光，
以福力神变，
手掌中放出，
不可思供云，
愿供佛眷属。

愿我们一到佛陀面前便以如今修持四因的福德力及佛陀的发愿力加持而生的神变力，从双手掌心放射出不可思议的所欲供云供养阿弥陀佛及其眷属。

如今极乐法会中，作供养时，不是两手空空，而是尽力供养，到那时（往生极乐世界后）只要意念手中就会出现供品。依靠这样的神变和福德力也可前往其他刹土而积累广大福德。

庚三、愿得授记闻佛法

尔时愿如来，
展右手摸顶，
得菩提授记。
闻深广法已，
愿熟解自续。

获得八地时，如来伸出他那由百种福德而成象鼻般的右手为我摸顶并说："善男子，你于未来某时某地成佛，佛号某某。"愿获得殊胜大菩提的授记。

一旦听闻到甚深空性、广大六度万行等无量法门后，愿成熟、解脱自相续。我们从现在开始，听闻一句法义而生起一刹那信心也要成熟这个坚固的相续，想方设法使自心相续脱离邪见等粗重的烦恼。到那时听闻法要同时就可成熟解脱心相续。

愿佛二长子，
观音大势至，
加持并摄受。

此外，愿佛陀的主要二大长子观音菩萨和大势至菩萨也以正法加持我相续，并以大慈大悲心摄受我。

每日中十方，
无量佛菩萨，
供养无量光，
莅观彼刹时，
愿承侍彼等，
获得法甘露。

每日中，十方的无量佛菩萨以愿力为供养阿弥陀佛、参观极乐世界而光临时，愿我也供养承侍他们，并在其前获得正法甘露。如经云："为拜导师无量光，圆满佛陀及菩萨，从恒河沙数佛刹，前往极乐世界也。"

庚四、愿赴其他清净刹

以无碍神变，愿上午前赴，
现喜具德刹，妙圆密严刹。

获得一地时具有一刹那现见一百刹土、面见一百尊佛等无碍神变，愿以此神变力于上午时前往东方现喜刹土、南方具德刹土、北方事业妙圆刹土、中部密严刹土，（加上极乐世界本身）即五部佛刹。

不动宝生佛，不空毗卢佛，
求灌顶加持，受戒作广供，
傍晚无艰难，返回极乐国。

向那些刹土中安住的不动佛、宝生佛、不空成就佛、毗卢遮那佛等五部佛及诸菩萨请求金刚乘的灌顶、加持、戒律等显密数多法要，为表酬谢以众多供品供养他们，在傍晚时分毫无艰难地返回自己的住处——极乐国土。

普陀杨柳宫，邬金妙拂洲，
十亿化身刹，愿见观世音，
度母金刚手，莲师十亿尊。

此外，位于南方的普陀山、东北的杨柳宫、西南妙拂洲中的铜色吉祥山、西方邬金空行刹等百俱胝（十亿）度化众生的化身刹土中安住着观世音菩萨、至尊度母、金刚手及莲师等百俱胝主尊。

奉如海供品，
求灌顶深教，
速直返自刹。

愿我们能面见这些菩萨并奉献内外密如海的供品，请求法相因乘的法门及金刚乘的共与不共灌顶、甚深教言，之后依靠佛陀的加持力和自己的神变力，无有阻碍迅速地返回自己居住的极乐世界。经中说：“以神变力游众刹，供养数俱胝佛陀，于善逝前作供养，傍晚返回极乐刹。”并非见到的只是化身刹土及化身而根本见不到报身，因为获得一地以后也有相应见到报身等的种种情况。

实际上，极乐世界没有日月、星辰、昼夜等名词，只是以佛的智慧安立为昼夜、年月等。虽然没有昼夜的差别，但根据莲花开闭、鸟儿是否鸣叫等也可区分白天、夜晚。极乐世界的上午、下午、年、劫等是以佛的遍知智慧而说的，按照人间昼夜来计算，我们此世间的一劫等同于极乐世界的一天。

庚五、愿游不清净刹土

愿天眼明见，生前友侍徒，
加持并护佑，亡时接彼刹。

愿那时以清净无垢的天眼明晰见到现在与自己有法缘、未破誓言等遗留下的亲友、侍者、弟子等，保护他们免遭违缘逆境，使之具足顺缘，并以等持等加持他们的相续，待他们命终时再接引到极乐世界。以此（前面提到的众生）为主，发愿饶益不清净的一切众生。如《普贤行愿品》中云："彼佛众会咸清净，我时于胜莲华生，亲睹如来无量光，现前授我菩提记，蒙彼如来授记已，化身无数百俱胝，智力广大遍十方，普利一切众生界。"这些道理在下文中也有提及。圣者龙树菩萨、萨迦法王根嘎酿波等印藏新旧派的诸多大成就者，如今都住在极乐世界，我们也应当精勤追随他们。

贤劫一大劫，极乐刹一日，
无数劫无死，愿恒住彼刹。

此贤劫中的一大劫，相当于极乐世界的一天[130]。愿于以此计算的无数无量劫中连死亡之声也不复存在、恒时在极乐世界具足妙身而安住，当然这里不包括依愿力显示死亡。

弥勒至胜解，贤劫诸佛陀，
降临此刹时，以神变诣此，
供佛闻正法，
尔后愿无碍，
返回极乐刹。

未来从怙主弥勒佛到胜解佛之间贤劫殊胜的导师千佛等降临（出世）于此娑婆世界时，愿自己也以神变力来到此世间，供养这些佛陀，并在转法轮的佛陀前听闻正法，之后再以无碍神通返回极乐世界。

前文中已大量引经据典。

所以说，从现在起必须精进积累资粮，发清净愿。若等待以后死亡时指望一位上师，那位上师也要依靠阿弥陀佛，再看能否将死者引到极乐世界，除此之外别无他法。而到那时，（这样往生）是极为困难的，诚如邬金莲花生大士说："神识未离肉身勤行法，灵牌之上灌顶时已迟，意识漂泊中阴如愚狗，彼时引导善趣有困难。"

通常而言，虽有发愿能否得以实现要根据贤劫恶劫的说法，但是

[130] 《大方广佛华严经(卷45)》："此娑婆世界。释迦牟尼佛刹一劫。于极乐世界阿弥陀佛刹。为一日一夜。"

发愿能得实现之因主要是观待积累福德资粮，所以具有福德的人可以实现一切所愿。如颂云：“具有福德者，成办诸所愿。”尤其是，发愿往生极乐世界完全依靠自己的信愿与阿弥陀佛如今已得实现的诸多宿愿力，如果这二种愿力和合，那么很容易成办所愿（往生极乐世界）。

若有微乎其微的有漏善根，则发恶愿也很容易实现：往昔，一个叫能空的年轻人被许多军兵杀害，临死时他发了恶愿，以他曾供养舍利子尊者斋食的善业力，恶愿成熟，结果他转成了一个牧区的黑夜叉。

邬金莲师、静命堪布、国王赤松德赞昔日修道时，建造夏绒卡绣佛塔过程中一头运土的公黄牛因发恶愿而投生为朗达玛国王。

一位名叫德巴的施主有一位阿罗汉哥哥名为近部。那位阿罗汉在家时曾与德巴的妻子作过邪淫。德巴一直怀恨在心，又有女人从中挑拨。于是，德巴给了一个猎人五百两黄金让他杀死那位阿罗汉。那个猎人不敢去杀，结果放毒箭射中了德巴。德巴临死时想：一定是近部施计杀了我，愿我死后杀死他。因为发了这样的恶愿，他死后在近部住所门下转成一条蛇，近部尊者开门时将它夹死，又在门框上转成一条蛇，不久又丧命。后来在凳子下面转成一条蛇，结果又被凳腿压死了。之后在上方（天棚）的绿板中转成蛇。（这条蛇）落到正在坐禅的近部阿罗汉身上，致使他的身体裂成百瓣而圆寂。[131]

另有一位软弱的老僧人经常受到众人的欺凌，后来他念诵了七亿遍玛哈噶拉心咒，临终时发恶愿说：“我今生被众人欺负，但愿我来世投生为具有势力（慑服一切）之人。”后来他转生为新龙暴君滚波南加（他一生中残杀很多人）。这是多哲钦尊者讲述的。

据说东方有位大官名叫瓦多，他与革蒙的蒋扬夏巴结仇多年，争斗不休，最后蒋扬夏巴也未能制服瓦多。瓦多死后，他的盲眼儿子瓦龙继续与蒋扬夏巴作战，最终瓦龙失败。后来瓦龙念诵了两亿观音心咒，因临终时发恶愿而转生为一个恶魔，在革蒙兴妖作怪。诸如此类的公案多之又多。

因此，即使做成一件善事也要发善愿，正确回向，万万不能作颠

[131] 详见《贤愚经》卷10。

倒回向。

此极乐愿文是因易修、果易成的稀有捷道。当今的人们都能够修持此四因，只要修持，那么任何人往生极乐世界也不会有困难。往生后，无论如何下劣的人再不可能由业力牵引堕入恶趣，因为依靠阿弥陀佛强有力的发愿，最终只会成佛而不会退转。因此，希望大家对此不要寻思观察，否则会断绝随行别人的疑惑者和具信心者的资粮，危险性极大。

一般来说，只有得地以上的圣者才能往生报身刹土。化身刹土中也有诸如五浊泛滥、器情世界十分衰败的刹土，此类刹土，虽然容易往生，但因为这些刹土是业力之地，所以很容易退转。有些清净化身刹土中遍布着大菩萨等器情世界十分圆满，因此除了得地菩萨以外，其他人很难往生于此。

对于极乐世界来说，仅仅依靠积累修持四因的资粮及阿弥陀佛的愿力也很容易往生。对某一（刹土）有信心就容易修成。修此法的人们都是对极乐世界有极大信心的，甚至在家人互相问好也说：“愿你往生极乐世界。[132]”如《普贤行愿品》说：“面见彼佛阿弥陀，即得往生安乐刹，我既往生彼国已，现前成就此大愿。”这是相互祝福的吉祥缘起，也是佛陀的加持力。如《入行论》中云：“犹于乌云暗夜中，刹那闪电极明亮，如是因佛威德力，世人暂萌修福意。”哪怕是念诵一句观音心咒的善根也应当诚心发愿：“愿自他一切众生往生极乐世界。”从胜解行地到佛果之间的一切修法均可包括在《普贤行愿品》中。其中，初学者应发愿依靠凡夫身份修持往生极乐世界之因，往生后现前成就一切所愿。

戊二、分二（思维刹土功德而发愿）

一、总说；

二、别说。

[132] 相当于汉传佛教常用的口语“阿弥陀佛”。

己一、总说

八百一十万俱胝，
那由他佛之佛刹，
功德庄严皆合一，
愿生胜过诸刹土，
无上殊胜极乐刹。

往昔，世自在王如来在俱胝年中为法藏比丘宣说八百一十万俱胝那由他佛的所有佛刹之一切功德庄严。法藏比丘也都铭记于心，在五劫中观想，并将所有刹土的庄严功德合而为一，发愿受持胜过其他一切刹土、圆满殊胜、至高无上的刹土。之后他在多生累劫中积累资粮，圆满修成刹土，就是如今得以现前的极乐世界，愿我们往生彼刹。即使对于此刹土微小的殊胜功德，若加以广说，则佛陀于数劫中也说之不尽。在这里为使大家心生欢喜、积累资粮而简明扼要地作了说明。

己二、分二（别说）

一、器世界之功德；
二、情世界之功德。

庚一、分三

一、大地之功德；
二、妙树之功德；
三、水与花之功德。

辛一、大地之功德

珍宝大地平如掌，宽敞明亮光闪闪，
压陷抬反富弹性，愿生轻滑舒适刹。

在极乐世界，由许多珍宝组成的大地无有高低不平之处，而是平坦宛如少女的手掌。无论从何处观看都毫无凹凸，面积极其广大，无边无垠，无有垢染十分明净，并且以珍宝自身的光芒及阿弥陀佛身体的光芒照射在地上面而闪闪发光。又不是像石头一样坚硬，一落脚则会陷下四指深，抬足则完全反弹回来，极为柔软，脚一接触就会产生无比的舒适感[133]，犹如丝绸的软垫一般所触十分光滑，无有沉重感而是极其轻柔，愿我们往生彼刹。

想到我们现在所在器情粗糙、痛苦自性的这个不清净刹土后生起厌烦心，观想寂乐功德之自性的极乐世界后生起无比欢喜心，以强烈希求心发愿往生，这一点十分重要。

辛二、妙树之功德

众宝所成如意树，
树叶锦缎珍果饰，
彼上幻鸟出妙音，
鸣唱深广妙法音。
愿生极为稀有刹。

在极乐世界，每一珍宝树木都是色彩缤纷，每一颗树木全是由金根、银干、琉璃枝、水晶叶、冰珠石瓣、红珍珠花、玛瑙果实七宝而成。有些是由一种珍宝组成或者两种、三种等珍宝而成，各不相同。此类树也是依靠阿弥陀佛的福德力和自己所积的福德力所致的增上果，能如愿满足自己心中所想的一切所需。宝树的边缘由许许多多的罗树（达拉树）围绕，由树叶冠冕等各种珍宝饰品和上品锦缎、种种果实及众多珍宝璎珞严饰。树上有不是恶趣旁生而是阿弥陀佛幻化的各种鸟类，如好声鸟、布谷鸟、杜鹃、鹦鹉等，有如海螺般纯白、如松石般碧蓝、如珊瑚般鲜红等各种颜色，令人见而悦意。他们发出如琵琶声般悦耳

[133] 《称赞净土佛摄受经（卷1）》云：“极乐世界，净佛土中，周遍大地，真金合成，其触柔软，香洁光明。”

的妙音，令人一听便心神安谧。鸣唱深广的妙法歌，赞颂三宝的功德等，传出各种各样的声音，从而刹那间可息灭心中的迷乱分别念，产生无比安乐的感受等。所以，愿我们往生到如此极为稀有的刹土中。

辛三、水与花之功德

众具八支香水河，
如是甘露诸浴池，
七宝阶梯宝砖围，
芳香莲花具果实，
莲花散射无量光，
光端严饰化身佛，
愿生极其稀奇刹。

在极乐世界，由于天树达玛拉、沉香、汉香、蛇心栴檀等香树的树根浸在水中而使河水妙香扑鼻，又因为遍布金沙而远离泥垢，悄无声息地缓缓流淌，具足本性清凉、味甘美、形相轻、所触柔软、无垢（无臭）、色净、若饮不伤腹、不损喉八种功德的众多河流被千姿百态的鲜花掩映，中间有天鹅、黄鸭、丹顶鹤等竞相嬉戏。那些水深达十由旬，面宽从百由旬到千由旬之间。同样，甘露自性的诸浴池也是由七宝阶梯及红珍珠等宝砖围绕；可顺利进入其内，只要沐浴一次，自相续中便可生起殊胜禅定。浴池的外面四周到处遍布着天界的青莲花、莲花、睡莲、白莲等具有芳香果实的鲜花，面积可达一由旬等。所有莲花都放射出无量光芒，每一光端都有无数化身佛严饰，他们前往佛未出世的其他刹土中饶益众生。因此，愿我们往生具足极其稀奇美景的极乐刹土。

庚二、情世界之功德

无八无暇恶趣声，

病魔烦恼三五毒，
怨敌贫乏战争等，
彼刹未闻诸痛苦，
愿生极其安乐刹。

在极乐世界，连八无暇、三恶趣的名声也不会听到，更何况说真正感受那些痛苦呢？既没有贪心等三毒、五毒烦恼，也没有由烦恼引起的杀生等恶业。在此刹土中，因集谛业惑产生的四病患、八万男女魔、盗窃掠夺的怨敌、财食贫困缺乏、相互发生战争砍杀等一切痛苦的名声也不曾听过，更何况说真正出现呢？愿我们往生如此极其安乐的刹土。

无有女人无胎生，皆由莲花苞中生，
诸身无别金黄色，顶髻等相随好饰，
五眼五通悉具足，愿生无量功德刹。

在极乐世界，甚至连恶业所感的女人名称也不存在，没有从不净母胎中降生的，凡是生就是由莲花苞中化生，并且所有的身体无有大小、美丑等差别，一律具足金黄色，由头上顶髻等妙相随好严饰，因为具备神境通、天眼通、天耳通、宿命通、他心通、神足通六通，所以一刹那间便可前往俱胝那由他刹土，现见一切刹土，听闻那里的一切粗细声音，了知那里一切众生的心相续。具足肉眼、天眼、慧眼、法眼、相似的佛眼五眼，而无有自他之想，并具有慈爱、怜悯一切众生的慈悲心及陀罗尼辩才等如海的智慧，因为禅定获得自在使得内心犹如山王一般等等功德无量无边。愿我们往生具足无量功德的刹土。在此对五眼的功德并没有引用教证来说明。

自然众宝无量宫，
所欲受用意念生，
无勤任运所需成，
无有你我无我执，
所欲供云手掌生，
行持无上大乘法，
愿生诸乐之源刹。

在极乐世界，有不是通过辛勤劳作建造而是由福德力自然显现、由各种珍宝组成的成百上千层殿宇所严饰的无量宫，衣物、饰品等一切所欲受用也仅以意念便可出现，不需勤作，一切所需任运自成，令人心满意足，而且既不存在“你的我的”之说，也无有人我执、法我执。因此，理所应当对现今我们所拥有的、需要历尽积累守护增长痛苦的家室及财物等生起厌离心，而发愿往生极乐世界。在那里，所需要的一切供云，只要心里一想便出现在掌中，一刹那也能积累广大的福德资粮。而在这里（娑婆世界中）虽然想要积累福德，但因为往昔的业力所致供品极其乏少。在极乐世界没有任何扶亲灭敌、经商务农等事，所有眷属全部是享用无上大乘正法者。《白莲花经》中说：“（极乐刹土）无有声闻缘觉。”《弥陀经》中也说：“净除声闻。”在极乐世界中无有堕入寂灭一边的声闻缘觉，遍满变为大菩萨的声闻阿罗汉及一来大菩萨[134]。这里并不存在意想不到的死堕等。因此，愿我们往生于身心安乐、一切功德之源的极乐世界。

香风普降妙花雨，诸树河莲中恒生，
悦意色声香味触，受用以及供云聚，
虽无女人众化身，供养天女恒时供。

此外，上午从四方飘来香气芬芳的风吹动那些树木时，就会降下相当于站立七人身量许的妙花雨，令人舒心悦意。以前枯萎的花被风一扫而空，鲜花又如前一样铺遍大地，昼夜各降三次花雨。中间也有赏心悦目的由大地功德严饰的寂静处。

所有树木、莲花、河流中，恒时生出悦意而美丽的色法、动听的声音、芬芳的香气、甘美的味道、柔软的所触等一切受用供云。虽然在此无有不清净的女人，但却有佛陀幻化的天子天女众和七千七千等许许多多的供养天女，她们时时以各种供品供养每一位菩萨。

欲安住时无量宫，
欲睡眠时妙宝座，
具众锦缎被垫枕。

[134] 一来大菩萨：指一生中成佛的菩萨。

想安住时，只要心里意念便可出现珍宝无量殿；想睡觉时，只要心里意念就会出现美妙的珍宝座，上面有天界棉布等色彩斑斓、层层丝绸锦缎的被垫枕等卧具。

鸟树河流乐器等，
欲闻时出妙法音，
不欲之时即不闻。

想听声音的时候，幻化的百灵鸟（梵语为迦兰陀鸟）等鸟类的鸣唱、树被风吹动的声音、河流的妙音以及空中天人的乐器等都会发出宣说三宝、十地、十波罗蜜多等妙法的音声。听后不离随念。假设想入定坐禅等而不想听声，则任何声音也不会传入耳中。

彼等甘露池溪流，
冷暖适度随所欲，
愿生如意所成刹。

那些甘露、池塘、河流也是随自己的意愿想热就热，想凉就凉，沐浴时水仅仅没过身体等，水的多少也随各自的要求而现。愿我们往生于一切称心如意的极乐刹土。

戊三、思维主尊功德而发愿

彼刹阿弥陀佛尊，
住无数劫不涅槃，
愿于此间承侍彼。

在此极乐世界，圆满正等觉阿弥陀佛的寿量无法衡量，于不可思议的无数劫中不趣涅槃而住世。愿我们于此期间在佛陀身边恭敬承侍。

一旦佛陀趣涅槃，
二恒河沙数劫中，
教法住世之时期，
不离补处观世音，
愿于期间持正法。

因为极乐世界是殊胜化身刹土，所以有朝一日阿弥陀佛色身会示现趋入寂灭的法身界中，之后其教法、证法在二恒河沙数劫中住世，尔时阿弥陀佛的继承人是法太子观世音菩萨，愿我不离他左右并能于此期间继承、护持、弘扬教法证法。

黄昏法没次黎明，
观音现前成正觉，
尔后彼佛名号为，
胜光妙聚王如来，
愿供奉彼闻正法，
寿量六百六十万，
俱胝那由他劫久，
愿恒恭敬承侍彼，
不忘总持受持法。

当（阿弥陀佛的教法、证法）住世期圆满时，在黄昏时分其佛教正法隐没，到了次日黎明之时，法太子观世音菩萨现前成佛，佛号胜光妙聚王[135]。尔时，愿我供养、侍奉他并在其前听闻、受持、宣扬正法。胜光妙聚王佛寿量长达六百六十万俱胝那由他劫之久。愿我那时恒常恭敬承侍供养他，并能以不忘陀罗尼（总持）受持一切正法。现在我们绝不能对他人讲法制造违缘而要提供顺缘。如果自己还能铭记此《极乐愿文》及一句以上的法义，那么未来就会获得不忘陀罗尼。

涅槃之后彼教法，住世六亿三十万，
俱胝劫间持正法，愿恒不离大势至。
大势至现前成佛，尔后彼佛名号为，
坚德宝聚王如来，寿量教法等观音，
愿于期间恒承侍，供品供养持诸法。

彼佛（胜光妙聚王佛）示现涅槃后，其教法住世六亿三十万俱胝劫，愿我能在此期间受持一切正法并且恒时不离其继承人大势至菩萨。

[135] 《观世音菩萨授记经》中称为普光功德山王如来，《悲华经》中是遍出功德光明佛。

尔后，大势至菩萨成佛，佛号坚德宝聚王[136]，他的寿量教法（住世期）全部与观世音菩萨相同，愿我于此期间也能恒时承侍供养彼佛（坚德宝聚王佛）并受持佛教一切正法。这些在《大悲白莲经》中有广述，若有兴趣可参阅。

戊四、发愿自己最终成佛

愿我寿命尽立即，
于彼刹或他净刹，
获得无上正等觉。

祈愿我住在极乐世界的寿命一旦完结之时，以先前圆满的福慧资粮，立即在极乐世界或其他清净刹土中获得无上圆满正等觉果位。

成佛后如无量光，仅闻名号熟解众，
化身无数引众生，无勤任运利有情。

成佛之后也与怙主阿陀弥佛一样，具有众生仅闻我名号就能成熟解脱相续、不可思议的功德与智慧，以幻化出无数化身引导十方众生等不可思议的大悲事业，无勤之中恒时以周遍任运的方式饶益无量无边的有情。

以上宣说了往生极乐世界的第四因——回向及发愿。

见此痛苦轮回牢狱已，深深生起厌离善缘众，
若以喜心向往清净刹，愿佛对此心愿作证人。

《弥陀经》中主要宣说往生极乐世界的第一因，即再三观想阿弥陀佛。《无死鼓声经》[137]中宣说了观想彼刹器情世界的所有功德，发愿获得此等功德，因而这是一大要点。这部《极乐愿文》浅显易懂，所以在家男女们在念诵时心不能散乱而要一心专注在词义上，口中念

[136]　《观世音菩萨授记经》中称为善住功德宝王如来，《悲华经》中是善住珍宝山王如来。

[137]　《无死鼓声经》：即汉地《鼓音声王经》，全称为《阿弥陀鼓音声王陀罗尼经》。全一卷，译者不详。内容为佛在瞻波大城，为诸比丘说阿弥陀佛父、母、子、侍者、上首，及魔等名。次说神咒，十日修行。必生彼国。

诵词句的同时心里要发愿。

对于极乐世界中的圆满安乐，自己也要参看极乐世界唐卡或者聆听上师讲解时看看依靠极乐愿文的词句是否已明白，并且要铭记于心，这一点相当关键。甚至仅仅了知而忆念极乐世界的一朵花或那些鸟类的功德，也可清净心里的障碍并积累广大福德，因为这些都是阿弥陀佛的愿力与福德力所形成的，所以与观想真佛的功德无有差别。

一般来说，（大多数凡夫人）如果听到某处有一个美丽安乐的地方就会十分向往，再三询问那里的情况。对于宣说了极乐世界的幸福安乐受用的诸多功德，则毫无兴趣，毫不羡慕，也不知道询问彼刹情况，这些人实在是愚不可及，他们已经步入了可怕的歧途。看看现在，有的人听到别人说“在一隐蔽地方有许多饮食”，于是舍弃自己的一切资具立即前往，结果白白地空跑一趟一无所得，最后垂头丧气、十分沮丧地返回来。任何（经论）也没有说过不须要积累一分资粮便可不舍肉身往生清净刹土。我们无须对极乐世界的有无产生怀疑，也不须历经千辛万苦才可往生，往生以后亦不须返回。如今我们毫不费力地精进积累资粮，发愿往生，则不费艰辛便可抵达极乐世界并享受究竟的幸福安乐。

丙二、以宣说持佛号之功德而结尾

善逝寿量及福德，德智威光皆无量，
法身无量光佛陀，寿智无量出有坏。

祈祷从即生起便可获得持佛名号的加持，正如前所说善逝无量光身寿的无量功德，（阿弥陀佛）于许多大劫中积累浩如烟海的福德智慧资粮，而具足了因二资的无量功德、果十力四无畏等如海的无量断证功德；五智等智悲力的无量功德；见无违逆、胜过他众的广大福德、威光无量等色身的功德；四身五身任运自成的无量功德。

何人持诵您名号，除非往昔业异熟，
水火毒兵夜罗刹，佛说诸畏皆可救。

以信心专注随念此等无量功德之后需要持诵佛号，持诵他的任何一种名号都可以：法身无量光佛、怙主阿弥陀佛，因为寿量、智慧不可估量，所以也称为出有坏。任何善男信女持诵善逝您的此等不同名号并且毫无怀疑地祈祷，这些人除非是往昔恶业的异熟果暂时成熟不可避免以外，其他违缘障碍的损害，诸如水、火、毒、兵器、罗刹、夜叉等一切怖畏皆能救脱，这是大能仁在《无死鼓声经》中所说的无欺教言，对此一定要深信不疑。

我持佛号顶礼您，
祈救一切怖畏苦。
吉祥圆满祈加持！

我观想根本上师等一切皈依处集于您一身，以“一切所作您尽知”的信心受持（心中意念）您的名号，并且口中念诵，身体恭敬顶礼，诚心祈祷您救脱暂时的一切怖畏及究竟生死中有的所有痛苦，还有前面回向支中所说的暂时诸利益以及此处所讲的遣除寿障等。

总而言之，愿今生来世身语意时时刻刻与正法相应，息灭修法的一切违缘，如意成办顺缘，最终往生极乐世界后成佛等，祈祷您加持赐予生生世世中吉祥圆满的善妙。心里这般思维后就要发愿。

如是由忆念佛陀的功德而生起信心，功德极大。如《因缘品》中云：“何人百年中，每月千供施，不及信佛福，十六分之一。”

在如今的浊世，里里外外的恐惧多到极点，依靠祈祷世间的大力天神等其他任何方法也难以救护，没有比祈祷一切皈依处的总集圆满正等觉阿弥陀佛更殊胜的了。尤其是边鄙邪教泛滥猖獗之时，许多恶物、恶咒的危害频频出现，如果祈祷阿弥陀佛，这些根本不能损害到自己。这是殊胜上师的口传教言，望大家切切莫忘，铭刻于心。

《日藏经》中说：“有情谁人皈依佛，俱胝魔众不能害，纵然破戒心烦乱，彼亦定能趋涅槃。”即使堕入劫末熊熊烈火之中，如若祈祷佛陀，也不可能被焚烧，甚至也能救离地狱火，更何况说一般的火灾？

从前，一群商主去海岛（取宝），途中一条大鲸鱼劫持住船只不放。这时有些人祈祷世间神等。其中一位居士商主知道如果祈祷佛陀则可解脱怖畏，便对大家说：“我们顶礼佛陀吧。”结果鲸鱼松开了船只，他们顺利到达目的地。那条鲸鱼因听到佛号，死后转生到天界中。[138]

以信心皈依佛陀的人，毒蛇、大黑龙的毒气也不能损害他。这方面的公案有许多：据说，一人晚间行路，在途中休息时将盘卧在地上的毒蛇误认为是一段木头而坐在上面。当毒蛇准备害他时，他祈祷至尊度母而幸免于难。

如云：“不共戴天的仇敌投以兵器时，如果忆念佛陀则不会被兵器所伤，且敌方的兵器将折断；如果忆念观世音菩萨，那么怨敌的兵器会散落；倘若祈祷邬金莲花生大士，则刽子手将惊恐失措，兵器落地。”

如若受皈依戒则何时也不会被兵器击中等等，经中也讲了许多。

有一次，众多商人在一处设营居住时，一个凶猛的非人夜叉兴妖作怪使得黑风四起，商人们不知所措，后来祈祷佛陀。佛陀刹那间便降临那里，解救了他们。

一个名为黑珠内的夜叉，在牧区地方坑害百姓，向人们收取他们的儿子来吃。（人们要向它交税般地将儿子交给他。）轮到一对夫妻时，他们要将独生儿子用来交税，因为那位母亲皈依圆满正等觉佛陀，佛陀知晓后，瞬间降临到那里，为夜叉宣说正法使它皈依。施主将食物与儿子带到夜叉面前时，夜叉接受食品，而将那个孩子送到世尊手中。世尊将孩子递到施主手里，使他解脱了危难。

佛陀的化身巴拉哈马王使许多商人从罗刹洲中获得解脱等。[139]

皈依祈祷佛陀，能救脱野人的怖畏：从前，一户人家的女人去参加节日宴会时，借了别人的一件衣服，结果弄丢了。她让一个跛足老裁缝缝纫，因担心裁缝被自己的丈夫发现，于是将他装在一个口袋里，晚上放在室内深处。这时，来了一个盗贼，取出她家中的袋子背走了。路上他觉得袋子特别沉重，暗想：这个袋子里一定全是珍宝。继续向前走。走着走着，老裁缝在里面撒尿，漏到了袋子的外面。盗贼正好

[138] 详见《众经撰杂譬喻》卷2中摩竭大鱼的公案。

[139] 详见《六度集经》中驱耶马王的公案。

看见月亮升起。他又想，从月亮升起漏水这一点来看，这袋子里一定有水晶珍宝。到了一处森林中，他打开袋子一看，里面竟然是一个老跛子。所有的盗贼都气急败坏，准备杀他。老裁缝非常害怕，他立即皈依佛陀。佛陀瞬间便降临到那里，连同野人一同予以调伏。[140]

救脱野兽等之威胁也同样有公案：一个小女孩去采花，遇见一头吃人的狂象准备吃她。她惊恐万分，马上祈祷度母，结果狂象对女孩生起欢喜心，用鼻子把她抬起，恭敬承侍并带到城市中。人们甚感稀奇，都说："这个凶猛的狂象都能这般恭敬承侍，这个女孩一定是具广大福德之人。"后来她成了国王的王妃。

一个叫勒滚秋嘉的猎人，赤身裸体，从一棵树后，准备暗中向獐子射火箭，这时一个人熊从后面走过来把他压在下面搓揉，他知道念诵莲师遣除违缘的祈祷文："虎豹熊罴及毒蛇，旷野险隘猝相逢，意勿疑豫敬祈请，我与勇猛护法俱，驱除毒有情无疑，祈请邬金莲花生，遂欲赐成愿加持。"祈祷莲师救护，结果人熊放松下来，呆了一会儿就从他身上缓缓下来了，仅用眼角看了一下便逃走了。有许许多多此类公案。

关于救脱被国王惩罚之难，许多经论中说：如果祈祷佛菩萨则可从囹圄中解脱出来。听说莫涅[141]地方有一个老盗贼，在加拉时期入狱并被判处无期徒刑，被投在十分恐怖的牢房中，手脚全部带上镣铐。他因为念诵《遣除违缘祈祷文》并没有感受悲惨的苦痛。一天，他感到所有的手铐脚镣好像都自然解开了，他想：这是怎么回事？一看，果然解开了。这时铁门也自动打开了，一位身着白衣的人喊他："你不想走吗？"他想：在光天化日之下，别人会看见吧。但他仍战战兢兢地（跟着那人）逃出牢房。路上虽然遇到了许多人，但他们谁也没有看到他，他顺利地回到家里。所以，若祈祷阿弥陀佛及其化身，则今生也可获得加持，现世现报。

此外，（有则公案：）胜光王有一个相貌丑陋具有诸多噩兆的女儿，

[140] 此例于《百业经》第十三跛子公案中有广述。

[141] 莫涅：四川康定县和道孚县一带。

后来嫁于别人为妻。那家人也不敢让她露面，把她藏在一房子里锁上门。她十分悲伤，祈祷佛陀。佛陀亲自降临，身体放光，打开了房门，她一见到佛的身体，自身的一切恶业异熟果都得以清净，变得美如仙女。[142]

尤其当今是以忿怒法不能调伏而以寂静法方可调伏的时代。所以，以慈悲众生的方式使他们皈依，则没有不能调伏的鬼神，特别是突如其来的寿障疾病极其繁多。因人们毁坏十善的戒律而勤造不善业，以至于天人与非天之间也时常发生战争。因为人类无有善法而天人就会惨遭失败。非天得胜后便会向欲界人间散发毒气，导致二十一种不同的妖病等十分流行，到处烟雾弥漫，狂风大作，灰尘飞扬，其中有许多极其微小的昆虫，散布到人们头脚之间，引起各种瘟疫传染病，致使人们经常发生暴死。如今大多数难以辨认、无药可救的疾病等多属于此类情况，若祈祷阿弥陀佛对此则必定有利益。这在《无死鼓声经》及《长寿陀罗尼经》[143]中多处有广述。

据说从前，许多婆罗门患了一种病，全身伤痕累累。他们对着一尊度母石像祈祷，结果从度母佛像的指尖上流出水滴。他们饮了这水，并用水沐浴身体，最后大病痊愈。有许多公案为证。

如是仅仅祈祷也获得加持等，是指毫无怀疑的祈祷，而并非是指满腹怀疑者可以迅速获得如此加持，此理前文已宣说。持诵名号而祈祷者，暂时可获得利益，最终往生极乐世界。如经中云："自此向西方，极乐世界刹，彼处住如来，善逝无量寿，何人诵彼名，将往生彼刹。"因此精进念诵"顶礼供养皈依真实应供、善逝、出有坏、圆满正等觉阿弥陀佛""祈祷阿弥陀佛尊，加持往生极乐刹"意义极大。

---

[142] 详见《贤愚经》中金刚女的公案。

[143] 《长寿陀罗尼经》：即汉地《无量寿王陀罗尼经》，全称为《大乘圣无量寿决定光明王如来陀罗尼经》。全一卷，赵宋法天译。佛向妙吉祥菩萨说西方无量寿之陀罗尼，能增寿命，得大利益。

丙三、发愿顺缘——以谛实语、陀罗尼咒加持

愿以佛所获三身，法性不变真实谛，
僧众不退之加持，成就所发之大愿。

总的来说，如上所述，如果真的具备广大资粮，便可如愿以偿。得地的圣者们发什么愿都会实现；具有清净戒律的人以及依靠殊胜福田或以清净殊胜的意乐发愿也容易实现。如果不具备这样的自力，那么依靠三宝的威德力和加持力，诚心祈祷并诵谛实语，三宝绝不会欺惑我们，依此加持力，必定能成就自己所发的宏愿。因此，愿依靠获得法报化三身的佛宝等同于法界虚空般的加持，法性真如永恒不变真谛之自性、《宝性论》中所说“如前后亦然，无变之法性”的法宝之加持，魔等谁也不能使之退转的圣者僧宝相续中证悟功德的加持及大谛实力无有阻碍、称心如意地成就我上面所发的许多大愿。念诵上面的那些发愿偈时，如果能够忆念此论谛实语的意义，那是最好不过的。自己念诵谛实语的同时要观想：佛菩萨们也以金刚语说：“愿你的一切愿望如是成就。”依此心生欢喜。由此可见，对实现愿望无须产生怀疑。

诵“顶礼三宝”及陀罗尼咒“达雅塔，班则智亚阿瓦布达呢意娑哈”，这是愿五根完全得以清净的增变咒。其咒语之意义于此未宣说。顶礼增倍咒：“纳么玛则西日耶，纳么色西日耶，纳么厄达玛西日耶娑哈。”咒义为：顶礼妙吉祥，顶礼善吉祥，顶礼胜吉祥。“娑哈”是愿成就所愿之义。这些咒语是善逝如来所加持的殊胜陀罗尼咒。因此，我们如果念诵，则是增上诸多善根、成就所愿的方便法。

实修法：专心致志随词句忆念意义，并念诵“与我结缘者……成就所发之大愿”三遍。之后念诵龙树菩萨的极乐愿文、大班智达罗桑秋坚的极乐愿文、宗喀巴大师的极乐愿文、果仁巴大师的极乐愿文、智悲光尊者的极乐愿文等。这些都是得地圣者所造的愿文，具有极大的加持力，如果念诵，利益颇巨。(不要执著这些是不同宗派的念诵法。)在念诵仪轨上并不存在宗派的分歧，我们须要禁忌的是造恶业而不是

修善法。之后念诵《普贤行愿品》。

如此明观福田时再三观想阿弥陀佛及极乐世界，尽量积资净障（因），以利他的善良意乐发菩提心（缘），以强烈的希求心猛厉发清净愿。在家男女们也应当归纳总结而理解此往生极乐世界的四因。在家出家所有的人都要把此法作为一切修法的根本。

如今末法浊世的众生积累了深重数多的佛制罪和自性罪，以此必将走向恶趣。如佛陀取了少量尘土放在指甲上说："从恶趣转生到善趣的众生数量就像这（指甲上的微尘）一样，从善趣堕入恶趣的众生则多如大地的微尘。[144]"

所以说，此法门是显宗的捷道，很容易成就。当今的人们勤奋修持没有不能成就的。尤其是乔美仁波切所造的此殊胜愿文，以及无等华智仁波切举行极乐法会的传统，为如今我们这些人提供了切合时宜的法缘。通过这种方式可使不可思议的众生往生极乐世界。大慈大悲的传承上师们再三亲口承诺："凡是在此极乐法会中精进修（净土法门）的所有人如果没有往生极乐世界，圆满正等觉佛陀和我等已欺骗了你们。"因此，我们一定要对佛语、上师的教言生起诚信，通过这一极乐法会努力成办自他利益。生于浊世末期，如果有使我们不必堕入恶趣而往生清净刹土的一个捷径，却仍不肯精进修持的人真是没有心了。

本来，能够听闻、修持珍宝般的经藏之义也一定是往昔的宿缘及积累福报的结果。因此，应该生起无比的欢喜心，诚如所谓："罪业深重的人当中算是有福报的人了。"《弥陀经》中云："若不积福德，不会闻此法，何人具福德，则彼闻此经。[145]"

所以，在讲闻此极乐愿文上，理应下一番功夫。当为一些在家人传讲时，如果不愿意从字面上逐句讲解，就以概括的方式将四因归纳

[144]　《涅槃经》记载，尔时世尊取地少土置之爪上，告迦叶言："是土多耶？十方世界地土多乎？"迦叶菩萨白佛言："世尊，爪上土者不比十方所有土也。""善男子，有人舍身还得人身，舍三恶身得受人身，诸根完具生于中国，具足正信能修习道，修习道已能得解脱，得解脱已能入涅槃，如爪上土。舍人身已得三恶身，舍三恶身得三恶身，诸根不具生于边地，信邪倒见修习邪见，不得解脱常乐涅槃，如十方界所有地土。"

[145]　《佛说大阿弥陀经》云："若不往昔修福慧，于此正法不能闻，已曾钦奉诸如来，故有因缘闻此义。"

为科判详细地传讲业因果引导，这一点十分重要。为了让大家获得佛菩萨的加持、生起诚信，每天可适当穿插讲一些简略的公案故事。本来，这部愿文浅显易懂，对于稍有智慧的人来说，颂词不须作解释，通过学习轻而易举就能精通，但为了使那些实在无法理解的人能够随词句忆念意义，才既作了字面解释又加以引导。

我造此论时并没有着重于措词，而是尽可能让在家人容易理解。公案故事与佛经中的记载在词句上稍有不同，只因我是片面性归纳而写的；引用的那些教证多数是根据自己背诵、记在心中而写下来的，意义上无有相违之处，但如果教证来源有出入等，则希望不要责怪，予以修改即可。我想，此论遵照无等华智仁波切师徒们的口传，该获得口耳传承的加持。

结　　文

如是能仁教法之乐园，装饰贤妙愿文之莲花，
以吾慧日令其已绽放，如我凡夫欢喜取此饰。
惊涛骇浪轮回之大海，为业烦恼狂风所吹动，
众生航船入老鲸鱼口，了知此情当依不放逸。
以如皎洁皓月之光辉，极乐世界赞文之甘露，
为苦热恼所迫难忍者，欲求喜乐清凉生定解。
寿命飘摇不定如闪电，濒临隐没中有黑暗中，
仍不知晓妄想常久住，懈怠者为死主绳所缚。
身着四因日月光白衣，见无死刹欢喜露皓齿，
大悲之主疾步来迎时，黑色死主老翁极羞涩。
罪苦愚痴睡眠至今日，愚为梦中美女屡引诱，
能王乐器妙音唤醒彼，此时喜看解脱之舞蹈。
信心不退不求轮回法，善恶业果视为生命想，
于佛教言生起真定解，如是之人迈近清净刹。
生于末劫远离圣怙主，陷入恶友怨敌诡计中，
业惑魔女媚眼睨视等，此等之时以持佛号救。
佛教将为散乱琐事毁，为不知法理恶业担累，
此时若能弘扬此法者，如同世尊再现于世间。
纵然广闻却忘思维义，虽讲数多却乏修功德，
未经详察如我疯行者，所造之论无有美滋味。
然以佛经口传百味精，拌入清净意乐食品中，
献给贫愚老母诸有情，略表还清债务报恩德。
松解辞藻诗学腰带故，定遭诸歌舞者讥窃笑，

若有凡夫意根迷乱法，具慧长老大德前忏悔。
未杂愚者分别欺诈行，未贪自享寂乐味一边，
智慧方便印持此善根，回向成就弘法利生业。
诸众老母往生极乐刹，本人跟随文殊菩萨尊，
愿意步入三有虚幻城，祈愿于此不生畏惧心。
佛教夕阳已落于西山，愚众星宿黑暗中狂笑，
仅以悦耳佛号细妙音，愿除当今浊世诸傲慢。
天众圣者弹奏妙乐器，人类手捧十善之鲜花，
增上所需受用喜乐缘，愿息疾疫饥馑刀兵劫。
佛子高僧大德之足下，富足施主以信敬承侍，
愿以讲辩著之三事业，兴盛佛教喜宴增吉祥！

乔美仁波切此《极乐愿文》之注疏，结合举行极乐法会之方式而造，遵照大恩上师口传引导，以教证严饰，谁人阅读都会感到易懂。比丘罗桑曲杰扎巴或索南曲智于宗萨寺随意撰写，以此善根回向众生，愿彼等往生极乐世界！

公元二〇〇〇年九月九日

译于色达喇荣五明佛学院

二〇〇六年六月二十五日重新校订

净土教言

——开启信心之佛教明日

那摩格日玛吉果卡亚（顶礼上师文殊师利菩萨）！

佛号入耳之刹那，大菩提道不退等，
能赐无量胜德者，阿弥陀佛护此众！

在此，凡是具有缘分的人，所追求的目标中最为殊胜的即是不住有寂的涅槃，而不用历经艰难险阻轻而易举便可获得这一果位的殊妙方便，就是发愿往生极乐世界。因为依靠阿弥陀佛的发愿力很容易往生极乐世界，已经往生的所有菩萨全部是一来菩萨，而且善逝的无垢圣教中说：住于无量刹土中的一切佛陀再三赞叹极乐世界具有远远超胜其他刹土的无量功德。

所以，关于往生极乐世界的因，《极乐世界功德庄严经》中说："阿难陀[146]，若有众生屡屡观想如来身相，积累众多无边之善根，发菩提心，为往生彼净土而发愿、回向，彼等临命终时，如来、应供、正等觉阿弥陀佛由诸多比丘众围绕将现于其前。彼等众生见出有坏[147]阿弥陀佛后，以极其清净之心而死去，即能往生极乐世界。"此经中宣说了观想阿弥陀佛、积累无量善根、发菩提心、一切善根为往生极乐世

[146] 阿难陀：即释迦牟尼佛十大弟子之中多闻第一的阿难尊者。

[147] 出有坏：梵语薄伽梵之藏文意译，汉译为"世尊"。"出"谓超出生死涅槃二边；"有"谓有六功德；"坏"谓坏灭四魔。

界而回向并发愿——往生极乐世界的四种因。其中，主要的因素就是忆念阿弥陀佛和渴求往生极乐世界，积累善根与标志着大乘种性的发无上菩提心作为它的辅助因素。因此，为了说明对阿弥陀佛虔诚信奉占主导地位，佛在《极乐世界功德庄严经》中说："阿难陀，若善男子、善女人，欲求即生现见善逝阿弥陀佛，当发无上真实圆满菩提心，并以增上清净意乐为往生彼佛净土真心信奉，积累善根，圆满回向。"为了说明渴求往生净土的愿望居于首位，此经中又说："阿难陀，何者常观想阿弥陀佛，并积累无量众多之善根，真心依奉，彼等临命终时，与如来、应供、正等觉阿弥陀佛身色、形象、大小、随从比丘僧众完全相同的佛化身住于其前。彼等因现见善逝，以具有极为清净之等持及不忘失之正念，死后即能往生彼佛净土。"

归纳起来说明对阿弥陀佛虔诚信奉及渴求往生极乐世界最为主要，具足这两种条件便能往生，《极乐世界功德庄严经》中说："阿难陀，若有众生，甚至一发心随念如来，欲求往生彼刹，若有讲授甚深妙法，则甚感难得，毫不懈怠，不怯不畏，甚至一发心观想善逝阿弥陀佛，生起渴求之心，彼等于梦中能见善逝阿弥陀佛，终将往生极乐世界，于无上真实圆满菩提道中不退转。阿难陀，彼等善逝照见此相而于十方无量无边世界中，普皆念诵阿弥陀佛名号且称扬赞叹。"《无死鼓声经》中也说："自此向西方，极乐世界刹，彼处住如来，善逝无量寿，谁诵其名号，将往生彼刹。"我们必须遵照诸如此类的佛经中三番五次明确提到的教义，生起坚定不移的诚信，换句话说，一定要认识到极乐世界功德超胜之处。

极乐世界拥有这样的功德也唯一是善逝阿弥陀佛的发愿力与智慧力幻变的，所以对所依（极乐世界）和能依（阿弥陀佛）生起胜解是主因。《无死鼓声总持经》中云："具信善男或善女，谁有信心、胜解及恭敬心，将往生净土。"又如《净土经》中也说："诸众成善逝，净智通胜义，彼等数劫中，虽说极乐赞，而彼赞颂时，纵尽俱胝劫，极乐赞不尽，辩才亦不尽；极微数世界，何人粉成尘，较彼多世界，满宝做布施，何人已听闻，阿弥陀佛名，极乐胜功德，欢喜而合掌，此福胜前福。

故闻彼佛德，当喜生诚信，为生极乐刹，猛厉起胜解，何人若能闻，极乐世界名，彼福诸胜刹，不及无法喻。较通达佛语，智者福更多，为能得胜义，信心为根本，是故闻此已，断除诸怀疑。”此外经中又说：“诸法依缘生，住于意乐上，何者发何愿，即得如是果。”及“佛说诸善法，根本为胜解。”因此说，生起信心至关重要。

生不起信心的障碍有未知、邪知与怀疑三种，为此必须断除这三种障碍。

未知：如果不知道、不了解极乐世界与阿弥陀佛的殊胜功德，就不会希求往生极乐世界，如同劣种愚人不知道珍宝的价值也就不会问津它的情况，更不会费力寻求一样。首先应当听闻无垢经教中称叹极乐世界的一切功德并为人宣讲。诚如佛在经中说：“弥勒，若闻如来、应供、正等觉阿弥陀佛名号，则彼等众生获得一切善妙，任何众生甚至对善逝阿弥陀佛生起一念信心，对此法门生起坚定不移之诚信将不会信受劣法；弥勒，是故汝应生胜解，汝应通达此义。诸天、魔、梵天、比丘、婆罗门等一切世众亦当受持、读诵、精通此法门，并为他众广泛正确宣说，欢喜修持；弥勒，甚至一昼夜间受持、读诵、精通此法门，亦当诚心诚意为他众广泛正确宣说，乃至缮写经函后亦当受持并对之作本师[148]想。何人欲求迅速令无量众生于正等觉菩提果位中不退转、亲睹善逝出有坏无量寿佛并希望自己也完全受持具有殊胜圆满功德庄严之佛刹，则为了闻此法门，应当跨越遍布火焰之三千大千世界而听闻。听受之后，亦当由衷欢喜。为获得、精通、受持、缮写、修持此法门而发猛厉精进。甚至在挤牛奶如此短暂时间里，也为他众宣说。越过布满火焰之三千大千世界，亦不应生一后悔心。何以故？弥勒，如是众多俱胝那由他菩萨众皆因曾听闻此广妙法门，而于无上真实圆满正等觉菩提中不退转。”

邪见：尽管听闻了如此殊胜的法门，可是那些往昔未曾积累资粮的人们，非但不对此信服，反而对所说的教义生起邪见，这就像外道一样。在不承认圣教为正量的这些人面前，为了使他们通达真正的教义，要依靠方便加以调伏；或者通过说理的途径进行教化。依靠方便加以

[148] 本师：应敬重此法如敬重本师释迦牟尼佛。

调伏就是靠大显神变使他们皈入佛门；凭借说理的途径进行教化就是通过正理的渠道证明佛陀是量士夫[149]，正确建立佛教是解脱的津梁，由此使他们对佛陀不可思议的誓愿力和智慧生起定解，结果必然对以三观察[150]证明清净的《极乐世界庄严经》等经教，也就是能推知、衡量最极隐蔽所量的无欺圣教生起诚信。

怀疑：虽然承认自己是佛教徒，却因为信仰下乘导致听闻极乐世界的广大功德以后，心里会萌生这样的念头：只有圣者才能往生到这样的刹土，而一般的凡夫人仅以持佛号等，不能够往生吧。满腹怀疑并且口中也这样说。要知道此类人已经失毁了重大意义。我们借助圣教能够推知：凡夫人也有凭借信心与渴求心的力量往生极乐世界等情况。如颂云："往生第三处[151]，依论即有理。"对于极隐蔽之所量，只有通过无欺的圣教来深入领会它的广大实义，这是一切智士仁人的传统。极乐世界的器情功德极为广大，而且凡是听到善逝阿弥陀佛名号并渴求往生的人都必定能够往生（，这也是由阿弥陀佛的发愿力决定的）。往昔，在善逝世自在王如来前，名为法藏的比丘发愿受持比功德圆满的八百一十万俱胝那由他庄严佛刹更殊胜的刹土，为了圆满所发的这些宏愿而修学无量菩萨行，达到究竟，如今圆满实现了往昔的一切誓愿，于名为极乐世界的刹土中成佛、住世，宣说正法。因此，我们依靠阿弥陀佛的发愿力，很容易往生到极乐世界。如果得以往生，那当然有重大的意义。经中说："出有坏，吾证菩提之时，于无量无边佛刹中，任何众生闻吾名号，彼等为往生我刹，发心并回向诸善根。除被五无间罪及舍法罪障所覆外之一切众生，彼等甚至十发心，愿生我刹，若彼等不能往生，尔时愿吾不现前成就无上正等觉菩提果位……"这里以及前面所说的是往生极乐世界之四因，我们要依靠诸如此类的教证生起定解。

若有人认为：此极乐世界胜过其他净土，而且所有往生者全部具足总持、等持、神通等无量功德，因此不是圣者不可能往生极乐。

[149] 量士夫：量指正量，士夫指补特伽罗。因为佛的身口意清净，无诸垢染，故为量士夫。

[150] 三观察：经过现量、比量及圣教量的观察。

[151] 第三处：即圣教量。第一处为现量，第二处为比量。

驳斥：既然你承认圣教中所说的“已往生者都具有如是功德等”，那么为何不承认圣教中所宣说的往生之因呢？不费吹灰之力就能成就这般极其广大的功德，这完全是凭借佛陀的愿力与智慧力，而不是由众生各自之力成熟才形成的。

如果有人说：“经典中所说的念诵佛号便可往生净土等义，是别时意趣[152]，其密意是指一旦获得圣者果位（一地以上）后方可往生。”

驳斥：经中明明说：“仅以念诵佛号便可往生净土。”虽然有些人念诵佛号死后并不一定立即往生，可是总有一天必定会往生，佛陀所言始终无有欺惑，而有些具足信心的人死后立即得以往生的情况也是存在的。因此说，死后必定往生的圣言真实不虚。当然也有以密意说成其他时候能往生的。否则，谁能一口咬定说：所有持诵佛号者均可往生等绝对是指他时将成熟之义？因为人的业力、缘分、根基次第无量无边，对此佛陀的幻变也无量无边。以听闻佛号，也会有死后立即往生极乐世界的人，这一点没有任何理证能够推翻。

若有人认为：假设是生起了圣者之证悟的修行人死后能够立即往生。可是，现在根本没有见到这些殊胜功德，所以死后也不能马上往生极乐世界。

驳斥：倘若今生修道中已经现前了圣者的证悟境界或不久即将现前，那么即使没有重新加上以听闻佛号等便能往生这样事半功倍的其他因，也无疑能够往生。而这里，经中明明说：除造五无间罪及舍法罪外，皆可往生，仅闻佛号者，虽有怀疑亦可往生，仅以发清净心也可往生等等。可见，经中说的是凡夫人听闻佛号并发愿能往生极乐世界，而并没有说圣者闻佛号发愿才能往生。

若有人认为：经的密意是指凡夫位时以发愿的因作为前提，等到获得菩萨果位以后才能往生极乐世界。

驳斥：如果是这样，那么经中为何说仅以信心、愿力便可往生呢？

若有人认为：“虽然依靠信力、愿力还不能往生，但是如果生起信心、希求心则逐渐获得圣者的证悟智慧，之后可往生极乐世界，此经是有

[152] 别时意趣：佛说法之四意趣之一，指在余时方能得到利益。

密意的。”

驳斥：对于佛经中所说“唯以信心、愿力即能往生”的教义，无有任何直接能害的理证，因为依靠佛陀的发愿力与智慧力，如果听闻佛号并生起希求心，那么仅仅凭这些因的力量，临命终时便可现见善逝化身，虔诚起信，一心专注，不忘之正念等五根转变成五力，在短时间内即可生起圣道的证悟。为什么呢？就好比咒语加持的种子很快就会成熟一样，毫不费力以顿超方式引生圣道证悟的可能性是有的，否则，一切密咒的甚深方便、明咒的甚深功德以及善逝的甚深幻变等也应成了怀疑之处，因为（按照你们的想法）这些事半功倍的情况不可能实现的缘故，假设有这种可能性，那么凭着信心愿力往生极乐世界是可以实现的。举个例子来说，相传有母女俩死在恒河与雅穆奴河的汇合处，死后转生到色界天。尽管她们未曾修成生色界天的禅定之因，但依靠相互之间怀有强烈慈爱的善心力，当时便成就禅定而往生到天界。此外，在灭劫之时，人们通过法性力无勤便可成就禅定。还有仅以善逝、菩萨摸顶便能成就数劫中也难成就的禅定等殊胜功德。此理与上述道理相同。

若有人认为：经中也宣说了需要积累无量资粮。发愿得以实现的因要依赖于资粮，如果不具备广大资粮，那么仅仅依靠发愿等也不能往生净土。

驳斥：一般来说，发愿得以实现的因的确是积累资粮，同时也要承认，根据众生积累资粮的业力、根基、缘分的差别，存在着死后立即往生、他世往生极乐世界的各种情况。然而，如果具足强烈的信心、希求心，不依靠他缘便可圆满一切广大资粮之因，因为凡是听闻极乐世界及阿弥陀佛名号的人，往昔必定积累过广大资粮。经中说：“未来时，至佛法隐没之间，于此广大法门，诸佛皆赞叹，诸佛皆称扬，诸佛皆恩赐，此法能速成一切种智。耳闻此法之彼等一切众生获得极妙善，生起诸善根，侍奉过往昔如来，蒙受佛陀加持，耳闻佛号能心生欢喜，获得殊妙喜乐。并且受持、讽诵、精通、为他众真实广说、欢喜修持，甚至以缮写作供养也会获得诸多福德，不可胜数。”佛经中又说：“若不积福德，不会闻此法，成就菩萨者，彼将闻此语。”又云：“何人听闻此胜法，忆念善逝得欢喜，何人诚信佛菩萨，彼等过去为我友。”根据诸如此类的教义可以推知：如今能听到犹如宝藏般十分难得的佛陀名号之人，往昔必定积累过广大资粮、将来必定会往生极乐世界。否则，不仅我们这些凡夫人不能了知自己前世后世的情况如何、有无解脱和一切种智的缘分等，而且诸大阿罗汉也不能如理了知他人的相续，例如，华杰施主的善根[153]，（大阿罗汉目犍连尊者也未能知晓）。由于众生的业力、缘分、根基千差万别致使所成就的果也各不相同。但是我们完全能够知道，如果是信心十足、欲乐强烈的人，他不可能没有缘分。对阿弥陀佛与极乐世界生起信心，也可以成就广大的资粮。如前文列举了经中所说此胜过尘数刹满宝作布施的功德等道理。佛经中还说：“听闻善逝名号者，菩提道中不退转，直至菩提果之间，获得不忘陀罗尼。”又说：“不转女身获总持，持梵净行转贵族，获得殊胜三摩地，欢喜受持菩萨行，值遇胜喜善根等，将得无量之功德。”

总之，极乐世界的殊胜功德是不可思议的，往生到这里的众生都现见住于菩提树王下的善逝如来以后现前圣者的断证功德，均获得不退转果位，远远超胜其他圣者的广大功德，通过此种方式在一生中就能圆满经行诸道等难以思测的功德。所以说，如果以自力修持获得与极乐世界菩萨同等的功德，则需要经过无数大劫，但对于（修净土法）具有信心和希求心的有缘者来说，依靠善逝阿弥陀佛的宿愿与不可思议的智慧力，以及大慈大悲力，如被人牵拽头发般被接引到极乐世界，并自在富有广大功德，犹如穷人长久百般辛苦所寻觅的财富也无法与突然获得如意宝者的财富相比。因此，依靠众生的善缘与佛陀不可思议的智慧二者因缘和合，极为难修的圣道也会毫不费力地成就。

本来，经中也说：旁生的行走等有快慢五种（，同样，证道也有快慢五种）。此外，密宗成就者，将粗身变为清净身，便得欲界色界

[153] 华杰施主之善根：无量劫前华杰施主曾为一虫身，落入水中时顺水流绕塔三周，以此种下善根。

持明果位，此身被殊胜本尊摄受，从而能圆满有学道及无学道果。密宗金刚乘道中说："在浊世短暂的一生中，也可成就双运果位。"如果善加观察此理就能认识到：诸法能力不可思议，依靠这种加持力，能够顺利成办极其广大之事，这一点极为稀有，而以正理无法证明这些不可能。同样，毫不费力地往生极乐世界并非办不到，因为善逝如来的无量智慧幻变对此成为事势理[154]，并且确凿可靠的正教作为此理的正量。

有些劣种寻思者为何只承认极乐世界具有广大功德这一部分圣教，而不承认依靠广大功德之因，以听闻阿弥陀佛名号等即能往生极乐世界的另一部分圣教呢？这些人，对极为隐蔽的所量之义，不以遵照圣教善加观察的智慧力来辨别，而以愚者的胡言乱语来搅乱善逝圣教的意义。世间俗众，本来被粗猛疑惑所逼迫，再加上前者就更增添疑惑了，本来产生合理怀疑的人想往生极乐世界，但听到这样的话，反而生起非理怀疑，使所积累的往生极乐世界等有重大意义的善根都失坏了。智慧尚未稳固随波逐流的人，本来欲求往生极乐世界，听到此话后，只会被毁坏而已。

实际上，无有任何事势理可以证明仅持佛号不能往生。对于极乐世界的功德与往生之因这二者无有任何直接能害的量。所以，没有任何证据说往生极乐世界之因是非理的。假设无有任何道理，只是凭着自己的感觉而不相信往生极乐世界之因，到头来对净土的功德、佛陀的智慧、圣道的甚深方便一切法也会产生怀疑，以至于退失道心。如佛在经中说："弥勒，如是我行善逝之事业，汝莫生疑，而当精勤，于佛陀无障无碍之智慧，勿生疑惑，否则，汝将进入具极其殊胜之珍宝的牢狱中！"又说："弥勒，为使此法门不失坏，皆当交付于汝。为使佛法不隐没，汝当精勤，切莫错乱佛陀教言，否则，将长久遭受损害、不利、不安、痛苦，堕入邪道。"知道此理后，我们应当说："这样的道理全是由如来不可思议的智慧力所生。"并且坚定不疑，诚心欢喜，一心希求。

[154] 事势理：法性力，亦即与空性无二之自然规律。

此外，有人认为：仅仅依靠信心和希求心不能往生。

驳斥：实际上，他们以为佛陀的宏愿和智慧不具备这样的能力，而对真实的圣教生起疑惑，这是极不应理的。如《梵施请问经》中云："于佛生疑陷入大深渊，世间诸众无法救彼人，浅慧之人退出佛门故，彼者无怙即将堕恶趣"；又如《净土经》中云："持有邪见劣种怯弱者，对于佛法不能起信心，谁于往昔佛陀作供养，彼等即学世间怙主行。犹如盲眼士夫于暗室，不知道路岂能明示之？声闻尚不了知佛智慧，其余一切众生何堪言？佛陀明知佛陀之功德，天龙夜叉声闻不能知，宣说胜妙佛陀之智慧，此亦非为辟支佛之道，设若一切众生成善逝，精通胜义清净智慧者，彼等经劫抑或超劫中，纵然赞说一佛之功德，彼等终将趋入胜涅槃，众多俱胝劫中虽宣说，然亦未尽如来智慧量。如是佛陀智慧诚稀有！是故智者应知此等理。何者诚信佛陀我语言，依照如来智慧而赞说：唯有遍智如来知诸法，极为难得暇满之人身，更为难遇如来出于世，信心以及智慧更难得，故为获得实义当精勤。"

具有善缘、欢喜甚深教义的人能够认识到：一切众生的业力、根基、缘分迥然有别，通过无量次第成就果位付出的辛勤也有大有小，诸法的能力不可思议，这是不可否认的，并且能通晓依靠善逝如来的智慧力，轻松便可获得如此巨大的利益，这一点合情合理。如《极乐世界功德庄严经》中说："阿难，能够了知业之异熟、现行业力不可思议，诸佛出有坏之善根、神变、加持等亦不可思议，谁亦无法通晓、思维其边其量。否则佛之境界成了非不可思议。"譬如，凭借密咒成就本尊时，仅仅依靠本尊摸顶便可获得神通，这是密咒的威力，修行者不须要先修禅定等成就神通之因，假设以前已成就，那么密咒又有什么甚深特殊的能力呢？同样，对于经续中所说的仅以成就之物的能力现见诸佛菩萨的身相及获得其加持或闻法便现见真谛等这些道理，万万不可生邪见，凡承认自己是佛教徒的人都不应对往生极乐世界的道理产生怀疑，这些与上述道理完全相同。

可见，往生极乐世界者所获得的广大功德是由听闻阿弥陀佛名号后生起信心而引生的，这也完全是来自于阿弥陀佛的殊胜稀有之愿力。

因此说，这一净土法门具有超胜稀有的特色。如经中说：“出有坏，您之诸根，极为清净。”以此为主进行了广说。

所以，对此经极为恭敬并具有殊胜缘分的人，如同听话的儿子可从仙人父亲的教诲中获得利益一样，对善逝教言生起信心，随之如理而行，无疑能往生极乐世界。那些随法行者凭依理证的力量对佛语生起诚信并对佛陀不可思议的智慧生起清净定解，此等善缘者犹如明目者依靠阳光可现见色法一般，对此宣说的极为隐蔽的所量教义首先随信而行，再进一步依理悟入，如此可获得所抉择的无等意义。一切所知中具有无与伦比的功德者就是佛陀出有坏，而获得佛果的因即是行持无量菩萨行。想要修学菩萨行并救度一切众生摆脱危难心怀慈悲的人，善加观察时，了知一切众生因被粗猛业惑所迫、不具备卓越智慧等而难以通达一切深广圣道，令他们轻而易举便可圆满一切普贤行愿的殊胜方便，就是发愿往生极乐世界。其原因是：依靠佛陀的愿力和智慧力，仅以信心、希求心便能往生极乐世界，往生后无勤而获得信力等胜妙功德，不会退转，将圆满一切普贤行。佛彻见此理后在《普贤行愿品》中说：“愿我临欲命终时，尽除一切诸障碍，面见彼佛阿弥陀，即得往生安乐刹，我既往生彼国已，现前成就此大愿。”所以，修持此法极为容易，并且具有重大意义。

想要精勤修持往生极乐世界修法的人应当了知有昼夜两种修法。白日修法：白天，按照经中所说的来观想忆念极乐世界的一切能依所依功德，对此生起清净信及渴求往生的欲乐信，对佛陀的甚深幻变之理生起猛烈的胜解信，并且连续不断观想极乐世界的形象，尽心尽力积累善业资粮，以往生极乐世界的强烈希求心作回向。就窍诀而言，能迅速积累无边资粮、净除罪障、增上善法的摄要即是七支供，所以应当勤修七支供，通过念诵阿弥陀佛名号，诵持陀罗尼咒，虔诚祈祷圣者勿舍誓愿等瑜伽。夜间修法：临睡之时，观想自己住于极乐世界并亲见阿弥陀佛，在不离这种强烈希求心的正念中入眠。关于白日修炼净土法与夜间修往生法的殊胜方便要点，新派、旧派及经教伏藏品的窍诀次第中有广述，应当从中了知。

总而言之，首先了知往生的功德和能够往生的道理，然后日夜不断生起信心、发起精进并将一切善根回向往生极乐世界，若能如是行持，上等者今生便能亲见导师阿弥陀佛并得授记，获得往生极乐世界的把握；中等者出现获得加持的验相；下等者也可梦见极乐世界和阿弥陀佛的形象，这些都是往生极乐世界的征兆，因为依靠意乐力，在梦中显现，至少也必定种下了习气的种子，以细微的意乐习气也能往生，这是佛陀的誓愿力所致。

即便是没有获得如此明显的验相也不要怀疑，姑且不论今生再三生起信心与意乐即可往生，甚至让临终者耳边听到阿弥陀佛名号，并对极乐世界生起向往之心也能往生，因为临死时的神识具有极强之力，更何况再加上阿弥陀佛的殊胜愿力。在中阴界忆念佛号也能作为立即往生彼刹的因，这是由于在中阴界时神识容易转变，并且阿弥陀佛的誓愿力量极其强大。由此可见，今生、临终、中阴的这些修法要诀极为关键。

因此，一切具有智慧的善缘者依靠这样的如来圣教，自相续不费艰辛，轻轻松松便能获得菩萨的殊胜奇妙功德，是故理应修学如此殊胜的方便法。

戒律清净闻思已究竟，以强信心勤积广资粮，
恒时精进修持极乐刹，善妙应行圆满瑜伽要，
无等大恩上师如意宝，金言劝请造此论文时，
吾发殊胜无垢清净心，离诸贪嗔破立分别念。
为遣余众于此实修要，所执微乎其微疑惑障，
以及著论无边功德故，我思此理精勤造此论。
彼之善聚犹如妙日光，遣除一切能障怀疑暗，
显明深广殊胜妙智慧，及与彼因无垢经教典。
愿诸众生具足胜信德，如理成就无量光寿佛，
善逝如来广大诸宏愿，以及无边如海之智慧。

此论是因我等最初之大善知识、圆满三学功德者，行持菩萨行自在畅游极乐世界、无等恩惠名称幢吉祥贤足比丘赐予吉祥哈达、稿纸等，并再三劝请，其弟子麦彭嘉扬南嘉于达仓静处，为回报上师恩德而造此论作供养，依此善根愿诸众生，往生极乐世界，善哉！吉祥！

译于色达喇荣五明佛学院汉经堂

二OO六年四月十五日重新校订

ཨོཾ༔ འོད་དཔག་མེད་ཀྱི་སྒྲུབ་ཐབས་བདེ་ཆེན་མྱུར་ལམ་བཞུགས་སོ༔

阿弥陀佛极乐捷径修法

莲花生大士 伏藏
列绕朗巴大师 开取
索达吉堪布　 译

༔

འོད་དཔག་མེད་ལ་ཕྱག་འཚལ་ལོ༔	འོད་དཔག་མེད་ཀྱི་སྒྲུབ་ཐབས་ནི༔
顶礼阿弥陀佛尊	阿弥陀佛之修法
དང་པོ་སྐྱབས་འགྲོ་སེམས་བསྐྱེད་བྱ༔	དེ་ནས་སྒོམ་བཟླས་འདི་ལ་འཇུག༔
首先皈依及发心	复次进入此念修

ཆོས་ རྣམས་ ཐམས་ ཅད་ སྟོང་ པའི་ ངང་ ༔

秋 南 谈 加东 波昂

于一切法空性中

ཀུན་ ཁྱབ་ བརྩེ་ བའི་ སྙིང་ རྗེ་ བསྒོམ༔

根 恰贼 窝娘吉棍

观修周遍慈悲心

སྟོང་ ཉིད་ སྙིང་ རྗེ་ དེ་ ཡི་ ངང་ ༔

东 涅 娘 借得页 昂

空性悲心之本性

སྣང་ སྲིད་ བདེ་ ཆེན་ ཞིང་ གི་ དབུས༔

囊 哲得亲 秧哥 微

现有极乐世界中

པད་ ཟླའི་ གདན་ ལ་ རང་ རིག་ ཧྲཱིཿ༔

巴地 单 拉让热舍

莲月垫上观心舍（ཧྲཱིཿ）

དེ་ ལས་ འོད་ འཕྲོས་ དོན་ གཉིས་ སྒྲུབ༔

得类哦 出 吨 尼 哲

由彼发光成二利

ཡོངས་ གྱུར་ བདག་ ཉིད་ བཅོམ་ ལྡན་ འདས༔

拥 吉 打 涅 君 单 地

自身成为出有坏

སྣང་ བ་ མཐའ་ ཡས་ སྐུ་ མདོག་ དམར༔

囊瓦 他易哥到 玛

阿弥陀佛身红色

ཞལ་ གཅིག་ ཕྱག་ གཉིས་ མཉམ་ གཞག་ སྟེང་ ༔

呀 记 夏 尼 年 呀 当

一面二臂定印上

ལྷུང་ བཟེད་ བདུད་ རྩིས་ གང་ བ་ བསྣམས༔

东 贼 德 贼刚瓦 南

即托充满甘露钵

ཞབས་ གཉིས་ མི་ འགྱུར་ སྐྱིལ་ ཀྲུང་ བཞུགས༔

呀 尼摸 借 借中 耶

双足不变跏趺坐

ཆོས་ གོས་ རྣམ་ གསུམ་ སྐུ་ ལ་ མཛེས༔

秋姑 南 色 哥拉贼

著三法衣极庄严

མཚན་ དང་ དཔེ་ བྱད་ ཡོངས་ སུ་ རྫོགས༔

参 当灰夏 拥 色造

圆满妙相及随好

སངས་ རྒྱས་ སྐུ་ ལྔའི་ བདག་ ཉིད་ མཆོག༔

桑 记哥内 打涅 桥

圆觉五身胜本性

སྣང་ ལ་ རང་ བཞིན་ མེད་ པ་ ཡི༔

囊拉让音 美巴页

现而无有自性者

ཐུགས་ ཀར་ ཟླ་ སྟེང་ ཧྲཱིཿ དམར་ པོར་ ༔

特 嘎打当舍玛 波

心间月上红舍（ཧྲཱིཿ）字

སྔགས་ ཀྱིས་ གཡས་ སུ་ བསྐོར་ བ་ ལས༔

阿 记 耶 色 姑瓦类

密咒围其右旋绕

འོད་ འཕྲོས་ བདེ་ གཤེགས་ ཐམས་ ཅད་ ཀུང་ ༔

哦 出 得 夏 谈借降

由彼发光而迎请

བསྒོམ་པ་ལྷ་བུར་སྤྱན་དྲངས་བསྟིམ༔

棍　巴打哦 先 张 顿

一切智尊入自身

ཛ༔ ཧཱུྃ་ བཾ་ ཧོ༔

匝吽哇目火

སྔགས་ལས་འོད་འཕྲོས་དོན་གཉིས་བྱས༔

阿　类 哦 处 顿 尼 西

心咒发光行二利

གཟུགས་སྣང་དག་པ་འོད་དཔག་མེད༔

热　囊　打巴哦 花 美

色现清净无量光

སྒྲ་གྲགས་སྙིང་པོ་སྔགས་ཀྱི་སྒྲ༔

札 札 娘 波 阿　借札

声响清净密咒音

རྟོག་ཚོགས་དག་པ་ཡེ་ཤེས་ལྔ༔

到　措　打巴耶 西 阿

识聚清净五智慧

བདེ་བ་ཆེན་པོའི་ངང་ནས་བཟླ༔

得 瓦亲 布 昂 內 打

大乐之中诵心咒

ༀ་ཨ་མི་དྷེ་ཝ་ཨ་ཡུ་སིདྡྷི་ཧཱུྃ་ཧྲཱིཿ

嗡 阿莫得瓦阿耶斯德吽舍

ཡི་གེ་བཅུ་གཅིག་རྩ་བའི་སྔགས༔

一十一字根本咒

འབུམ་ཕྲག་གསུམ་གྱིས་དངོས་གྲུབ་ཐོབ༔

三十万遍得悉地

དེ་ནས་ལྷ་སྣང་མི་དམིགས་བཞག༔

佛现摄于无缘中

རྗེས་སུ་བསྔོ་བ་སྨོན་ལམ་བྱ༔

此后发愿作回向

ཚེ་འདིར་དུས་མིན་འཆི་བ་ཞི༔

消除现世诸横死

ཕྱི་མ་བདེ་ཆེན་ཐར་ལམ་ཟིན༔

来世往生极乐刹

དེ་ཕྱིར་སྐལ་ལྡན་ཉམས་སུ་ལོངས༔

是故具缘当修持

ས་མ་ཡ༔ ལས་རབ་གླིང་པའི་གཏེར་མ་ཤོག་སེར་ལས་རྒྱལ་དབང་ཐུབ་བསྟན་རྒྱ་མཚོས་ཕབ་པའོ༔

萨玛雅！列绕朗巴之伏藏黄纸文（空行文字），由嘉旺土单加措（十三世达赖喇嘛）抉择成藏文。

ཡོན་ཏན་རྒྱ་མཚོ་དང་ཐུབ་བསྟན་ཆོས་འཕེལ།།

云嘎上师与托嘎如意宝印

ཆོས་རྗེ་འཇིགས་མེད་ཕུན་ཚོགས།།

法王晋美彭措印

༄༅། །སྨོན་ལམ་རྒྱ་མཚོའི་ཡང་སྙིང་བཞུགས་སོ།།

愿 海 精 髓

བགྲང་ཡས་ཚོགས་ཟུང་དཔལ་གྱིས་བསྒྲུབ་པའི་སྐུ།།
章 伊 措 荣 华 吉 阵 波 格
无边福慧二资所成身

ཡན་ལག་དྲུག་ཅུ་ལྡན་པ་ཚངས་དབྱངས་གསུང་།།
严 拉 哲 皆 丹 巴 仓 央 松
具足六十支分梵音语

སྟོབས་བཅུའི་ཡོན་ཏན་ཀུན་ནས་རྫོགས་པའི་ཐུགས།།
多 吉 云 丹 根 内 作 波 特
十力功德周遍圆满意

ཐུབ་དབང་ལྷ་ཡི་ལྷ་མཆོག་དགོངས་སུ་གསོལ།།
特 旺 拉 耶 拉 巧 恭 色 所
能仁尊中胜尊祈垂念

སྡུག་བསྔལ་གསུམ་གྱིས་ཆེས་ཆེར་མནར་བའི་ཚོགས།།
德 阿 色 吉 其 且 那 沃 措
为三大苦所逼之众生

གང་གིས་བརྩེ་ཆེན་ཐུགས་རྗེས་ཉེ་བར་བཟུང་།།
刚 给 贼 钦 特 吉 涅 瓦 宗
谁以大慈大悲亲摄受

དོན་གཉིས་འདོད་པ་ཡིད་བཞིན་འཇོ་བའི་ཕྱིར།།
敦 尼 多 巴 耶 因 久 沃 协
为令二利所愿如意成

བླ་མེད་བྱང་ཆུབ་མཆོག་ཏུ་ཐུགས་བསྐྱེད་ལྟར།།
拉美 向 切 巧 德 特 皆 达
而发无上殊胜菩提心

བདག་ཀྱང་མཁའ་མཉམ་འགྲོ་ཀུན་མ་སྟོང་བར།།
达 将 喀 年 卓 根 玛 东 瓦
我亦乃至等空众生尽

རང་དོན་ཞི་བདེའི་དཔལ་ལ་མི་ཆགས་པར།།
让 敦 耶 迪 华 拉 么 洽 巴
不贪自利寂乐之享受

གཞན་ཕན་ལྷག་པའི་བསམ་སྤྱོད་རྒྱན་བཞིན་བསྟེན།།
言 盼 拉 波 三 秀 坚 因 定
依于利他如饰胜意行

འཇུག་པར་སྤྲོའོ་སྲིད་པའི་གྲོང་ཁྱེར་ལ།།
皆 巴 夏 奥 哲 波 中 且 拉
欣然趣入三有轮回城

སྐྱེ་བ་ཀུན་ཏུ་ཡབ་གཅིག་མཁྱེན་པའི་གཏེར།།
皆 瓦 根 德 雅 吉 钦 波 得
生生世世至亲遍智藏

འཇམ་དཔལ་དཔའ་བོས་དགྱེས་བཞིན་རྗེས་སུ་བཟུང་།།
将 华 华 悟 吉 因 吉 色 宗
文殊勇士欢喜而摄受

ཀུན་ཏུ་བཟང་པོའི་སྨོན་ལམ་ལས་བསྟན་པའི།།

根德桑 布门 蓝 类 丹 波

由从普贤大愿所开显

བྱང་ཆུབ་སྤྱོད་པ་རྒྱ་མཚོ་མཐར་ཕྱིན་ཤོག།

向切秀巴嘉措 塔 欣 效

祈愿圆满如海菩萨行

མ་འོང་ན་འདྲེན་དགུ་བརྒྱ་དགུ་བཅུ་དྲུག།

玛嗡南 珍格 嘉格 杰哲

未来九百九十六导师

ཞིང་འདིར་མངོན་འཚང་རྒྱ་བའི་ཚུལ་སྟོན་ཚེ།།

央 德 温 仓嘉沃策 敦才

于此刹中示现成佛时

རྟག་ཏུ་ཞབས་འབྲིང་ཉེར་གནས་མཆོག་ཏུ་གྱུར།།

达德 雅 庄 涅 内 巧德皆

恒时成为随行胜侍从

རླབས་ཆེན་ཕྲིན་ལས་སྤེལ་བའི་མཐུ་ཐོབ་ཤོག།

拉 钦春 蕾贝 沃特 托 效

愿获广弘事业威猛力

བཟང་ངན་ལས་ཀྱིས་འབྲེལ་བའི་སེམས་ཅན་རྣམས།།

桑 安类 吉 追 沃 森 坚 南

凡结善恶之缘诸有情

ཚེ་འདི་འཕོས་ཚེ་བདེ་ཆེན་ཞིང་དུ་སྐྱེས།།

才德普才得钦央德吉

此生命终往生极乐刹

འོད་མཚན་སྟོང་འབར་གསུང་གིས་ལུང་བསྟན་ཐོབ།།

奥 灿 东 巴 颂 给 隆 丹 托

获得阿弥陀佛亲授记

མཁྱེན་བརྩེ་ནུས་པའི་རྩལ་ཆེན་རྫོགས་པར་ཤོག།

钦 贼 尼波 匝钦 作 巴 效

祈愿圆满智悲力威德

དྲི་མེད་རྒྱལ་བསྟན་དར་ཞིང་ཡུན་དུ་གནས།།

哲美嘉 丹 达央因德 内

无垢圣教兴盛常住世

རིས་མེད་འགྲོ་རྣམས་ཕན་བདེའི་དཔལ་གྱིས་འཚོ།།

瑞 美 卓南 盼 迪 华 吉 措

无偏众生享受胜利乐

དུས་ཀུན་ཡིད་ལ་སྨོན་པ་འདི་ཁོ་ན།།

迪根 耶 拉 门巴 德括那

恒常唯一意念此宏愿

མཐུན་འགྱུར་གསུང་གི་དབུགས་དབྱུང་དེང་འདིར་སྩོལ།།

屯 皆 颂格 沃 永 当 德 作

祈愿成办顺缘赐安慰

བཀྲ་ཤིས་གང་ཞིག་ཕུན་ཚོགས་སྡེ་བཞིའི་གཏེར།།

札 西刚 耶 彭 措 得 伊 得

一切吉祥圆满四部藏

མ་ལུས་སྐྱེ་དགུའི་ཉེར་འཚོའི་གསོས་སུ་སྨིན།།

玛利皆 给 涅 促 苏色门

成熟众生存活之妙药

མི་ཤིས་རྒུད་པ་བཙལ་ཀྱང་མི་རྙེད་པའི།།

么悉格巴 匝 将么涅波

不祥衰败虽寻亦不得

དགེ་ལེགས་སྣང་བས་ས་གསུམ་ཁྱབ་པར་ཤོག།

给 拉 囊韦萨 色 恰巴 效

祈愿善妙光明照三地

ཅེས་ཡུལ་དབུས་རྡོ་རྗེ་གདན་བྱང་ཆུབ་ཤིང་གིས་བརྒྱན་པ། དེ་བཞིན་གཤེགས་པའི་ཁྲི་དྲུང་དུ་ངག་དབང་བློ་གྲོས་མཚུངས་མེད་ཀྱིས་སྨྲས་པ་དེ་བཞིན་དུ་འགྲུབ་པར་རྒྱལ་བ་སྲས་བཅས་རྣམས་ཀྱིས་བྱིན་གྱིས་བརླབ་ཏུ་གསོལ། སྒྲ་ཕབ་འཁོར་ལོ་ལས་གུས་སློབ་བསོད་དར་རྒྱས་ནས་དེ་ལྟར་སྨོན་བཞིན་ཡི་གེར་བཀོད་པ་དགེའོ། །རབ་བྱུང་བཅུ་བདུན་པའི་ལྕགས་རྟ་ཟླ་༩ ཚེས་༡༠ ལ། ཕྱི་ལོ་༡༩༩༠ ཟླ་༡༡ པའི་ཚེས་༢༩ ལའོ།། །།

于中土金刚座菩提树庄严之世尊法座前，阿旺罗珠宗美（法王如意宝晋美彭措）祈愿诸佛菩萨加持如是成就。弟子索达吉由录音整理成文，并亦如是发愿。善哉！铁马年九月十日（公元一九九〇年十一月二十九日）